साहित्य भवन प्रा. लिमिटेड
की ओर से

लोकभारती प्रकाशन
पहली मंजिल, दरबारी बिल्डिंग, महात्मा गांधी मार्ग
इलाहाबाद-211 001

वेबसाइट : www.lokbhartiprakashan.com
ईमेल : info@lokbhartiprakashan.com

शाखाएँ : 1-बी, नेताजी सुभाष मार्ग, दरियागंज
नई दिल्ली-110 002
अशोक राजपथ, साइंस कॉलेज के सामने
पटना-800 006 (बिहार)
36-ए, शेक्सपियर सरणी
कोलकाता-700 017 (प. बंगाल)

प्रथम लोकभारती संस्करण : 2019

ग्राफिक आफसेट
प्रयागराज द्वारा मुद्रित

BHARATVARSH MEIN JATIBHED
by Chhitimohan Sen Shastri

ISBN : 978-93-89243-58-1

मूल्य : ₹ 400

सम्पादकीय

प्रस्तुत पुस्तक आचार्य श्री क्षितिमोहन सेन महाशय की लिखी हुई प्रथम हिन्दी पुस्तक है। यह उनके वृहत् प्रयत्न 'भारतवर्ष का सांस्कृतिक इतिहास' का एक हिस्सा है। मेरे आग्रह पर उन्होंने इसे हिन्दी में ही पहले प्रकाशित करना स्वीकार किया है। इसमें भारतवर्ष की सबसे बड़ी और अनन्य-साधारण समस्या जातिभेद की शास्त्रीय और वैज्ञानिक दृष्टि से विवेचना की गई है, इस विषय पर यह पहला प्रयत्न नहीं है, पर पाठक पढ़कर देखेंगे कि इस समस्या को आचार्य सेन ने बिल्कुल नये ढंग से देखा है। इसमें न तो वैज्ञानिक की तटस्थता है, न मिशनरी प्रचारक की उत्साह पूर्ण कलुष-दर्शिता और न समाज सुधार की हाय-हाय की पुकार। ग्रन्थकार ने वैज्ञानिक दृष्टि से विवेचना करते समय भी यह भुला नहीं दिया कि भारतीय पाठक के लिये यह कुतूहल की वस्तु नहीं है, बल्कि जीवन-मरण का प्रश्न है। ग्रन्थों में सभी दृष्टियों से इस समस्या को समझने का प्रयत्न किया गया है—शास्त्रीय विकास, वैज्ञानिक भित्ति, धार्मिक प्रभाव, वर्तमान रूप, इत्यादि। इस पुस्तक से अनुसंधित्सु पाठक निश्चय ही सन्तोष पायेंगे।

पुस्तक के अन्त में एक परिशिष्ट सम्पादक की ओर से जोड़ा गया है, ग्रन्थकार की इच्छा है कि पाठक पहले उसे पढ़ लें।

हजारी प्रसाद द्विवेदी

विषय सूची

भारतवर्ष में जातिभेद

भारतवर्ष में और बाहर

यह सबकी आकांक्षा होती है कि औरों की अपेक्षा मेरा मान और गौरव ज्यादा समझा जाय। इस उद्देश्य की सिद्धि में वंशगौरव एक प्रधान साधन है, इसीलिये सभी देशों में इसे पाने और पाकर सुप्रतिष्ठित बनाये रखने के लिये अनेक प्रकार के प्रयत्न दिखाई देते हैं। इसीलिये नाना देशों में नाना भाव से वंशगत कौलीन्य या जातिभेद की उत्पत्ति होती है।

मिश्र अत्यन्त प्राचीन सभ्यता का स्थान है। बहुत प्राचीन काल में यहाँ जमीन्दार, श्रमिक और क्रीतदास (गुलाम) ये तीन श्रेणियाँ थीं। धीरे-धीरे वहाँ योद्धा और पुरोहित का वंशगत गौरव बहुत ऊँचा माना जाने लगा और शिल्पी तथा क्रीतदास का स्थान उनके नीचे मान लिया गया। योद्धाओं और पुरोहितों में ही कोई-कोई लेखक भी हुए।

चीन में भी भद्रश्रेणी, किसान, शिल्पी और वणिक्, ये चार श्रेणियाँ थीं। वणिक् का स्थान सबसे नीचे था। जापान में भी ये चार श्रेणियाँ थीं। एटा और हिनिन (Eta, Hinin) अन्त्यजों के समान थे।

लेकिन इन श्रेणियों में एक दूसरे के साथ मिलना-जुलना, खान-पान, छुआ-छूत और एक दूसरे में परिवर्तित होना असम्भव नहीं था। असम्भव देखा जाता है पृथ्वी के नाना असभ्य देशों में। जिस देश के आदमी जितनी ही आदिम अवस्था में होते हैं, छुआ-छूत का विचार उनमें उतना ही कठोर होता है। स्पर्श-दोष से अपनी विशेष शक्ति खो देने की और दूसरों के निकट से नाना अमंगल के पाने की आशंका इस प्रकार के विचार के मूल में होती है। वर्जनशीलता (Exclusiveness) असंस्कृत आदिम अवस्था में एक मात्र धर्म होती है। इसी को प्रशान्त महासागर के द्वीपों की असभ्य जातियाँ "मैना" (Mana) कहती हैं। आजकल सभी देशों के पण्डित इस 'मैना' शब्द का इसी अर्थ में व्यवहार करने लगे हैं (E.R. E. VIII, पृ. 375)। रायबहादुर श्री शरच्चन्द्र राय ने इस मैना के विषय में अच्छा विचार किया है। जिन्हें जिज्ञासा हो, वे उनकी पुस्तक देख सकते हैं।

"इन्साक्लोपिडिया आफ रेलिजन ऐण्ड एथिक्स" में 'मैना' (Mana) शब्द की

सूची देखने से नाना देशों में प्रचलित स्पर्शास्पर्श विचार का संधान मिलता है। अफ्रीका, फीजी, प्रशान्त महासागर के नाना द्वीप बोर्नियो आदि नाना स्थानों में यह विचार पाया जाता है। बोर्नियों में तो तीन श्रेणियाँ भी हैं। मेक्सिको में भी तीन जातियाँ हैं। वहाँ सिर्फ स्पेनीय लोग उत्तम हैं, मिश्रित लोग मध्यम और आदिम जातियाँ अधम।

यद्यपि सेमेटिक लोगों का दावा है कि उनमें जातिभेद नहीं था, तथापि उनमें नाना भाँति का कौलीन्य विचार देखा जाता है। इसी से जान पड़ता है कि उनमें भी श्रेणी-विभाग जरूर रहा होगा। अरब के दक्षिणी प्रदेशों में कारीगर लोग ही अन्त्यज थे। उन्हें गाँव या नगर के बाहर बसना पड़ता है। फेदरमैन साहब का कहना है कि इनसे भी अधिक अभागे अन्त्यज वहाँ हैं, जो निष्ठावान् मुसलमान होकर भी मस्जिद में प्रवेश नहीं कर सकते।

आर्य लोग प्राय: सभी देशों में इन बातों में जरा उदारचेता हैं। अर्थात् वे अपने समाज में श्रेणी-विभाग कम ही मानते हैं। रोम में यद्यपि अभिजात और प्राकृत (अनभिजात) ये दो श्रेणियाँ थीं, तथापि उनका व्यवधान ऐसा नहीं था जो दुर्लंध्य कहा जा सके। पराजित शत्रु अवश्य ही गुलाम हुआ करते थे। इंग्लैण्ड में ऐंग्लोसेक्सन युग में भी यही व्यवस्था थी। ग्रीस और प्राचीन जर्मनी में भी अभिजात लोगों की एक विशेष श्रेणी थी।

आचार्य धल्ला का कथन है कि ईरान में भी चार वर्ण थे, यद्यपि एक वर्ण के लोग गुणकर्मानुसार दूसरे में जा सकते थे। फिर कुछ लोग बताते हैं कि जेंदा-अवेस्ता में तीन श्रेणियों का उल्लेख है-5(1) मृगया-कारी, (2) पशु पालक और (3) कृषि-जीवी (Crooke N.W.P. I, XV 1) किन्तु यह बात अन्यान्य पारसीक आचार्य नहीं स्वीकार करते। वे कहते हैं कि पारसीकों (ईरानियों) में जातिभेद नहीं था। शायद भारतीय भाव से अनुप्राणित होकर ही धल्ला महाशय ने अपने सामान्य-सामान्य भेद को ही जाति भेद के रूप में कल्पना किया है। स्वदेश से निर्वासित होकर पारसी लोगों ने गुजरात के राणा यदु के निकट अपना परिचय दिया था। इस देश में आश्रय पाने के लिये इस देश के धर्म के साथ अपने देश के धर्म की जितनी भी समानता हो सकती है उतनी दिखाने की चेष्टा उन्होंने की है। यदु राणा के निकट दिये हुए परिचय के कई श्लोक ही इस बात के साक्षी हैं। उसमें भी जातिभेद की बात नहीं है। यदि उनमें चातुर्वर्ण्य-व्यवस्था होती, तो ऐसे अवसर पर वर्णाश्रमवादी राजा के निकट उसे वे जरूर बताते। उसके वहाँ व्यवहार न करने का कोई कारण नहीं हो सकता।

भारतवर्ष में जो जातिभेद प्रचलित है उसका स्वरूप और तरह का है। भारतीयों के सिवा और कोई भी इसे अच्छी तरह ठीक-ठीक नहीं समझ सकता। इस समय

यह जातिभेद जन्मगत है। शास्त्रों में यद्यपि गुण-कर्म-विभाग की बात सुनाई दे जाती है, परन्तु यह बात अब है नहीं। भारतवर्ष के बाहर भी अनेक आर्य जातियाँ नाना देशों में बसी हुई हैं, परन्तु कहीं भी इस प्रकार का जातिभेद उनमें नहीं पाया जाता। प्रश्न यह है कि एकमात्र भारतवर्षीय आर्यों में ही यह जातिभेद कहाँ से आ गया ?

यहाँ इसी विषय की यथासाध्य आलोचना करने का प्रयत्न किया जा रहा है। हम साधारणत: अपने प्राचीन शास्त्रों अर्थात् वेदों, पुराणों और स्मृतियों पर ही अपनी आलोचना को स्थित रखेंगे। देश-प्रचलित प्रथा और आचारों की चर्चा भी हमें बाध्य होकर करना ही पड़ेगा। ऐसी आलोचना के सभी निष्कर्ष परम और चरम सत्य नहीं भी हो सकते हैं। भूल-त्रुटि भी हो सकती है। फिर भी इस विषय में यदि किसी-किसी के विचार और वितर्क जाग्रत हों तो हमारा श्रम सार्थक ही समझा जायगा।

भारतीय जातिभेद के विषय में विशेषज्ञ लोगों ने पहले भी अनेक कार्य किये हैं, किन्तु हमारा प्रयत्न ठीक उसी ढंग का नहीं है। फिर भी जब-जब हम किसी ऐसे विचार-क्षेत्र में उपस्थित हो गये हैं, जिसके विषय में अन्य पंडितों ने कार्य किया है, तब-तब अपने पूर्ववर्ती पंडितों के मत से फायदा उठाने का प्रयत्न किया है। ऐसे स्थलों पर उनका नामोलेख करता गया हूँ। इस प्रकार केतकर, विल्सन, राजेन्द्रलाल मित्र, रिजली, क्रूक आदि का सेन्सस रिपोर्ट, कैम्पबेल, घूरे आदि का नामोल्लेख यथास्थान किया गया है। डॉ० जी.एस. घुरे (G.S. Ghurye) की 'कास्ट ऐण्ड रेस इन इण्डिया' (Caste and Race in India) नामक पुस्तक बहुत ही उपादेय है। इस विषय में रुचि रखने वाले लोग उसे देखने से उपकृत होंगे।

जातिभेद का परिचय

भारतवर्ष के जातिभेद की बात कहने के पहले शुरू में ही जाति शब्द की परिभाषा देनी चाहिये। इस देश में रहने वाले हम सभी समझते हैं कि जाति क्या चीज है, परन्तु भाषा में उसकी एक परिभाषा करना सहज नहीं है। यूरोपियन पंडितों ने नाना भाव से इस बात को समझाने का प्रयत्न करके हार मानी है। इस देश में जाति जन्मगत होती है। जाति के बाहर विवाह निषिद्ध है। आज तक मृत्यु के पश्चात् शव-संस्कार और जीवितावस्था में आहारादि स्वजाति में ही सीमाबद्ध थे, पर अब शहरों में रहना, विदेश-यात्रा, होटल, रेस्टोराँ आदि के प्रचार तथा नई शिक्षा-दीक्षा के फलस्वरूप आहारादि सम्बन्धी आचार-विचार क्रमशः शिथिल होते जा रहे हैं।

भारतवर्ष में सबसे ऊँची जाति ब्राह्मण है। ब्राह्मणों में भी ऊँच-नीच के असंख्य भेद हैं। प्रदेश-गत भेद भी गिनकर खतम नहीं किये जा सकते। इसीलिये यह कहना असम्भव है कि ब्राह्मणों की कौन श्रेणी सबसे ऊँची है। नाना प्रदेश की बहुत सी ब्राह्मण श्रेणियाँ सर्वोच्चता का दावा करती हैं। हिन्दुओं की सबसे नीची जाति कौन है, यह भी कहना कठिन है। इन उभय कोटियों के मध्यवर्ती स्तरों (तहों) का गिनना सहज नहीं है।

ब्राह्मणादि ऊँची जातियाँ जिन जातियों का छुआ जल पी लेती हैं, वे जल-चल अर्थात् अच्छी जातियाँ हैं। जिनका छुआ घृत-पक्व खाद्य और मिष्ठान्न ब्राह्मण लोग ग्रहण कर सकते हैं, वे और भी अच्छी जातियाँ हैं। साधारणतः ब्राह्मण लोग अपनी श्रेणी के बाहर के आदमी के हाथ का भात-दाल और रोटी आदि (कच्ची रसोई) नहीं खाते।

दक्षिण भारत में स्पर्श-विचार और भी प्रबल है। वहाँ जिनके स्पर्श से ब्राह्मण लोग अपवित्र नहीं होते और जिनका जल ग्रहणीय होता है वे ही अच्छी जातियाँ हैं। जिनका छुआ जल ब्राह्मणी लोग ग्रहण कर सकती हैं, वे और भी अच्छी जातियाँ हैं। और जिनके स्पर्श से और जल से ब्राह्मण विधवाओं को स्नानादि से पवित्र होने की जरूरत नहीं पड़ती, वे लोग इनसे भी अच्छी जाति के होते हैं।

नीच जाति का छुआ जल ग्रहण करने योग्य नहीं होता। जिनके छूने से मिट्टी के बर्तन भी अपवित्र हो जाते हैं, वे और भी नींच हैं। उनके भी नीचे वे हैं जिनके छूने से धातु के पात्र भी अपवित्र हो जाते हैं। इनके भी नीचे वे जातियाँ हैं, जो यदि

मन्दिर के प्रांगण में प्रवेश करें तो मन्दिर अपवित्र हो जाता है। कुछ ऐसी भी जातियाँ हैं जिनके किसी ग्राम या नगर में प्रवेश करने पर समूचा गाँव का गाँव अशुद्ध हो जाता है। इन बातों का विचार श्री श्रीधर केतकर जी ने अपनी The History of caste in India (P. 24, 25) नामक पुस्तक में बहुत अच्छी तरह किया है।

आज-कल इस छुआछूत के विषय में नाना स्थानों में लोक-मत हिल चुका है। जो लोग सौभाग्यवश ऊँची जाति में उत्पन्न हुए हैं, वे प्रायः इतना ननु-नच विचार पसन्द नहीं करते, और जो लोग दुर्भाग्यवश तथाकथित नीची जातियों में जन्मे हैं, वे अब अपने को एकदम हीन और पतित मानने को तैयार नहीं हैं, किन्तु नीची जातियों में अपने से नीच जातियों को दबा रखने का प्रयास प्रायः ही दिखाई दे जाता है।

ऊँची जाति के लोगों में से अधिकांश अब भी वर्णाश्रम व्यवस्था को अच्छा समझते हैं। स्वामी दयानन्द का कहना है कि "भारतवर्ष में असंख्य जातिभेद के स्थान पर केवल चार वर्ण रहें। ये चार वर्ण भी गुण-कर्म के द्वारा निश्चित हों, जनम से नहीं। वेद के अधिकार से कोई भी वर्ण वंचित न हो।"

महात्मा गांधी अस्पृश्यता के विरोधी हैं, किन्तु वर्णाश्रम व्यवस्था के विरोधी नहीं हैं। श्रीमती लक्ष्मी नरसूने A Study of caste (P. 131) में महात्मा जी का निम्नलिखित वाक्य उद्धृत किया है—Varnashrama is inherent in human nature, and Hinduism has reduced it to a science. It does attach by birth. A man can not change his Varna by choice. अर्थात् वर्णाश्रम मनुष्य के स्वभाव में निहित है हिन्दू-धर्म ने उसे ही वैज्ञानिक रूप में प्रतिष्ठित किया है। जन्म से वर्ण निर्णीत होता है, इच्छा करके कोई इसे बदल नहीं सकता।

इस प्रकार देखा गया कि यह वर्णभेद जन्मगत हैं। ब्राह्मण से ब्राह्मण, क्षत्रिय से क्षत्रिय, वैश्य से वैश्य और शूद्र से शूद्र उत्पन्न होता है। अब इस भेद का मूल कहाँ हैं ?

साधारणतः लोग ऋग्वेद के पुरुष-सूक्त (10म मंडल, 90 सूक्त) को ही इस वर्णभेद का मूल समझते हैं। वहाँ कहा गया है—

'उस प्रजापति के मुख ब्राह्मण, बाहु क्षत्रिय, उरु वैश्य थे और पदों से शूद्र उत्पन्न हुए[1]।' इसमें देखा जाता है कि जाति को लेकर ही मनुष्य की सृष्टि हुई।

ऋग्वेद में ब्राह्मण शब्द कम ही आया है। जहाँ आया है वहाँ भी ज्ञानी या पुरोहित के अर्थ में व्यवहृत हुआ है। क्षत्रिय शब्द का उल्लेख भी बहुत ज्यादा नहीं है और वैश्य तथा शूद्र का तो एकमात्र उल्लेख पुरुष-सूक्त के इस मंत्र में ही है।

---

1. ब्राह्मणोऽस्य मुखमासीद्बाहू राजन्यः कृतः।
   ऊरु तदस्य यद्वैश्यः पद्भ्यां शूद्रो अजायत॥ 12॥.

ऐतिहासिक पंडितों के मत से ऋग्वेद का दसवां मंडल अपेक्षाकृत अर्वाचीन या आधुनिक है। इसमें भी सिर्फ चार वर्णों का ही उल्लेख है। इससे हमारे देश की असंख्य जातियों की मीमांसा कैसे हो सकती है ? मुँह से हम चार वर्ण कहते रहें तो क्या होता है। मर्दुमशुमारी की रिपोर्ट में प्रायः चार हजार जातियों की चर्चा है। फिर उनके भीतर जो भेद-विभेद हैं, उनकी तो कोई गणना ही नहीं।

चार वर्णों की उत्पत्ति के सम्बन्ध में इस प्रकार का संशय प्राचीन काल में भी था। सब लोग इस मत को मानने में एक मत नहीं थे।

विष्णु पुराण के मत से गृत्समद के पुत्र शौनकने चातुर्वण्य व्यवस्था प्रवर्तित की[1]। इसी पुराण में अन्यत्र कहा गया है कि मार्ग से भार्गभूमि उत्पन्न हुए, उनसे चातुर्वर्ण्य प्रवर्तित हुआ[2]। फिर दक्ष प्रजापति ब्रह्मा के दाहिने अंगुष्ठ से उत्पन्न हुए।[3] महाभारत में आदि सृष्टि के प्रसंग में जनमेजय से वैशम्पायनने कहा है कि ब्रह्मा के छः मानस पुत्र हैं, मरीचि, अत्रि, अंगिरा, पुलस्त्य, पुलह, क्रतु। मरीचि के पुत्र हैं कश्यप। उन्हीं से सब प्रजाओं की सृष्टि हुई[4]।

ब्रह्मा के मानस पुत्रों की कथा सभी पुराणों में हैं। ब्राह्मण लोग इन्हीं की सन्तति हैं।

ब्रह्मा के वरुण योग सम्बन्धीय अग्नि से भृगु का जन्म है। इसके बाद उनकी सन्तति-धारा चली (आदि पर्व 5, 7-8)।

गीता में भगवान् श्रीकृष्ण कहते हैं कि मैंने गुण-कर्म के अनुसार चातुर्वर्ण्य की सृष्टि की है[5]। हरिवंश में भी कहा गया है कि गृत्समद के पुत्र शुनक हुए। शुनक से ही शौनक नाम से परिचित ब्राह्मण, क्षत्रिय, वैश्य, शूद्र बहुत से पुत्र उत्पन्न हुए।[6] इसी हरिवंश में एक और मतका भी उल्लेख है। अक्षर से ब्राह्मण, क्षर से क्षत्रिय, विकार से वैश्य और धूम-विकार से शूद्रगण उत्पन्न हुए[7]।

---

1. गृत्समदस्य शौनकश्चातुर्वर्ण्यप्रवर्तयिताभूत्। (विष्णु॰ अंश 4, 8, 1)
2. भार्गस्य भार्गभूमिः, अतश्चातुर्वर्ण्यप्रवृत्तिः (वही, चतुर्थ अंश 8,9)
3. ब्रह्माणश्च दक्षिणांगुष्टजन्मादक्षप्रजापतिः। (विष्णु॰ 4, 1, 5)
4. ब्राह्मणो मानसाः पुत्रा विदिताः षण्महर्षयः।
मरीचिरत्रयंगिरसौः पुलस्त्यः पुलहः क्रतः।
मरीचेः कश्यपः पुत्रः कश्यपात्तु इमाः प्रजाः॥ (आदि पर्व 65, 10-11).
5. चातुर्वर्ण्यं मया सृष्टं गुणकर्मविभागशः। (4, 13).
6. पुत्रो गृत्समदस्यापि शुनको यस्य शौनकाः।
ब्राह्मणाः क्षत्रियाश्चैव वैश्याः शूद्रास्तथैव च॥ (29 अध्याय 1519-20).
7. अक्षराद् ब्राह्मणाः सौम्याः क्षरात् क्षत्रियवान्धवाः।
वैश्या विकारतश्चैव शूद्रा धूमविकारतः॥ (भविष्य पर्व 210, 11816).

नाना पुराणों में सृष्टिकथा नाना भाव से वर्णन की गई है। यहाँ सबका उल्लेख करना सम्भव नहीं है। तथापि दो एक और बातों का उल्लेख किया जा रहा है।

बृहदारायक उपनिषद् में पहले क्षत्रिय सृष्टि की ही बात पाई जाती है[1]। महाभारत, शान्तिपर्व में अर्जुन के प्रश्न के उत्तर में श्रीकृष्ण ने कहा है—देवदेव नारायण के वाक्य संयम के समय उनके मुख से पहले ब्राह्मणों की उत्पत्ति हुई। अन्यान्य वर्ण ब्राह्मणों से उत्पन्न हुए[2]।

फिर यह भी पाया जाता है कि चूँकि सभी वर्ण ब्राह्मण से उत्पन्न हैं अत: वे सभी ब्राह्मणों के ही जाति के हैं[3]। यहाँ टीकाकार नीलकंठ ने कहा है कि चूँकि तीन वर्णों में ब्राह्मण ही यज्ञस्रष्टा है इसलिये उससे उत्पन्न सभी वर्ण ही यज्ञ-संयोग वशत: ऋजु अर्थात् साधु हैं[4]।

महर्षि जैमिनी का कहना है चतुर्मुख ब्रह्मा ने सृष्टि के प्रारम्भ में पहले ब्राह्मणों का ही सृजन किया, फिर अन्य सभी वर्ण उन्हीं के वंश में पृथक्-पृथक् उत्पन्न हुए[5]। इसीलिये महाभारत में कहा है कि पहले केवल एक ही वर्ण था। बाद में कर्म-क्रिया विशेष वश चार वर्ण हुए[6]। शान्तिपर्व के 188 अध्याय से जान पड़ता है कि महर्षि भृगु का भी यही मत था। विष्णु पुराण के चतुर्थांश के अध्यायों में दिखाया गया है कि मनु के नाना पुत्रों से ही नाना जातियों की उत्पत्ति हुई थी।

विभिन्न प्रदेशों के पुराणों में जातिभेद के सम्बन्ध में भिन्न-भिन्न कहानियाँ पाई जाती हैं। मैसूर प्रदेश की एक पौराणिक कथा से जान पड़ता है कि ब्रह्मा के शाप से वैश्यवंश का समूल नाश हो गया था। बाद में बल्कल ऋषि ने कुश निर्मित सहस्र पुरुषों को जीवनदान देकर सहस्र गोत्र के वैश्यों को उत्पन्न किया (Mysore Tribes and Castes, Vol IV, P. 4031)।

इस प्रकार मनुष्य और जाति की सृष्टि के सम्बन्ध में हमारे शास्त्रों में असंख्यक

---

1. ब्रह्म वा इदमग्र आसीद् एकमेव तदेक: सन्नव्यभवत् तच्छ्रयोरूपमत्यसृजत क्षत्रम्। (1, 4, 11).
2. वाक्यसंयमकाले हि तस्य वरप्रदस्य देवदेवस्य ब्राह्मणा: प्रथमं प्रादुर्भूता:।
ब्राह्मणेभ्यश्च शेषा वर्णा: प्रादुर्भूता:। (शान्ति. 342, 21).
3. तस्माद्वर्णा ऋजवो ज्ञातिवर्णा
संसृज्यन्ते तस्य विकार एव। (शान्ति. 60, 47).
4. यस्मात् त्रिषु वर्णेषु ब्राह्मणो यज्ञस्त्रष्टा तस्मात् सर्वेऽपि वर्णा ऋजव: साधव एवं यज्ञसंयोगात्।.
5. संसर्ज ब्राह्मणानग्रे सृष्ट्यादौ स चतुर्मुख:
सर्वे वर्णा: पृथक् पश्चात् तेषां वंशेषु जज्ञिरे। (पद्मपुराण, उत्कल खंड 38, 44).
6. एकवर्णमिदं पूर्वं विश्वमासीद्युधिष्ठिर।
कर्मक्रियाविशेषेण चतुर्वर्णं प्रतिष्ठितम्॥.

मत पाये जाते हैं।

भगवत में भी एक मत देखते हैं[1]। श्रीधर स्वामी के भाष्य के अनुसार उसका अर्थ यह होता है कि पहले सर्ववाङ्मय प्रणव ही एकमात्र वेद था। एकमात्र देवता नारायण थे और कोई नहीं, एकमात्र लौकिक अग्नि ही अग्नि और एकमात्र हंस ही एक वर्ण था। क्योंकि पुराण में कहा है कि प्रारम्भ में सत्ययुग में मनुष्य की एकमात्र जाति हंस थी[2]। उस सत्ययुग में पाप-पुण्य की सृष्टि नहीं हुई थी, वर्णाश्रम-व्यवस्था नहीं थी। इसीलिये उस समय वर्णसंकर भी नहीं था[3]।

---

1. एक एव पुरा वेदः प्रणवः सर्ववाङ्मयः।
   देव नारायणोनान्य एकोग्निर्वर्ण एव च।.
2. आदौ कृतयुगे वर्णों नृणां हंस इति स्मृतम्।.
3. अप्रवृत्तिः कृतयुगे कर्मणोः शुभपापयोः
   वर्णाश्रमव्यवस्थाश्च न तदासन् न संकरः।.

ब्राह्मणादि वर्णों का परिचय

शान्ति पर्व में भरद्वाज के प्रश्नों के उत्तर में भृगु ने जो कुछ कहा है उससे ऋग्वेद की चातुर्वर्ण्य वाली बात मिलती नहीं। भृगु कहते हैं कि ब्राह्मणों का वर्ण (रंग) श्वेत है, क्षत्रियों का लोहित (लाल), वैश्यों का पीत और शूद्रों का असित या काला[1]।

इस पर भरद्वाज कहते हैं कि यदि वर्ण (रंग) से ही वर्णभेद समझा जाय तब तो सभी वर्णों में वर्णसंकर देखे जायेंगे। फिर हम सभी लोग काम, क्रोध, मद, लोभ, शोक, चिन्ता और भ्रम से पराभूत होते हैं, इसलिए वर्णभेद होते कैसे हैं ? स्वेद, मूत्र, पुरीष, श्लेष्मा, पित्त और शोणित सभी शरीरों में समान भाव से क्षरित हो रहे हैं, फिर वर्णभेद कैसे होता है ? फिर अशेष प्रकार के स्थावर और जंगमों के वर्णों की विभिन्नता कैसे निश्चित होगी[2]।

इस पर भृगु ने युक्तियुक्त जवाब दिया। बोले—वर्णों की कोई विशेषता नहीं है। समस्त जगत् को ब्रह्मा ने पहले ब्राह्मणमय ही सृष्ट किया था। बाद में सभी कर्मानुसार नाना वर्ण को प्राप्त हुए। जो ब्राह्मण काम-भोग-प्रिय, तीक्षण-स्वभाव, क्रोधन, प्रिय-साहस और स्वधर्म त्याग करके राजसिक लोहित वर्ण हुए वे क्षत्रिय हो गये। गोरक्षावृत्ति ग्रहण करके जो कृषिजीवी हुए वे स्वधर्म-त्यागी पीतवर्णवाले ब्राह्मण वैश्य हुए। जो ब्राह्मण हिंसा-प्रिय, अनृत-प्रिय लोभी और सर्व-कर्मोपजीवी हो गये, वे शौच-परिभ्रष्ट कृष्णवर्ण ब्राह्मण शूद्र हुए। इन कर्मों से पृथक्-पृथक् ब्राह्मण लोग ही

1. ब्राह्मणानां सितो वर्णाः क्षत्रियाणां तु लोहित।
   वैश्यानां पीतको वर्णः शूद्राणामसितस्तथा। शांति, 188,5
2. चातुर्वर्णस्य वर्णेन यदि वर्णों विभिद्यते
   सर्वेषां खलु वर्णानां दृश्यते वर्णसंकरः।
   कामः क्रोधो भयं लोभः शोकश्चिन्ता क्षुधाश्रमः
   सर्वेषां नः प्रभवति कस्माद्वर्णों विभिद्यते।
   स्वेदमूत्रपुरीषाणि श्लेष्मा पित्तं सशोणितं।
   तनुः क्षरति सर्वेषां कस्माद्वर्णों विभिद्यते॥
   जंगमानामसंख्येयाः स्थावराणां च जातयः
   तेषां विविधवर्णानां कुतो वर्णाविनिश्चयः। वही, 188,6-9.

वर्णान्तर को प्राप्त हुए। इसीलिये उनके लिये यज्ञ-क्रिया और धर्म नित्य-विहित हैं, निषिद्ध नहीं। इन चारों वर्णों को वेद में अधिकार है। ब्रह्मा का यही पूर्व-विधान है। लोभ के कारण ही लोग अज्ञान को प्राप्त हैं[1]।

जाति के सम्बन्ध में महाभारत में यद्यपि इस प्रकार के मत पाये जाते हैं तथापि अन्यान्य अनेक स्थानों पर आज कल के रूढ़ मत ही अधिक हैं। फिर भी महाभारत में ऐसे उदार विचार कम नहीं हैं, जो आज के युक्ति-प्रवण युग में भी आश्चर्यजनक हैं। धीरे-धीरे ये पुराने उदार विचार अनुदार और रूढ़ विचारों से ढक गये हैं, तथापि जो कुछ ऐसे भी विचार उसमें रह गये हैं उसी पर से हमारा विचार अग्रसर हो सकेगा।

शान्ति पर्व 189 अध्याय में भगवान् भरद्वाज ने भृगु से पूछा कि हे द्विजोत्तम, ब्राह्मण कैसे होता है ? क्षत्रिय वैश्य और शूद्र कैसे होते हैं[2] ? इस पर भृगु ने उत्तर दिया—

ब्राह्मण वही है जो यथाविधि संस्कृत, शुचि, वेदाध्ययनरत, षट्कर्मान्वित, आचारशील, विद्याशाली, गुरुप्रिय, नित्यव्रती और सत्यपरायण हो। जिसके सत्य,दान, अद्रोह (मैत्री) आनृशंस्य, लज्जा, क्षमा, और तप हो वही ब्राह्मण है (शांति 189-2-4)। इसके बाद क्षत्रिय और वैश्य के सम्बन्ध में बताने के बाद भृगु कहते हैं कि जो नित्य सर्व प्रकार की वस्तु भक्षण करने में रत है, जो अशुचि है और सर्व-कर्म करता है, जो

---

1. न विशेषोऽस्ति वर्णानां सर्वं ब्राह्ममिदं जगत्1
ब्रह्मणा पूर्वसृष्टं हि कर्मभिर्वर्णातां गतम् ॥ 10 ॥
कामभोगप्रियास्तीक्ष्णाः क्रोधनाः प्रियसाहसाः।
व्यक्तस्वधर्मा रक्तांगास्ते द्विजाः क्षत्रतां गताः॥ 11 ॥
गोभ्यो वृत्ति समास्याय पीताः कृष्युपजीविनः॥
स्वधर्मान्ननुतिष्ठन्ति ते द्विजा वैश्यतां गताः॥ 12 ॥
हिंसानृतप्रिया लुब्धाः सर्व कर्मोपजीविनः।
कृष्णाः शौचपरिभ्रष्टास्ते द्विजाः शूद्रतां गताः॥ 13 ॥
इत्येतैः कर्मभिर्व्यस्ताः द्विजा वर्णान्तरंगताः।
धर्मो यज्ञक्रिया तेषां नित्यं न प्रतिषिध्यते ॥ 14 ॥
इत्येते चतुरो वर्णा येषां ब्राह्मी सरस्वती।
विहिता ब्रह्मणा पूर्वं लोभादज्ञानतां गत ॥ 15 ॥
(वही).

2. ब्राह्मणः केन भवति क्षत्रियो वा द्विजोत्तम।
वैश्यः शूद्रश्च विप्रर्षे तद्ब्रूहि वदतां वर ॥
शान्ति 189, 1.

वेद को त्याग कर आचार-हीन हो गया है, वही शूद्र है[1]।

इसके बाद ही महर्षि कहते हैं कि ऊपर बताये हुए ब्राह्मण के लक्षण यदि शूद्र (जन्मगत) में हों तो वह शूद्र नहीं होता और यदि ये लक्षण ब्राह्मण, (जन्मगत) में न हों तो वह ब्राह्मण नहीं होता[2]।

यह श्लोक महाभारत में अन्यत्र (वनपर्व 180-25) भी है। वहाँ सर्प रूपी नहुष के प्रश्न पर युधिष्ठिर ने यह बात कही है। इन्होंने और भी कहा है कि सर्वदा शुचिता, सदाचार, सर्वभूतमैत्री, यही ब्राह्मण के लक्षण हैं[3]।

इसी प्रकार 'जो क्रोध मोह त्यागी होते हैं उन्हें देवता लोग ब्राह्मण कहते हैं, जो सत्यवादी गुरु के संतोष विधायक, हिंसित होकर भी अहिंसा-परायण होते हैं, उन्हें देवता लोग ब्राह्मण कहते हैं। जो जितेन्द्रिय हैं, धर्मपरायण हैं, स्वाध्याय-निरत पवित्र हैं, जिनके काम और क्रोध पराभूत हो गये हैं, उन्हें ही देवता लोग ब्राह्मण कहते हैं। जिस धर्मज्ञ-मनीषी के लिये सारा लोक अपने ही समान है, जो सर्वधर्म में रत हैं, उन्हें देवता लोग ब्राह्मण कहते हैं। (वन पर्व अध्याय 205, 33-36) इसी तरह और भी कई श्लोकों तक युधिष्ठिर ने ब्राह्मण के लक्षण बताये हैं।

उद्योग पर्व में सनत्सुजात ने धृतराष्ट्र से कहा है कि 'हे क्षत्रिय केवल जल्पना मात्र से (वेद शास्त्रादि के अध्ययन मात्र से) किसी को ब्राह्मण मत समझना, जो सत्य से कभी स्खलित नहीं होता वही ब्राह्मण है (उद्योग. 43, 49)। इसी तरह वशिष्ठ कहते हैं क्षमा ही ब्राह्मण की शक्ति है (आदि 175, 29)। आदि पर्व में कहा गया है भूतमात्र के प्रति मैत्री ही ब्राह्मण का धर्म है (217, 5), यही बातें महाभारत में नाना स्थानों में नाना भाव से कही गई हैं (दे. अनुशासन 27, 12, शान्ति 60, 8-9, आदि 11, 16) अन्यत्र महाभारत में कहा है कि जिसके अकेले रहते भी आकाश पूर्ण की भांति ज्ञात होता है और शून्य स्थान जनाकीर्ण-सा लगता है, उसे ही देवता लोग ब्राह्मण कहते

---

1. सर्व भक्षरतिर्नित्यं सर्वकर्मकरोऽशुचिः।
   त्यक्तवेदस्त्वनाचारः स वै शूद्र इति स्मृति।
   (वही, 7).
2. शूद्र चैतद्भवेल्लत्यं द्विजेचैतन्न विद्यते।
   न वै शूद्रो भवेच्छूद्रो ब्राह्मणों ब्राह्मणों नच ॥ 8 ॥.
3. सत्यं दानं क्षमा शीलमानृशंस्यं तपोघृणा।
   दृश्यन्ते यत्र राजेन्द्र स ब्राह्मण इति स्मृतः। (वन. 180, 21)
   शौचेन सततं युक्तः सदाचारसमन्वितः।
   सानुक्रोशश्च भूतेषु ब्रद् द्विजातिषु लक्षणम् ॥.

है[1]। सम्मानित होकर भी जो धृष्ट नहीं होता, अपमानित होकर भी रुष्ट नहीं होता, जो सर्व भूत को अभय देने वाला है, उसे ही देवता लोग ब्राह्मण कहते हैं[2]। जिसका जीवन धर्म के लिये है, धर्म हरि के लिये है, और दिन-रात पुण्य के लिये हैं, उसे ही देवता लोग ब्राह्मण कहते हैं[3]। जो निरामिष है, जो अनारम्भ हैं, जो स्तुति और नमस्कार से हीन है, जो सर्व बन्धन से विमुक्त है, उसे ही देवता लोग ब्राह्मण कहते हैं[4]। युधिष्ठिर ने कहा है कि निस्सन्देह चरित्र ही ब्राह्मणत्व का कारण है[5]।

महाभारत में ही पार्वती से शिव इसी श्लोक को भाषा में कहते हैं कि द्विजत्व का कारण केवल चरित्र ही है (अनु. 143 । 50), चरित्र से सभी ब्राह्मण हो सकते हैं, शूद्र भी यदि सच्चरित्र हो, तो ब्राह्मणत्व प्राप्त करता है[6]। जो आर्जव या सरलता-पूर्वक आचरण करता है, उसी को ब्राह्मणत्व प्राप्त होता है[7]। सदाचार और कर्म से ही शूद्र ब्राह्मण होता है और वैश्य क्षत्रिय होता है[8]। सत्कर्म के फल से आगम सम्पन्न शूद्र संस्कृत होकर द्विजत्व प्राप्त करता है[9]।

ब्राह्मण भी असत्-चरित्र और सर्वसंकर भोजन करने से जातिच्युत होकर शूद्र हो जाता है[10]। पवित्र कर्म से शुद्धात्मा और विजतेन्द्रिय शूद्र भी द्विजवत् सेवनीय

---

1. येन पूर्णमिवाकाशं भवत्येकेन सर्वदा।
शून्यं येन जनाकीर्णा तं देवा ब्राह्मणं विदुः। शन्ति 244, 11.
2. न क्रुध्येन्न प्रहृष्येच्च मानितोऽमानितश्च यः।
सर्वभूतेष्वभयदस्तं देवा ब्राह्मणां विदुः॥ वही, 14 ॥.
3. जीवितं यस्य धर्मार्थं धर्मो हर्यर्थ मेव च।
अहोरात्राश्च पुण्यार्थं तं देवा ब्राह्मणां विदुः॥ 23 ॥.
4. निराभिषमनारंभं निर्नमस्कारमस्तुतिम्।
निर्मुक्तं बंधनैः सर्वैस्तं देवा ब्राह्मणं विदुः॥ 24 ॥.
5. कारणां हि द्विजत्वे च वृत्तमेव न संशयः। वन. 312, 108.
6. सर्वोऽयं ब्राह्मणो लोके वृत्ते न तु विधीयते।
वृत्ते स्थितस्तुशूद्रोऽपि ब्राह्मणत्वं नियच्छति॥ अनु. 143, 51.
7. आर्जवे वर्तमानस्य ब्राह्मण्यमभिजायते। वन. 211, 12.
8. एभिस्तु कर्मभिर्देवि शुभैराचरितैस्तथा।
शूद्रो ब्राह्मणतां याति वैश्यः क्षत्रियतां ब्रजेत्। अनु. 144, 26.
9. एतैः कर्मफलैर्देवि न्यूनजातिकुलोद्भवः।
शूद्रोऽप्यागमसंपन्नो द्विजो भवति संस्कृतः। वही 46.
10. ब्राह्मणोवाऽप्यसद्वृत्तः सर्वसंकरभोजनः।
ब्राह्मण्यं स समुत्सृज्य शूद्रो भवति तादृशः। वही 47.

होता है, यह बात स्वयं ब्रह्मा ने कही है[1]। धर्म की सहायता से शूद्र भी द्विज होता है और धर्म से विमुख होकर ब्राह्मण भी शूद्र हो जाता है, यही गुह्य या गोपनीय रहस्य शिव ने पार्वती से कहा है[2]।

शान्तिपर्व 76वें अध्याय में (4-8) उन कारणों की चर्चा है, जिनके कारण ब्राह्मण पतित होता है। अनुशासन पर्व (136, 6-20) में यही बात और तरह से कही गयी है। इनमें से कई श्लोक आपस्तंब संहिता के नवें अध्याय में दिये हुए हैं। इसमें शूद्र की नौकरी को श्वानवृत्ति कहा है, अर्थात् ब्राह्मण शूद्र की नौकरी करके कुत्ते के समान हो जाता है। उसे भी कुत्ते की तरह जमीन पर अन्न देना विहित है, क्योंकि जैसा कुत्ता है वैसा ही वह है[3]

वृहद्धर्म पुराण में लिखा है कि चारों वर्ण स्वधर्मपालन के द्वारा विप्रता को प्राप्त कर सकते हैं और आगे चलकर भी कहा है कि स्वधर्म पालन करके शूद्र वैश्य हो सकता है, वैश्य क्षत्रिय, और क्षत्रिय ब्राह्मण (उत्तर खण्ड 1, 14-16)।

शास्त्रों में लिखा है कि नौकरी करने वाले, यवनसेवी और सूदखोर ब्राह्मण शूद्र से भी अधम हैं। परन्तु आजकल यह मत नहीं माने जाते क्योंकि सनातन धर्म के अधिकांश आधुनिक संरक्षकों में इनमें से कई-कई गुण विद्यमान हैं।

गीता में भगवान्, श्रीकृष्ण ने गुणकर्म-विभाग के अनुसार चातुर्वर्ण्य का निर्देश किया था (4, 13) वह अगर प्रचलित होता, तो भारतीय जाति व्यवस्था से हमारा शायद उपकार ही होता। उस हालत में समाज में एक गति और स्पन्दन दिखाई पड़ता। मनु ने भी कहा है कि अवसर विशेष पर ब्राह्मण शूद्र हो जाता है और शूद्र ब्राह्मण हो जाता है (10, 65)। परन्तु ये व्यवस्थायें और विधियाँ इस देश में धीरे-धीरे अचल हो उठीं। संस्कृत के काव्य, पुराण, नाटक आदि में हीनावृत्ति ब्राह्मण और उच्चवृत्ति शूद्र की कम चर्चा नहीं है। चरित्र और शील में कभी-कभी शूद्रों को ब्राह्मणों से भी अधिक उन्नत पाया गया है, परन्तु गुणकर्म के अनुसार उच्च-नीच मर्यादा न होने के कारण धीरे-धीरे सब का नैतिक आदर्श उतार पर आने लगा। जो जहाँ पैदा हुआ वहाँ हमेशा के लिए स्थिर हो रहा, इसकी अपेक्षा अधिक तामसिकता और क्या हो सकता है।

———

1. कर्मभिः शुचिभिर्देवि शुद्धात्मा विजितेन्द्रियः।
शूद्रोऽपि द्विजवत् सेव्य इति ब्रह्माऽब्रवीत्, स्वयं॥ वही 48.
2. ब्राह्मणो व च्युतो धर्माद्यथा शूद्रत्वमाप्नुते। वही 59.
3. ब्राह्मणस्य सदाकालं शूद्रप्रेषणकारिणः।
भूमावन्नं प्रदातव्यं यथा हि वा तथैव सः। 9। 35

जातियाँ असंख्य हैं

शास्त्र के अनुसार 'जाति' से चार वर्णों का ज्ञान होता है। चार वर्ण हैं—ब्राह्मण, क्षत्रिय, वैश्य और शूद्र। यद्यपि अब भी हम लोग चातुर्वर्ण्य शब्द का व्यवहार करते जा रहे हैं, पर व्यवहार में जातियाँ असंख्य हो गई हैं। भारतवर्ष की मनुष्य गणना रिपोर्ट से मालूम होता है कि यहाँ की जातियों की संख्या तीन हजार से भी ऊपर हैं। इनमें के उपविभागों को गिना ज़ाय तो संख्या और भी न जाने कहाँ तक बढ़ानी पड़ेगी। गौण विभागों को छोड़ दिया जाय तो ब्राह्मणों के मुख्य विभाग ही आठ सौ से ऊपर हैं। इनमें परस्पर विवाहादि नहीं हो सकते। (Ketkar's History of Caste. P. 5)

ब्लूमफील्ड का कहना है कि ब्राह्मणों में ही दो हजार भेद हैं (Religion of the Vedas, P. 6) एक सारस्वत ब्राह्मणों में ही 469 शाखायें हैं, क्षत्रियों की 590 शाखायें हैं और वैश्यों और शूद्रों की शाखायें 600 को भी पार कर जाती हैं। (Hinduism, Ancient and modern, Lala Baijnath, Merat, 1869, P. 9) भारत के सभी प्रदेशों की यही दशा है। गुजरात में मैंने दस दस बारह बारह घरों के पृथक्-पृथक् ब्राह्मण समाज देखे हैं। मोता ग्राम में मोता ब्राह्मणों की एक ऐसी ही श्रेणी है। अठारहवीं शताब्दी में एक सूरत शहर में ही बनियों के 65 विभाग थे (A new account of the East Indies, Hamillton Vo. I, 1740, P. 151)।

मनु ने लिखा जरूर है कि वर्ण चार ही हैं, पाँचवाँ कोई वर्ण नहीं (10 । 4) किन्तु उनके समय में ही बहुतेरी जातियाँ हो चुकी थीं। उनकी बात मनु को कहनी ही पड़ी है। अब सवाल है कि वर्ण तो चार ही हैं फिर इतनी जातियाँ कैसे हो गईं ? मनु ने इसके लिये चार वर्णों के अनुलोम प्रतिलोम विवाह को ही जातियों की अधिकता का कारण बताया है।

मनुस्मृति के दसवें अध्याय (8,39) में मनु महाराज ने 50 जातियों का नाम गिना कर कहा है (10 । 40) कि इनके सिवा और भी बहुत सी जातियाँ हैं। चार श्लोक और पढ़ने के बाद मनु की गिनाई हुई जातियों की संख्या 62 हो जाती है। पर यही 'सब कुछ' नहीं है, आगे 'इत्यादि' भी जोड़ा गया है। इनमें बहुत सी मानव श्रेणियाँ ऐसी हैं, जिन्हें आजकल के समाजशास्त्री 'Ethnic group' कहते हैं। ये वह चीज हैं,

जिन्हें Race और Tribe कहते हैं, जैसे मागध, वैदेह, आभीर, आवन्त्य, झल्ल, लिच्छवि, खस, द्रविड़, अन्ध्र आदि श्रेणियाँ। इनके सिवा क्रियालोप अर्थात् व्रात्यत्व वश पौण्ड्रक, औड़, द्रविड़, कम्बोज, यवन, शक, पह्लव, चीन, किरात, दरद, खस आदि जातियों की उत्पत्ति है। यह सहज ही समझ में आ जाता है कि इनमें की अधिकांश जातियाँ आर्यों के संस्पर्श में आई हुई नाना जातीय मानव श्रेणियाँ हैं।

उन दिनों की अनेक मानव-श्रेणी या Ethnic Group नाना कारणों से भारतीय जातियों में अन्तर्भुक्त हो गई हैं। उनके नामों में अब भी प्राचीनता की झलक रह गई है। यही नहीं, ऐसा जान पड़ता है कि आर्यधर्माश्रित जिस आर्येतर वर्ण को शूद्र कहा गया है वे भी पहले भारतवर्ष की एक मानव श्रेणी या Ethnic Group थे। कलकत्ते के छापे हुए महाभारत के नवें अध्याय में बहुत से नदी और जनपदों के नाम हैं। उस जगह आभीरादि के पश्चात् भीर-दरद-काश्मीरादि के साथ 'शूद्र' का भी उल्लेख है—शूद्रभीराश्च दरदाः काश्मीराः पशुभिः सह (भीष्म 9। 67)। द्रोणपर्व में शिवियों और शूरसेनों के साथ शूद्रों का उल्लेख है—शिवयः सूरसेनाश्च शूद्राश्च मलयैः सह (6, 6)। इसी तरह पुराणों के अनेक स्थानों पर आभीर आदि के साथ शूद्रों का भी उल्लेख पाया जाता है। ग्रीकों के वर्णित Oxydrace शायद ये ही हैं। खूब संभव है बाद में चलकर समधर्मता वश सभी आर्येतरों का नाम इन्हीं के नाम पर कर दिया गया हो।

प्रत्येक युग में अनेक पुरातन जातियों के लुप्त होने और नई जातियों के आविर्भूत होने की बात देखी जाती है। शायद इसीलिये वेद में उल्लिखित बहुत सी जातियाँ आज स्मरणपथ से हट गई हैं। स्मृतियों में भी जिनका उल्लेख है, ऐसी बहुत सी जातियों का अब पता नहीं लगता। यह कहना कठिन है कि वेद में उल्लिखित ये सब जातियाँ अब क्या हो गईं। युग बदलने के साथ नामों के भी बदलने की संभावना है। फिर भी चातुर्वर्ण्य का चलता नाम देकर सब युगों की एक ही जाति सब समय नहीं समझी जा सकती।

ऐसी बहुत जातियाँ हैं, जिनका नाम स्मृति में तो है पर वेदों में नहीं। मागध, वैदेह आदि विभिन्न प्रदेशों के अधिवासी हैं। चण्डाल, असल में एक जाति नहीं है। आवृत, आभीर, वाटधान, पुक्कस, शैव्य, झल्ल, मल्ल, लिच्छिवि, नट, करण, खस, द्रविड़, सुधन्वाचार्य, कारुण, विजन्म, मैत्र, सात्वत, सौरन्ध्रि, मार्गव, कारावर, मेद, पाण्डु-सोपाक, अहिण्डिक, सोपाक अत्यवसायी, औड्र, यवन, शक, पह्लव, चीन, दरद, चुंचु, मद्गु, बन्दि इत्यादि जातियों के नाम वेदों में नहीं हैं। कम्बोज नामक एक ज्ञानी की बात (यास्क 2। 2) में तो है, पर इस नाम की किसी जाति का उल्लेख नहीं है। 'सूत' वेद में कोई जाति नहीं है। ये लोग नाना भाव से राजाओं की सहायता भर

किया करते थे। 'बृहदारण्यक का 'उग्र' किसी जाति विशेष का नाम नहीं है। ये लोग बहुत कुछ शासन के सहायक (आजकल की पुलिस के साथ तुलनीय) थे।

वेद और स्मृति में यद्यपि बहुतेरी जातियों का उल्लेख है, किन्तु आधुनिक जातियों की तुलना में वे कुछ भी नहीं हैं। साढ़े तीन हजार वर्तमान जातियों के स्थान में सौ पचास जातियों के नाम पाये गये ही तो क्या हुआ ? वेद और स्मृति में जिनके नाम पाये जाते हैं, ऐसी बहुत सी जातियों का आज कोई पता नहीं चलता और ऐसी बहुत सी प्रसिद्ध जातियाँ हैं, जिनका प्राचीन शास्त्रों में कोई उल्लेख नहीं है।

बंगाल के हाड़ी, डोम, बागदी, बाउरी, कावरा आदि बहुत सी प्रसिद्ध जातियों के नाम वेद और स्मृतियों में नहीं हैं। उड़ीसा की पाण, कड़ा आदि जातियों के नाम भी नहीं पाये जाते। बिहार और युक्त प्रदेश की पासी, दुसाध, मुसहर, कहार, खटिक, तुरहा, कुर्मी आदि जातियों के तथा दक्षिणात्य की थिया, चेरुमा, पारिया आदि जातियों की भी वेदों और स्मृतियों में चर्चा नहीं है। नाना प्रदेश की मनुष्य-गणना से ऐसी बहुत सी जातियों के नाम संग्रह किये जा सकते हैं, जिनकी चर्चा वेदों और समृतियों में नहीं है।

आजकल खोज करके देखने से जान पड़ेगा कि एक ही जाति में अनेक जातियाँ आ गई हैं। उदाहरण के लिये बंगाल की तांती जाति की बात ली जा सकती है। बंगाल में, कपास की खेती बुनाई और धुनाई का व्यवसाय बहुत पुराना है। इसी लिये यहाँ तांतियों की संख्या बहुत है। इनमें धोबा, सकली और सराक आदि शाखायें हैं (E.R.E. III, P. 233)। खूब संभव है किसी जमाने में ये जातियाँ बुनाई से जीविका चलाने लगी थीं। इसीलिये इनकी गिनती भी तांतियों में होने लगी है।

पुराणकार लोग इस बात को बहुत कुछ समझ सके थे। इसलिये ब्रह्मवैवर्त पुराण में ऐसी दो एक जातियों का उल्लेख है, जिनकी चर्चा किसी पूर्ववर्ती श्रुति-स्मृति में नहीं है। हाड़ी, डोम (हड्डिमौ) की बात इस पुराण में (10 । 145) है और बागदी की भी चर्चा है (10 । 118)। जुलाहे (जोला) और सराक के नाम भी हैं। यहाँ भी जातियों की उत्पत्ति के विषय में पुराणकारों ने मनु आदि स्मृतिकारों का ही अनुसरण किया है, जिसका फल यह हुआ है—म्लेच्छ से कुविन्द कन्या के संयोग से जोला (जुलाहा) जाति हुई और जुलाहे से कुविन्द की कन्या के संयोग से सराक की उत्पत्ति हुई (10 । 121)। कुविन्द तांती ही हैं। इनमें जो मुसलमान हो गये हैं वे जुलाहे कहलाते हैं। आधुनिक अनुसंधानों से जाना गया है कि सराक जैन श्रावकों के अवशेष हैं। इसीलिये इस प्रकार उत्पत्ति बताने से काम नहीं चल सकता यह स्पष्ट ही है। तथापि ब्रह्मवैवर्त पुराण के इस अध्याय में कोच, जोगी, राजवंशी, कापाली, माली, लुहार (कर्मकार), शंखारी, कुम्हार, बढ़ई, सुनार, पटुआ (चित्रकार), राजमिस्त्री, तेली, लेट,

माल्ल, मल्ल, भड़, कोल, कलन्दर, कलार (शौण्डिक), आगुरि, गणक, अग्रदानी, वेदे (संपेरा), मालवैद्य, सूत, भांट आदि अनेक जातियों की उत्पत्ति इसी ढंग पर बताई गई है। यद्यपि आज के युग में ऐसी बातें इनमें से कोई जाति मानना नहीं चाहती। ब्रह्मवैवर्त पुराण में ही (103 । 107) गंगापुत्रों की उत्पत्ति लेट और तीवर कन्या से बताई गई है। तीवर अन्त्यज हैं और लेट उन्हीं से वर्णसंकर। इन अन्त्यजों से गंगापुत्रों की उत्पत्ति हैं। अथच ये गंगापुत्र काशी के पण्डा हैं और भारतवर्ष के तीर्थों के गुरु हैं। गंगापुत्रों के साथ अन्य ब्राह्मणों के सामाजिक व्यवहार नहीं हैं। गयावाल पण्डों के साथ भी अन्य ब्राह्मणों के ऐसे व्यवहार नहीं चलते, यहाँ यह भी कहना उचित है कि मल्लाहों में भी गंगापुत्र हैं। मर्दुमसुमारी की रिपोर्ट में बताया गया है कि गयावाल लोग अन्य ब्राह्मणों द्वारा स्वीकृत नहीं हैं। आगे इन बातों की विस्तृत चर्चा की गई है।

जान पड़ता है भारतवर्ष की नाना जातियाँ नाना समय में यहाँ पर बाहर से आई हुई या यहीं पर रहने वाली मानव-मण्डलियाँ (Ethnic group) हैं। ऐसी कितनी मण्डलियाँ समय समय पर आकर पूर्ववर्ती जातियों को हटाकर बसी हैं, यह गिनके नहीं बताया जा सकता। नदी का डेल्टा जैसे मिट्टी के तह एक के ऊपर दूसरे जमा होने से बनता रहता है, उसी प्रकार भारत में मानव-समाज जमते रहते हैं। इस देश वालों ने यूरोपियनों की भांति एक दूसरे को उखाड़ कर नष्ट नहीं कर दिया। अपना अपना धर्म और संस्कृत लेकर ये सभी चिरकाल से एक दूसरे के बगल में बास कर रहे हैं। इससे भारतवर्ष में बहुत से मतों का और जातियों का उद्‌भव हुआ है और भारतीय समाज वैचित्र्य से भर गया है।

———

आदिम युग में जाति-व्यवस्था का लचीलापन

प्राचीन युग में जाति-व्यवस्था के प्रचलित होने पर भी उच्च वर्ण के पुरुष का निम्नतर वर्ण की स्त्री के साथ विवाह सदोष नहीं माना जाता था। इसे ही अनुलोम विवाह कहते थे। प्रतिलोम विवाह जरूर निन्दनीय था। निम्नतर वर्ण का पुरुष यदि उच्चतर वर्ण की कन्या से विवाह करे, तो उसे प्रतिलोम विवाह कहते थे। इससे कुलीनता नष्ट होती है। थोड़ी बहुत सभी देशों में यह मनोवृत्ति पाई जाती है। कहने का मतलब यहाँ इतना ही है कि जाति व्यवस्था के प्रारम्भ के साथ ही साथ आज जैसी कड़ाई नहीं शुरू हो गई थी।

उन दिनों वंश-शुद्धि के अभाव में भी ब्राह्मणत्व प्राप्त करने के अनेक प्रमाण संग्रह किये जा सकते हैं। पंचविंश ब्राह्मण (14 । 1 । 17) में दीर्घतमा ऋषि की माता का नाम उशिज कहा हुआ है। ये उशिज वृहत्तवेत्ता के मत से शूद्र दासी थे। यहाँ उशिज को कक्षीवान् आदि ऋषियों की माता भी कहा है। दीर्घतमा ने ही इस उशिज के गर्भ से इन सब ऋषियों को जन्म दिया था (4 । 24-25)। कण्ववंशीय वत्स को भी दासीपुत्र कहा गया है (14 । 6 । 6)। अग्नि-परीक्षा देकर वत्स ने अपना दावा प्रतिष्ठित कराया था।

इलूष एक शूद्र दासी थीं। उनके पुत्र ऐलूष-कवष सरस्वती नदी के तीर पर सोमयाग में दीक्षित हुए थे। अन्य ऋषियों ने उन्हें देखकर कहा कि यह 'कितव अब्राह्मण दासीपुत्र किस प्रकार हमारे बीच सोमयाग से दीक्षित हुआ ?" (ऐत. ब्रा., 218)। यह कह कर उन्होंने ऐलूष-कवष को सरस्वती नदी से दूर जलहीन देश में खदेड़ दिया। उन्होंने वहाँ 'प्रदेवत्र ब्रह्मणे गातुरेतु ' इस मंत्र का साक्षात्कार किया और सरस्वती को अपने पास ले गये। निरुपाय होकर ऋषियों को उन्हें स्वीकार करना पड़ा। ऋषि के पूज्य आसन पर दासीपुत्र कवष प्रतिष्ठित हुए।

जावाला के पुत्र सत्यकाम की कथा तो प्रसिद्ध ही है। सत्यकाम ब्रह्मविद्या सीखने के लिये गुरु के पास गये। गुरु गौतम हारीतद्रुमत ने गोत्र पूछा। सत्यकाम ने माता से पूछा। माता ने कहा--"बेटा, कैसे बताऊँ कि तेरा गोत्र क्या है ? यौवन में बहुतों की परिचर्या करती हुई मैंने तुम्हें पाया है। सो मैं नहीं जानती कि तेरा गोत्र क्या है ? मेरा नाम जावाला है, तेरा नाम सत्यकाम है। इसीलिये तू अपना नाम सत्यकाम

जावाल कह देना।" (छांदोग्य 4 । 4 । 2)। यह बात सत्यकाम ने गुरु से ज्यों की त्यों कह दी। ऋषि गौतम ने यह सब सुनकर कहा कि 'सच्चे ब्राह्मण के सिवा और कोई ऐसी सच्ची बात नहीं कह सकता। जाओ सौम्य, समिध लाओ। मैं तुम्हें उपनीत करूँगा, इसलिये कि तुम सत्य से भ्रष्ट नहीं हुए[1]।"

उपनिषद् में शुरू से अन्त तक एक ऐसी ही लचीली समाज-व्यवस्था का परिचय मिलता है। वहाँ ब्रह्मज्ञान के बड़े-बड़े उपदेष्टा क्षत्रिय हैं। अजातशत्रु, जनक, अश्वपति कैकेय, प्रवाहण, जैवलि, प्रभृति क्षत्रियगण बड़े-बड़े ब्रह्मवेत्ता हो गये हैं। ब्राह्मण ऋषि लोग भी उनके निकट ब्रह्मविद्या सीखने जाते थे। वृहदारण्यक उपनिषद् (2 । 10 । 1) में गर्गवंशीय बालाकि की कथा है, ये वाग्मी और विद्याभिमानी थे। काशिराज अजातशत्रु से उन्होंने कहा था कि मैं तुम्हें ब्रह्मविद्या सिखाऊँगा, पर अन्त में उन्हें इस विद्या में राजा की श्रेष्ठता स्वीकार करनी पड़ी थी। यह आख्यान कौशीतकी उपनिषद् में भी है (4 । 1)।

प्राचीनशाल औपमन्यव, सत्ययज्ञ पौलुषि, इन्द्रद्युम्न भाल्लपेय, जन शार्कराक्ष्य, बुडिल आश्वतराश्वि ये पांच महाशालापति महाक्षत्रिय गण आत्मज्ञान और ब्रह्मज्ञान की प्राप्ति के लिये उद्दालक आरुणि के पास गये। उद्दाक ने उन्हें राजा अश्वपति कैकेय के पास भेजा। सबने राजा के पास से ब्रह्मविद्या प्राप्त किया (छान्दोग्य 5 । 11)।

विदेहपति राजर्षि जनक ऐसे ब्रह्मवेत्ता थे कि बड़े बड़े ब्राह्मण आचार्य उन्हें सिर नवाते थे। इन्होंने एक बहुदक्षिण यज्ञ में ब्राह्मणों के साथ ब्रह्मविद्या का विचार किया था (बृहदारण्यक 3 । 1 । 1)। इनका याज्ञवल्क्य के साथ भी एक बार ब्रह्मविद्या का विचार हुआ था (छांदोग्य. 4 । 1 । 1, 4 । 2 । 1) और बुडिल आश्वतराश्वि को भी इन्होंने इस विद्या का उपदेश दिया था (छां. 5 । 14 । 8)। इसी तरह वृहदारण्यक (6 । 2 । 1) में प्रवाहण जैवलि नामक ब्रह्मवादी राजा के साथ आरूणेय श्वेत केतु के शास्त्र-विचार की बात पाई जाती है, और छान्दोग्य (1 । 8 । 1) में शिलक शालावत्य और चैकितायन दालभ्य के साथ प्रवाहण जैवलि के ब्रह्मविद्या-विचार की चर्चा है।

क्षत्रिय लोग केवल ब्रह्मवादी ही होते हों सो बात नहीं है, वे यज्ञ के अनुष्ठान-परिचालक भी होते थे। ऋग्वेद में (10 । 98) कहा गया है कि एक बार जब बारह वर्ष अकाल पड़ा था तो राजा शान्तनु ने वृष्टि के लिये यज्ञ किया था। इस यज्ञ के पुरोहित राजा ऋष्टिसेन के पुत्र देवापि थे। बृहद्देवता के मत से (7 । 155) देवापि शान्तनु के अपने भाई ही थे। निरुक्त का भी (2 । 10) यही मत है।

---

1. तं होवाचनैतद्ब्राह्मणोविवक्तु मर्हति, समिधं सौम्याहरोपमत्वा नेष्ये नसत्यादगा इति। छांदोग्य 4 । 4 । 5

भृगुवंशीय लोग रथ भी बनाया करते थे, यह ऋग्वेद से (10 । 39 । 14) मालूम होता है। इसी वेद में (9-112-3) ऋषि पुत्र आंगिरस कहते हुए पाये जाते हैं कि मैं स्तव-रचना करता हूँ, पिता भिषक् (वैद्य) हैं और माता पिसनहरी (शिला-प्रक्षणी) हैं। ऐतरेय ब्राह्मण में श्यापर्ण शायकायन एक विख्यात पुरोहित हैं। यज्ञवेदी की रचना में उनकी दक्षता सर्वजन विदित है। ये ही एक जगह कहते हैं कि उनकी सन्तानें गुणानुसार क्षत्रिय वैश्य, या शूद्र कुछ भी हो सकती हैं (4 । 1 । 10)। काठक संहिता (19 । 10, 27 । 4) और शतपथ ब्राह्मण (12 । 8 । 3 । 19) में जो 'ब्रह्मपुरोहित' शब्द आया है उस पर से किसी-किसी ने अनुमान किया है कि उन दिनों ब्राह्मणों के सिवा और जाति के लोग भी पुरोहित होते थे। (G.S. Ghurye, P. 44.)

राजा विश्वामित्र ने जो अपनी तपस्या के बल से ब्राह्मणत्व प्राप्त किया था, यह कथा काफी प्रसिद्ध है। क्षत्रिय बल जब ब्रह्म बल के निकट पराजित हुआ, तब उन्होंने "धिग्बलं क्षत्रियबलं ब्रह्मतेजो बलं बलं (आदिपर्व 175 । 45) कहा था। इसके बाद उन्होंने कठोर तप से ब्राह्मणत्व प्राप्त किया (वही 48), महाभारत में अन्यत्र भी कहा है कि विश्वामित्र क्षत्र भाव से ब्राह्मण भाव को प्राप्त हुए थे (उद्योग 106 । 18)। शल्यपर्व में भी (40 । 29) विश्वामित्र के ब्राह्मणत्व लाभ करने पर देवताओं की भांति समस्त पृथ्वी घूमने की कथा है। और यह भी कहा है कि क्षत्रिय होकर भी ब्रह्मवंश के कारक हुए[1]। इसी पर्व में (18 । 16-17) कहा गया है कि विश्वामित्र ने शिव की तपस्या की थी और उन्हीं के प्रसाद से ब्राह्मणत्व पाया था। इस प्रसंग में शास्त्रों में विश्वामित्र और वशिष्ट के विवाद का भूरिशः उल्लेख है। प्राचीन काल में बहुत से अब्राह्मणों ने और क्षत्रियों ने ब्राह्मणत्व प्राप्त किया था। परन्तु इतना विवाद कहीं नहीं सुना गया। फिर प्रश्न होता है कि क्या कारण है कि वशिष्ठ और विश्वामित्र का विवाद इतना अधिक प्रसिद्ध हो गया ?

मैकडोनल और कीथ ने दिखाया है (Vedic Index, Vol. II, P. 274-277 और P. 310-315) कि वसिष्ठ (या वशिष्ठ) और विश्वामित्र अनेक हो गये हैं। विश्वामित्र एक समय सुदास के पुरोहित थे (ऋग्. 3 । 33 । 5)। एक बार उन्हें इस पद से हटा दिया गया और वे राजा के शत्रुओं से मिल गये। वसिष्ठ के पुत्र शक्ति के साथ भी विश्वामित्र के कलह का आभास पाया जाता है (ऋग्. 3 । 53 । 15-16, 21-24) 'सद्गुरुशिष्य' ने विषय को और स्पष्ट करके लिखा है। इससे जान पड़ता है कि वशिष्ठ और विश्वामित्र के झगड़े का आरम्भ पौरोहित्य आदि के स्वार्थ के लिये ही हुआ था। Vedic Index में इस सम्बन्ध की और भी बहुत सी बातें हैं, जिन्हें कौतूहल हो

---

1. ततो ब्राह्मणतां यातो विश्वामित्रो महातपाः
   क्षत्रियः सोऽप्यथ तथा ब्रह्मवंशस्य कारकः शल्य. 4 । 48

वे वहीं देख सकते हैं।

असल में अगर जन्म से ब्राह्मणत्व का विचार किया जाय तो पता चलता है कि वसिष्ठ स्वर्ग की अप्सरा उर्वसी की सन्तान हैं। मित्रावरुण के औरस से उनका जन्म है।[1] वसिष्ठ के जन्म में कुछ गोलमाल था, इसीलिये ऋग्वेद में कहीं उन्हें उर्वसी पुत्र और तृत्सु-वंशोत्पन्न कहा है (ऋग्. 7 । 83 । 8)। कई जगह इन्हें ब्रह्मा का मानसपुत्र भी कहा गया है। (आदिपर्व 174 । 5) मनु संहिता (1 । 75) वायुपुराण (9 । 68-69) और मत्स्यपुराण (173 अध्याय) में भी यह कथा है। वायुपुराण (65 । 46) में उनका अग्नि से जन्म होना भी कहा गया है। मत्स्यपुराण से भी इस कथा का समर्थन होता है।

पुराणकारों ने जो वशिष्ठ और विश्वामित्र के झगड़े की कथा दी है, उससे भी उनके व्यक्तिगत स्वार्थ की बात पाई जाती है। ब्रह्मपुराण से इस विषय पर बड़ा अच्छा प्रकाश पड़ता है। मांधाता के वंश में विद्यावान् और प्रभावशाली त्रय्यारुणि का जन्म हुआ था, महाबली सत्यव्रत उन्हीं के पुत्र थे। (7 । 97) त्रय्यारुणि में कुछ चरित्रगत दोष था (7 । 98-99) इसीलिये पिता ने उन्हें परित्याग किया (7 । 100)। पुत्र ने कहा—'मैं कहाँ जाऊं ?' पिता ने कहा—'वन में जाकर चांडालों के साथ वास करो (7, 101)।' त्रय्यारुणि ने इसीलिये वनवास व्रत ग्रहण किया। भगवान् वशिष्ठ ने सब देखा, पर बोले कुछ नहीं। राज्य अराजक हुआ, वसिष्ठ ही राज्य-रक्षक हुए (8 । 4)। यही सत्यव्रत्त बाद में त्रिशंकु नाम से प्रसिद्ध हुए।

इसी बीच द्वादशवर्षव्यापी अकाल पड़ा। विश्वामित्र उन दिनों परिवार से दूर तपस्या में लगे हुए थे। उनकी सन्तानें दुर्भिक्ष से मरने मरने को आयीं। उस समय सत्यव्रत ने उन्हें बचाया (7 । 105-109)। वशिष्ठ के विरुद्ध बहुत दिनों से सत्यव्रत के मन में क्रोध संचित था। वशिष्ठ ने उन्हें कभी सावधान नहीं किया था, इसीलिये पिता ने रुष्ठ होकर उनका त्याग कर दिया था। जब पिता रुष्ठ होकर उन्हें वनवास दे रहे थे, तब भी वशिष्ठ ने बाधा नहीं दी, (8 । 5 । 6) उल्टे राज्य चलाने का भार अपने ऊपर ले लिया (8 । 4)। इधर सत्यव्रत मृगया से अपना और विश्वामित्र के परिवार का पालन करते रहे (8 । 1-2)। अभाव के कारण हो या द्वेषवश, सत्यव्रत ने एक दिन वशिष्ठ की गाय मारकर ही अपना और विश्वामित्र के परिवार का भोजन जुटाया। इसी पर वशिष्ठ ने सत्यव्रत को शाप दिया (8 । 19)। कृतज्ञ विश्वामित्र ने इसी समय उठकर सत्यव्रत की सहायता की। वे उनके पौरोहित्य के लिये राजी हो गये (8 । 20-23) सत्यव्रत ने भी अपने पिता का राज्य संभाला। वशिष्ठ ने उनका पौरोहित्य छोड़ दिया था, फिर उसी शून्य स्थान पर विश्वामित्र व्रत हुए। राज्य-परिचालना के लिए अब वशिष्ठ की कोई जरूरत नहीं रही। यहीं वशिष्ठ और विश्वामित्र के झगड़े का प्रधान कारण पाया जाता है।

सुदास राजा के पुरोहित विश्वामित्र ने अपने को कुशिक वंशीय कहकर परिचय

1. उतासि मैत्रावरुणो वसिष्ठौर्वश्या ब्रह्मन् मनसोऽधिजातः। (ऋग्. 7 । 33 । 11)

दिया है (ऋग्वेद 3 । 5 । 3 । 9) । अब, ऐतरेय ब्राह्मण से जान पड़ता है कि वशिष्ठ भी सुदास के पुरोहित थे (7 । 8 । 8, 8 । 7 । 7) । सुदास के इस पौरोहित्य के कारण भी दोनों में विरोध हो सकता है । यह पहले ही कहा जा चुका है कि ऋग्वेद में वशिष्ठ के पुत्र शक्ति के साथ विश्वामित्र के कलह का आभास पाया जाता है । इस अत्यन्त पुराने उपाख्यान को महाभारत के आदिपर्व (174-176 अध्याय) में विस्तारपूर्वक कहा गया है । वहाँ की कथा से जान पड़ता है कि वशिष्ठ क्षमाशील हैं और विश्वामित्र क्रोधी । अनेक पुराणों में कल्माषपाद को वशिष्ठ के द्वारा दिये हुए शाप की कथा पाई जाती है । ध्यानयोग से यह जान कर भी कि कल्माषपाद निर्दोष हैं, वशिष्ठ ने शाप दिया था कि 'राक्षस होओ' । जब कल्माषपाद ने भी शाप देना चाहा, तो उनकी स्त्री मदयन्ती ने राजा को निवृत्त किया । यहाँ ब्राह्मण की अपेक्षा क्षत्रिय में ही क्षमाशीलता अधिक दिखाई गई है (भागवत 9 । 9 । 24) । विष्णुपुराण में भी कुछ अधिक विस्तार के साथ यही बात बताई गई है (4 । 4 । 40) । कल्माषपाद के सन्तान न होने के कारण उनकी अनुमति से वशिष्ठ ने ही मदयन्ती से पुत्रोत्पादन किया था—वशिष्ठस्तदनुज्ञातो मदयन्त्यां प्रजामधात् (भागवत 9 । 9 । 39) । यही बात विष्णुपुराण (4 । 4 । 38) में भी है ।

शक, यवन, कंबोज, पारद, पह्लव, हैहय, तालजंघ आदि जातियाँ पहले क्षत्रिय थीं । इन्होंने सगर का पैत्रिक राज्य छीन लिया था इसीलिये सगर ने उनके साथ घोर युद्ध किया । ये लोग हारकर उपायान्तर न देख वशिष्ठ के शरणापन्न हुए (विष्णु. 4 । 3 । 18) । वशिष्ठ यहाँ बहुत ही कूट-नीति-कुशल राजनीतिज्ञ के रूप में दिखाई देते हैं । उन्होंने सगर से कहा—'इन जातियों के रक्त से व्यर्थ ही हाथ मत रंगों ।' संस्कृति से रहित मनुष्य तो जीवन्मृत ही है । इसीलिये इन्होंने सगर से कहा—"जीवन्मृतों को मारने से क्या लाभ ? तुम्हारी प्रतिज्ञा की रक्षा के लिये मैंने ही उनके धर्म का और ब्राह्मण-संसर्ग का परित्याग करा दिया" (विष्णु 4.3.19-20) । इस प्रकार हाथ से बिना मारे हुए भी मनुष्य को भीतर-भीतर मार डालने की इस युक्ति से प्रसन्न होकर सगर ने कहा—'तो फिर यही हो' और वशिष्ठ के वचन से उनकी वेश-भूषा और तरह की कर दी (विष्णु पुराण 4-3-21) ।

इस प्रकार यवनों का सिर मूँडकर, शकों का सिर आधा मूँड़कर, शकों को लंबे-लंबे केश बढ़वाकर, पह्लवों की दाढ़ी रखाकर, और इन्हें तथा अन्य क्षत्रियों को स्वाध्याय और वषट्कार से वंचित करके दण्ड दिया गया[1] । इस प्रकार ब्राह्मणादि के संसर्ग-त्याग से वह म्लेच्छ हो गये[2] ।

हमारा इतिहास इसी प्रकार अपनों को पराया बनाने का इतिहास है । अति पुरातन

1. यवनान् मुंडितशिरसः अद्‌र्धमुंडान् शकान् प्रलवंकेशान् पारदान् पह्लवांश्चश्यश्रुधारान् निःस्वाध्यायवषट्‌कारान् एतानन्यांश्च क्षत्रियांश्चकार। (विष्णु पुराण 4 । 3 । 21)
2. तेच निच धर्म परित्यागाद्‌ब्राह्मणैश्च परित्यक्ता म्लेच्छतां ययुः। (वही)

काल में सनातन धर्म-निष्ठ वशिष्ठ ने जो कुछ किया था, उसका हम अब भी अनुसरण करते जा रहे हैं। किन्तु एक और धारा थी जो पराये को अपना बना रही थी। ये थे भागवत लोग। इनकी बात अन्यत्र कही जायेगी। अपनी संस्कृति और अपनी वेश-भूषा का ऐतिहासिक मूल्य कितना अधिक है, यह बात इन पुराणों की कथाओं से बहुत अच्छी तरह समझ में आ जाती है।

किन्तु बाद में वशिष्ठ ने विश्वामित्र को ब्राह्मण मान लिया था। हरिश्चन्द राजा के पुत्र सेहित कों वरुण यज्ञ में बलिदान करने की बात थी। रोहित के बदले में बाद में शुनःशेष को बलिदान देने का आयोजन हुआ। उस यज्ञ में विश्वामित्र होता थे, जमदग्नि अध्वर्यु थे, वशिष्ठ ब्रह्मा थे और आयास्य आंगिरस उद्गाता थे (ऐतरेय ब्राह्मण 7 । 3 । 4)ः यह बात भागवत (7 । 9 । 22) में भी है। इस प्रकार एक ही यज्ञ में वशिष्ठ और विश्वामित्र को व्रती देखकर अनुमान होता है कि वशिष्ठ ने विश्वामित्र को ब्राह्मरूप में स्वीकार कर लिया था, यद्यपि इस यज्ञ में विश्वामित्र का ही पौरोहित्य का दावा अधिक था, क्योंकि दुर्दिन में उन्होंने सपरिवार सत्यकाम की सहातया की थी। फिर भी इस दारुण नर मेध में वशिष्ठ को पौरोहित्य के लिये व्रती देखा जा रहा है। इसलिये देखा जाता है, इस प्रकार के दारुण नरमेध का भार लेकर भी वे विश्वामित्र को पुरोहित के रूप में पूर्णरूप से स्वीकार कर सके थे। Vedic Indexd नामक ग्रन्थ में यद्यपि कहा गया है कि वशिष्ठ और विश्वामित्र एक एक व्यक्ति ही नहीं हैं फिर भी यहाँ फिर से कह रखा जाय कि न तो वशिष्ठ ही एक व्यक्ति थे और न विश्वामित्र ही। वशिष्ठ भी कई हो गये हैं, विश्वामित्र भी कई। प्रत्येक वशिष्ठ से प्रत्येक विश्वामित्र का झगड़ा ही रहा हो, ऐसी कोई बात नहीं। एक के साथ जब दूसरे का स्वार्थगत संघर्ष घटा है, तभी विरोध हुआ है। सब विश्वामित्रों और सब वशिष्ठों की कहानियाँ देना बेकार है। नाना पुराणों में ये कथायें प्रसिद्ध ही हैं[1]।

विश्वामित्र सिवा और भी बहुतेरे मंत्रदृष्टा ऋषि क्षत्रिय कुल में उत्पन्न हुए थे। वेद के प्रथम मण्डल के प्रथम दस मंत्रों के द्रष्टा हैं मधुच्छन्दा (ऐतरेय आरण्यक 1 । 1 । 3, कौशीतकि ब्राह्मण 18 । 2) जो विश्वामित्र के पुत्र थे (ऐतरेय ब्राह्मण 7 । 17 । 7)। चन्द्रवंशी राजा पुरूरवा वेदमंत्रों (ऋग्वेद 10 । 95 । 1, 3, 6, 8, 9, 10, 12, 14,

---

1. मेरे मित्र पं. लक्ष्मीनारायण शास्त्री ने "वशिष्ठ-विश्वामित्र-संदेश" नाम का एक विचारपूर्ण प्रबन्ध 'भारतवर्ष' (1337 भाद्र, पृ. 337-347 में लिखा है। जैसा ही यह सुन्दर भाव से लिखित है, वैसा ही गंभीर चिन्ता से समन्वित। मैंने इस प्रसंग के लिखने के पहले यदि उसे देखा होता, तो वृथा इस प्रसंग में इतना परिश्रम न करके उस प्रबन्ध को ही ज्यों का त्यों उद्धृत कर देता। जो पाठक इस विषय से और भी अधिक परिचय प्राप्त करना चाहते हैं, वे उसे जरूर पढ़ें। इसमें अनेक वशिष्ठों और अनेक विश्वामित्रों की आलोचना विशेष रूप से की गई है।

17 ऋक्) के ऋषि थे। शान्तनु के भाई देवापि की बात तो पहले ही कही गई है। कोलब्रुक ने और भी कई नाम गिनाये हैं (Asiatic Trans, Vol III, P. 393)।

बाद में चल कर स्त्रियों को शूद्रों की तरह वेद अध्ययन का अनधिकारी माना गया था। पर किसी जमाने में वे भी मंत्र द्रष्टा ऋषि थीं ?

देवापि की कथा महाभारत में भी पाई जाती है। यहाँ उन्हें आर्ष्टिसेन कहा गया है, यह उनके पितृ नाम से प्राप्त परिचय है। देखा जाता है कि पाण्डव लोग उग्रतपा राजर्षि आर्ष्टिसेन के आश्रम में गये थे। ये तप से कृश हो गये, थे, और इनकी धमनियाँ बाहर निकल आई थीं। इनके आश्रम में फल और फूलों से लदे हुए वृक्ष लगे हुए थे (वनपर्व 158। 102-3)। पुरोहित धैम्य ने भी उस राजर्षिक का सम्मान किया (वन. 159। 3)। शल्यपर्व में कपाल-मोचन तीर्थ के माहात्म्य वर्णन के प्रसंग में कहा गया है कि 'उस स्थान पर संशितव्रत महात्मा आर्ष्टिसेन ने तपोबल से ब्राह्मणत्व प्राप्त किया था, राजर्षिक सिंधुद्वीप, महातपा, देवापि और महातपस्वी भगवान् विश्वामित्र मुनि ने ब्राह्मणत्व प्राप्त किया था[1]।

यहाँ ऐसा जान पड़ता है कि देवापि और आर्ष्टिसेन भिन्न-भिन्न व्यक्ति हैं। राजा सिंधुद्वीप की कथा महाभारत में नाना स्थानों पर है। ये जन्हु के वंश में उत्पन्न हुए थे (अनुशासन 4। 3-4)। इन्होंने भी देवापि और विश्वामित्र की भाँति ब्राह्मणत्व प्राप्त किया था (शल्य. 40। 1-2 और 10-11)। सिंधुद्वीप के पुत्र राजर्षि बलाकाश्व थे और उनके पुत्र वल्लभ हुए (अनु. 4। 4-5)।

विश्वामित्र ने क्षत्रिय होकर भी ब्राह्मणत्व प्राप्त किया था। केवल यही नहीं, उनके पुत्र तपस्वी ब्रह्मवेत्ता और गोत्रकर्ता हुए[2]। इन क्षत्रियवंशोद्भूत ब्रह्मर्षियों की लंबी सूची महाभारत (वही 50-59) में दी हुई है।

महाभारत में आदि पर्व में देखते हैं कि राजर्षिक मनु के वंश में अनेक ब्रह्मर्षि हो गये हैं (75, 12-15)। नहुष के 6 पुत्र थे, उनमें यति ने योग बल से मुनि होकर ब्राह्मणत्व प्राप्त किया था (75। 31) क्षत्रिय वंशोत्पन्न बहुत से महात्मा ब्राह्मण होकर अव्यय ब्रह्मत्व पाये हैं (आदि. 137। 14)। भृगु मुनि तो जन्म से ब्राह्मणत्व होता है, यह बात मानते ही नहीं। उनके मत से गुण, चरित्र और आचार के अनुसार ब्राह्मणादि

---

1. यत्रार्ष्टिसेनः कौरव्य ब्राह्मण्यं संशितव्रतः।
तपसा महता राजन् प्राप्तवान् ऋषिसत्तमः।
सिन्धुद्वीपश्च राजर्षिर्देवापिश्च महातपाः।
ब्राह्मणयं लब्धवान् यत्र विश्वामित्रस्तथा मुनिः।
महातपस्वी भगवानुग्रतेजा महातपाः। (शल्यपर्व 39। 34-37)
2. तस्य पुत्रा महात्मानो ब्रह्मवंशविवर्धनाः।
तपस्विनो-ब्रह्मविदो गोत्रकर्तार एव च॥ (वही 49)

वर्ण होते हैं (शान्ति. 188-189 अध्याय)। भीष्म भी कहते हैं कि सदाचारयुक्त शूद्र पूज्य हैं और असदाचारयुक्त ब्राह्मण भी अपूज्य (अनु. 48 । 48)। इन बातों की चर्चा आगे भी की जा चुकी है।

अनुशासनपर्व (30 अध्याय) में कहा है कि अपने शत्रु प्रतर्दन के भय से राजा वीतहव्य भृगु के आश्रम में शरणापन्न हुए। प्रतर्दन आश्रम में उपस्थित हुए और बोले कि आप के आश्रमस्थ सभी लोगों को देखना चाहता हूँ। भृगु ने कहा कि मेरे आश्रम में कोई क्षत्रिय नहीं है, सभी ब्राह्मण हैं। प्रतर्दन ने सब कुछ समझ कर भी कहा कि मुझे अब कोई दुःख नहीं है क्योंकि मैंने अपने तेज से ही वीतहव्य को क्षत्रिय जाति से वहिष्कृत कराया। इधर वीतहव्य भृगु के वचनमात्र से ब्रह्मर्षि हो गये[1]। केवल यही नहीं उनके पुत्र गृत्समद रचित श्रुति ऋग्वेद में भी है[2]। यह गृत्समद ब्रह्मचारी और ब्राह्मणों के भी पूज्य हुए थे (अनु. 30 । 60)। इनकी वंशपरम्परा में वेद-वेदांग के जानने वाले हुए। महाभारत में यह परम्परा इस प्रकार दी हुई है—गृत्समद, सुतेजा, वर्चा, विहव्य, वितत्य, सत्य, सन्त, श्रवा, तम,प्रकाश, वागिंद्र, प्रमति (30, 61-64)।

गृत्समद की बारहवीं पीढ़ी में प्रमति हुए थे। इनके पुत्र रुरु हुए जो घृताची नामक अप्सरा के गर्भ से जन्मे थे। रुरु से प्रमद्वरा के गर्भ से रुरु के शुनक, और शुनक के पुत्र शौनक हुए। महर्षि भृगु के प्रसाद से इस प्रकार एक क्षत्रिय वंश में सबके सब ब्रह्मर्षि हुए (अनु. 30 अध्याय)।

हरिवंश महाभारत का ही खिल या परिशिष्ट है। उसमें से भी ऐसी घटनाओं के प्रमाण पाये जाते हैं। नाभागरिष्ट के दो पुत्र वैश्य से ब्राह्मण हो गये थे[3]। इस श्लोक का अनुवाद बसुमती प्रेस से प्रकाशित बंगला अनुवाद में इस प्रकार दिया हुआ है कि 'नाभागरिष्ट के दो वैश्य पुत्र थे, जो ब्रह्म में लीन हो गये ।' स्पष्ट ही यहाँ अनुवाद के नैपुण्य से वास्तविक तथ्य को ढक देने की चेष्टा की गई है। पर क्या इस एक श्लोक के अनुवाद को बदल देने से वे सभी प्रमाण जो इच्छा पूर्वक या अनिच्छा पूर्वक श्रुति-स्मृति प्रमाणों में रह गये हैं, ढंके जा सकते हैं।

गृत्समदवंशज शुनक के शौनक नामक ब्राह्मण, क्षत्रिय, वैश्य, शूद्र जातीय अनेक पुत्र हुए थे (हरि. 29, 1519)। ऊपर दिखाया गया है कि गृत्समद क्षत्रिय वीतहव्य की सन्तान थे (अनुशासन 30 । 59)। इसी तरह वत्सभूमि और भृगुभूमि के ब्राह्मण, क्षत्रिय, वैश्य, आदि असंख्य पुत्र जन्मे थे (हरि. 29 । 1597-1598)।

बलि के पांच पुत्र अंग, वंग, सुह्, पुण्ड्र और कलिंग 'बालेय' अर्थात् बलिवंशज

1. भृगोर्वचनमात्रेण स च ब्रह्मर्षितां गतः। अनु. 30 । 57
2. ऋग्वेदे वर्तते चाग्र्या श्रुतिर्यस्य महात्मनः। अनु. 30 । 59
3. नाभागरिष्टस्य पुत्रौ द्वौ वैश्यौ ब्रह्मणातां गतौ। हरि. 11 । 658

क्षत्रिय कहलाये। बालेय ब्राह्मण इन्हीं की सन्तान हैं (हरिवंश 31 । 1684-1685)।

प्रतिरथ के पुत्र राजा कण्व हुए। मेधातिथि थे कण्व के पुत्र। बाद में मेधातिथि से ही कण्व ब्राह्मणत्व को प्राप्त हुए थे (वही 32 । 1718)।

क्षत्रिय गृत्समद के ब्राह्मण, क्षत्रिय, वैश्य अनेक पुत्र हुए (32 । 1754)। पुरुवंशीय राजा और ब्रह्मर्षि कौशिक ये दोनों क्षत्रिय-ब्राह्मण वंश परस्पर सम्बद्ध हैं, यह बात लोकप्रसिद्ध है[1]। राजा दिवोदास के पुत्र ब्रह्मर्षि मित्रयु हुए। इन्हीं से मैत्रायणी शाखा प्रवर्तित हुई। ये लोग क्षत्रोपेत भार्गव ब्राह्मण हैं (वही 32 । 1789-1790)। मौदगल्यगण भी क्षत्रोपेत ब्राह्मण हैं (32 । 1781)।

हरिवंश की इन बातों का समर्थन विष्णु पुराण से भी होता है। रथीतर वंशीय गण क्षत्रिय थे, जो आंगिरस नाम से परिचित हैं। इसीलिये इन्हें क्षत्रोपेत ब्राह्मण कहते हैं (विष्णु. 4 । 2 । 2)। अम्बरीष के पुत्र थे युवनाश्व। इनसे ही हारित आंगिरस वंश की उत्पत्ति हुई (विष्णु. 4 । 3 । 5)। गृत्समद के पुत्र शौनक चातुर्वर्ण्य के प्रवर्तक हैं (वही 4 । 8 । 1), भार्ग के पुत्र भार्गभूमि भी चातुर्वर्ण के प्रवर्तक हैं (वही 4 । 8 । 9), नेदिष्टपुत्र नाभाग वैश्य हो गये थे (4 । 1 । 15) फिर भी इनमें से कोई कोई ब्राह्मण हो गये थे, यह आगे ही कहा गया है। गर्ग से शनि हुए। इनके पुत्र गण गार्ग्य और शैनेय नाम से परिचित क्षत्रोपेत ब्राह्मण हैं। राजा अप्रतिरथ से कण्व हुए, कण्व से मेधातिथि। इन्हीं से काण्वायन ब्राह्मण गण उत्पन्न हुए (वही 4 । 19 । 2 और 4 । 19 । 10)। मुद्गल से मौद्गल्यगण ब्राह्मण हुए जो स्वयं क्षत्रिय वंशोत्पन्न थे (4 । 19 । 16)।

भागवत से भी इन बातों का समर्थन होता है। भगवान् ऋषभदेव के सौ पुत्र थे। ज्येष्ठ भरत भारतवर्ष के अधिपति हुए। कनिष्ठ 81 पुत्र महाशालीन महाश्रोत्रिय यज्ञशील कर्मविशुद्ध ब्राह्मण हुए (5 । 4 । 14)। क्षत्रिय पुरुवंश से कोई वंश क्षत्रिय हुए और कोई कोई ब्राह्मण (9 । 20-1)। राजा रथीतर के कोई सन्तान नहीं होने से अंगिरा ने उनकी पत्नी से सन्तान उत्पन्न की। इसी वंश में क्षत्रोपेत ब्राह्मणगण उत्पन्न हुए (9 । 6 । 3)। भरतवंशीय गर्ग से शिनि और उनसे गार्ग्य लोग। इस प्रकार क्षत्रिय वंश से ब्राह्मण उत्पन्न हुए (9 । 21 । 19)। राजा दुरितक्षय से तीन पुत्र त्रय्यारुणि कवि और पुष्करारुणि ने ब्राह्मणत्व प्राप्त किया था (9 । 21 । 19-20)। क्षत्रिय मुद्गल के वंश वाले ब्राह्मण होकर मौद्गल्य नाम से परिचित हुए (9 । 21 । 33)। करुष क्षत्रिय थे। उनके वंश वाले ब्राह्मणत्व को प्राप्त हुए थे (9 । 2 । 16)। पार के पुत्र नीप हुए, उनके हुए सौ पुत्र। उन्हीं ने शुककन्या कृत्वी के गर्भ से योगी ब्रह्मदत्त को जन्म दिया।

---

1. पौरवस्य महाराजा ब्रह्मर्षीः कौशिकस्य च
संबंधों ह्यास्य वंशेऽस्मिन् विश्रुतः॥

क्षत्रिय मनु के पुत्र हुए धृष्ट और उनके वंश वाले जन्मतः क्षत्रिय होकर भी ब्राह्मण हुए (9 । 27 । 17) । इत्यादि ।

वायुपुराण से भी इन तथा इन्हीं जैसी घटनाओं का प्रमाण पाया जाता है । राजा नहुष के पुत्र संयाति तपोबल से ब्राह्मण हो गये थे (17 । 14) । मांधाता वंशीय युवनाश्व के पुत्र हारित थे । ये लोग आंगिरस हैं, जो क्षत्रोपेत ब्राह्मण हैं (88 । 71-73) ।

पहले ही बताया गया है कि वायुपुराण में कहा गया है कि आदिकाल में न वर्णव्यवस्था थी और न वर्णसंकर । इस आदिकाल की एक मनोरंजक बात यह है कि आदिकाल में वृक्ष के आश्रय से गृह निर्माण किये जाते थे, फिर वृक्ष को देखकर उसकी शाखाओं के अनुकरण पर लकड़ी फैलाकर गृह बनाये जाने लगे (8 । 118) । शाखाकार बनने के कारण ही इन्हें शाला कहते थे। इस आदिकाल में कर्मों के शुभाशुभत्व के अनुसार ब्राह्मणादि वर्ण सृष्ट हुए थे[1] । प्रजावृद्धि के लिये भृगु, पुलस्त्य, पुलह, क्रतु, अंगिरा, मरीचि, दक्षि, अत्रि और वशिष्ठ इन सौ मानसपुत्रों को ब्रह्मा ने उत्पन्न किया, जो 'नव-ब्राह्मणः' (9 । 63) कहलाये । एक अन्य जगह इसी (वायु) पुराण में मनु की गिनती भी इन नौ के साथ की गई है (59 । 88) । इसी (59) अध्याय में इन महर्षियों और इनके वंशोत्पन्नों के परिवार का परिचय दिया हुआ है ।

वायुपुराण (91 । 115-117) में निम्नलिखित महात्माओं के क्षत्रिय वंश में उत्पन्न होकर भी तपोबल से ऋषित्व प्राप्त करने का उल्लेख है—विश्वामित्र, मांधाता, संकृति, कपि, पुरुकुत्स, सत्य, अनूहवान्, ऋथु, आर्ष्टिसेन, अजमीढ़, कक्षीव, शिंजय, रथीतर, विष्णुवृद्धि इत्यादि । इसी प्रकार राजा गृत्समद के पुत्र शौनक हुए, जिनके वंश में चारों ही वर्ण उत्पन्न हुए (वायु 92 । 4-5) । शौनक और आर्ष्टिसेन क्षत्रियवंशजात ब्राह्मण हैं (वही 6) । नहुष के पुत्र संयाति मोक्षमार्ग अवलंबन करके ब्रह्मभूत मुनि हुए थे (वायु 93 । 14) । दिव्य भरद्वाज ब्राह्मण से क्षत्रिय हुए (वायु 99 । 157) गाग्र वंशीयगण क्षत्रियवंशोत्पन्न होकर भी ब्राह्मण हुए (99 । 161) । गाग्र संकृति और वीर्य वंशीय गण भी क्षत्रवंशजात ब्राह्मणें हैं (99 । 164) । क्षत्रिय कंठ के पुत्र मेधातिथि थे, इन्हीं से काण्ठायन ब्राह्मण प्रसिद्ध (99 । 170) हुए । राजा सनति के पुत्र कृत थे, जो कौथुम गोत्रीय हिरण्यगर्भ के शिष्य थे। ये ही चौबीस प्रकार सामवेद के वक्ता थे (99 । 189-190) । इनकी प्रवर्तित संहितायें प्राच्य कहलाती हैं (वही 191) । मुद्गलवंश वाले मौद्गल्य हैं । ये क्षत्रोपेत ब्राह्मण हैं (198) । राजा दिवोदास के पुत्र ब्रह्मिष्ठ मित्रयु राजा थे । इनके वंशज जन्मतः क्षत्रिय होकर भी तपोबल से ब्राह्मण हुए (वही 207) ।

---

1. ब्राह्मणाः क्षत्रिया वैश्याः शूद्राद्रोहिजनास्तथा ।
भाविताः पूर्वजातीषु कर्मभिश्चशुभाशुभैः॥ (वायु. 8 । 134)

लिंगपुराण के मत से विष्णु ने मरीचि, भृगु, अंगिरा, पुलस्त्य, पुलह, क्रतु, दक्ष, अत्रि, वसिष्ठ, संकल्प, धर्म और अधर्म की योगविद्या बल से सृष्टि की (पूर्वभाग 38 अध्याय)। सत्ययुग में वर्णाश्रम व्यवस्था भी नहीं थी, अतः वर्णसंकर भी नहीं थे (वही 39 अ.)। ब्रह्मा ने प्रजाओं का दुःख दूर करने के लिये क्षत्रियों की सृष्टि और वर्णाश्रम व्यवस्था की प्रवर्तना की। राजा युवनाश्व के पुत्र थे हरित। इन्हीं के वंशज 'हारित' ब्राह्मण हुए। ये लोग अंगिरावंश के पक्षाश्रित क्षत्रोपेत ब्राह्मण हैं।....क्षत्रिय संभूति के एक पुत्र विष्णुवृन्द से विष्णुवृन्द ब्राह्मणों की उत्पत्ति हुई। ये भी अंगिरावंश के पक्षाश्रित क्षत्रोपेत ब्राह्मण हैं (वही, 65 अ.)।

ब्राह्मणपुराण में भी ये कथायें हैं—नाभाग और वृष्टि की क्षत्रिय सन्तानों की वैशत्व प्राप्ति (7 । 26), विश्वामित्र की ब्राह्मणत्व प्राप्ति (10 । 55), इस वंश का ब्रह्म-क्षत्र नाम, राजा बलि के वंशज बालेय क्षत्रिय और बालेय ब्राह्मण (13 । 29-31), राजा गृत्समति के नाना वर्ण के वंशज (13 । 64), क्षत्रिय वत्स और भर्ग के वंशजों के भी कई वर्ण (13 । 18-70) आदि। इस पुराण में साफ साफ कहा गया है कि ब्राह्मण धर्म के आचरण और ब्राह्मण जीविका के अवलंबन से क्षत्रिय और वैश्य भी ब्राह्मण हो सकते हैं[1]। और शुभकर्मों के आचरण से शूद्र भी ब्राह्मणत्व को प्राप्त कर सकता है और वैश्य भी क्षत्रियता को[2]। सत्यवादी, निरहंकार, निर्द्वन्द्व, मधुरभाषी, नित्ययाजी, स्वाध्यायवान्, शुचि, दान्त, ब्राह्मणों का सत्कार करने वाला, किसी वर्ण से ईर्ष्या न करने वाला, गृहस्थ व्रत से दो बर ही भोजन करने वाला, शेषाशी, विजिताहार, निष्काम, गर्वहीन, यज्ञशील और अतिपरायण वैश्य भी ब्राह्मणत्व पा जाते हैं (223 । 37-40)। शूद्र भी यदि आगम सम्पन्न और संस्कृति हो तो वह द्विज हो जाता है[3]। और इसके विपरीत ब्राह्मण भी शूद्र हो जाता है (253 । 54)। शुचि-कर्मपरायण शूद्र की भी ब्राह्मण सेवा करेगा—यह मत स्वयं ब्रह्मा का है (55)।

जाति, संस्कार, श्रुति और स्मृति से कोई द्विज नहीं होता, केवल चरित्र से ही होता है। इस लोक में चरित्र से ही सबके ब्राह्मणत्व का विधान है, सद्वृत्त में स्थित शूद्र भी ब्राह्मणता को प्राप्त होता है। ब्राह्मण वही है, जिसमें निर्मल, निर्गुण ब्राह्मज्ञान

---

1. स्थितोब्राह्मणधर्मेणा ब्राह्मण्यमुपजीवति।
क्षत्रियो वाथ वैश्यो वा ब्रह्मभूयं स गच्छति। (223 । 14)
2. एभिस्तु कर्मभिर्देवि शुभैरचारितैस्तथा।
शूद्रो ब्रह्मणतां गच्छेद्वैश्यः क्षत्रियतां ब्रजेत्। (223 । 32)
3. शूद्रोऽप्यागमसंपन्नो द्विजो भवति संस्कृतः (223 । 53)

हो[1]। ब्राह्मण भी जिन कारणों से शूद्र हो जाता है और शूद्र भी जिन कारणों से ब्राह्मण हो जाता है वे भी (223 । 65-66) बताये गये हैं।

कहने का मतलब यह है कि वैदिक युग में जाति-व्यवस्था की इतनी कड़ाई नहीं थी। बहुत दिनों के बाद तक भी जाति-भेद की दीवार एकदम अलंघ्य नहीं थी। यद्यपि महाभारत और पुराणादि के समय जन्मगत जाति ही प्रवर्तित हो गई थी, और स्थान स्थान पर इनमें जन्मगत ब्राह्मण की प्रशंसा और महात्म्य का बहुत उल्लेख है तथापि ऊपर के प्रमाणों से, जो कुछ कुछ संग्रह किये गये हैं, स्पष्ट है कि उन दिनों भी प्राचीन आदर्श समाज के चित्त से एकदम पुँछ नहीं गया था। ऐसी ऐतिहासिक घटनायें और भी बहुत सी हैं, जो शास्त्रग्रन्थों में नाना स्थानों में बिखरी पड़ी हैं। सबका उद्धृत करना उबा देने वाला भी होगा और निष्प्रयोजन भी। जो लोग अधिक प्रमाण के प्रेमी हों, वे मूल ग्रन्थों को ही देख सकते हैं। यह जरूर है कि कभी कभी देशी भाषाओं के अनुवादक एक विशेष दृष्टि से देखने के कारण ऐतिहासिक प्रमाणों को अनुवाद चातुर्य से ढकने का प्रयत्न करते हैं, इसलिये कोई कोई अनुवाद पाठकों को गुमराह कर सकते हैं। फिर भी शास्त्रग्रन्थों में ऐसी बातों की इतनी चर्चा है कि उन्हें ढक सकना असम्भव है।

केरल में प्रसिद्ध है कि परशुराम ने धीवरों को जनेऊ और ब्राह्मण बनाया था। पुराणों में भी इसकी चर्चा है। भविष्य पुराण के अनुसार व्यास धीवरी से, पराशर श्वपच-कन्या से, शुकदेव शुकी से, गणाद अनार्य ओलका से उत्पन्न हुए थे (42 अध्याय)। वसिष्ठ की पत्नी अक्षमाला की पहली जाति भी हीन ही थी।

ब्राह्मण को ज्ञान और तपस्या से पहचाना जाता है, कुल और माता पिता से नहीं। कृष्ण यजुर्वेद कहता है—ब्राह्मण के माता पिता को क्यों पूछते हो ? यदि उसमें श्रुत है तो वही उसका पिता है, वही पितामह[2]। महाभारत शान्तिपूर्व (188 । 189 अध्याय) में भी इसी बात की प्रतिध्वनि है। भीष्म कहते हैं- एकता, सत्यता, मर्यादा, अहिंसा, सरलता और कर्म में अनासक्ति इनसे बढ़ कर ब्राह्मणों का कोई धन नहीं

---

1. न योनिर्नापि संस्कारो न श्रुतिर्नच सन्ततिः।
   कारणानि द्विजत्वस्य वृत्तमेव तु कारणम्।
   सर्वोऽयं ब्राह्मणोलोके वृत्तेन तु विधीयते।
   वृत्ते स्थितश्च शूद्रोऽपि ब्राह्मणत्वं च गच्छति।
   ब्रह्मस्वभावः सुश्रोणि, समः सर्वत्र मे मतः।
   निगुणं निमलं ब्रह्म यत्र तिष्ठति स द्विजः। (वही 223 । 56-58)
2. किं ब्राह्मणस्य पितरं किमु पृच्छसि मातरं।
   श्रुतं चेदस्मिन् वेद्यं स पिता स पितामहः। (काठक संहिता 30 । 1)

है[1]।

यह उदारता धीरे धीरे भारतवर्ष में दुर्लभ होती गई। फिर भी यह आशा की ही बात कही जानी चाहिये कि वह एकदम लुप्त नहीं हुई। आज से डेढ़ सौ वर्ष पहले कानपुर में गंगातट पर एक आचारनिष्ठ ब्राह्मण शूद्र के जल के छींटे के पड़ने से एकदम क्रुद्ध होकर उस शूद्र को मारने दौड़े। साधक श्रेष्ठ तुलसी साहब हाथरसी वहीं स्नान कर रहे थे। उन्हें यह बात बहुत बुरी लगी। विचारा शूद्र लज्जा ग्लानि और भय से काँप रहा था। तुलसी साहब ने उस ब्राह्मण से पूछा—इसे क्यों मार रहे हो ? जवाब मिला—यह भगवान् के चरण से उत्पन्न है, इसलिये जघन्य और निकृष्ट है, इसने मुझे अपवित्र कर दिया है ! फिर तुलसी साहब ने ब्राह्मण देवता से पूछा—आप गंगा नहाने क्यों आये। इस पर जवाब मिला—गंगा विष्णु पादोद्भवा हैं, इसलिये पतितपावनी हैं। तुलसी साहब ने कहा—हाय, जिस चरण से उत्पन्न होकर जलमयी गंगा पतितपावनी हुई, उसी चरण से उत्पन्न होकर शूद्र ऐसा दीन हीन पतित हुआ कि जिसे छू दे वही अपवित्र हो जाय !

यह तुलसी साहब अत्यन्त सम्भ्रान्त कुलीन ब्राह्मण वंश में उत्पन्न हुए थे। इनका यह वाक्य काक संहिता के उपर्युक्त मंत्र के रचयिता महर्षियों की सन्तान के ही उपयुक्त है।

———

1. नैतादृशं ब्राह्मणस्यास्ति वित्तं
यथैकता समता सत्यता च
शीलं स्थितिर्दम्भनिधानमार्जवं
ततस्ततश्चोपरमः क्रियाभ्यः। (शान्ति 175 । 3-7)

जाति व्यवस्था पर आक्रमण

जब वर्णाश्रम धर्म प्रवर्तित हुआ तो उसके साथ एक बहुत ऊँचा आदर्श भी लोक-नेताओं के सामने जरूर रहा होगा। यही कारण है कि उन्होंने ब्राह्मण का स्थान जितना ऊँचा रखा उतना ही उसकी जवाबदेही भी अपरिसीम रख दी। यदि सभी लोग ब्राह्मण को पूज्य मानें तो तपस्वी ब्राह्मणगण भी सरल अनांडबर जीवन के साथ गम्भीर ज्ञान, उच्च आदर्श और कठोर तपस्या के समन्वय से समाज को थोड़े ही व्यय से अग्रसर कर सकें। निश्चय ही यह बहुत बड़ा आदर्श है। यही कारण है कि उन दिनों आदर्श रक्षा का अर्थ ही होता था ब्राह्मण-रक्षा। यही कारण है कि उन दिनों समाज की स्थिति के लिये ब्राह्मण-रक्षा की इतनी व्याकुलता प्राचीन ग्रन्थों में दिख जाती है। किन्तु यदि आदर्श के साथ ब्राह्मण का नित्य योग न हो, तो ब्राह्मण-रक्षा का कोई अर्थ ही नहीं होता। फिर तो इतिहास के ही निकट प्रश्न करना पड़ेगा ! दुर्भाग्यवश आदर्श के साथ योग बहुत दिनों तक टिका नहीं रह सका। जहाँ श्रद्धा और सम्मान सहज ही मिल जाता हो, और इसके लिये किसी कठोर तपस्या की आवश्यकता न समझी जाती हो, वहाँ आदर्श से भ्रष्ट होने में कितनी देर लगती है ? ऐसी हालत में तपस्या और आदर्श धीरे-धीरे रक्तहीन और निर्वीर्य हो जाते हैं। सात्विकता और राजसिकता के स्थान पर भी जड़ तामसिकता विराजमान होती है।

इसी प्रकार धीरे-धीरे तपोभूमि, तीर्थों और मठों से व्याप्त हो गई। आचार्य और तपस्वीगण महन्तों और पण्डों के रूप में प्रकट हुए ! जिन लोगों के ऊपर समाज के नेतृत्व का भार था वे लोग सरल और अनाडम्बर जीवन छोड़कर बड़ी-बड़ी नौकरियों और जघन्य व्यवसायों में जा फँसे। पैसा ही उनका ध्येय हो उठा। ऐसी अवस्थ में वे अगर पुराने सम्मान का लोभ न छोड़े तो काम कैसे चलेगा ? दोनों ओर की सुविधा क्या एक ही साथ भोगी जा सकती है। 'हंसब ठठाइ फुलाउब गालू' एक साथ कैसे होंगे ? क्या ही अच्छा हो यदि वे लोग स्वेच्छा से कोई एक ही सुविधा चुन लें—पुराना सम्मान या नया आराम। दोनों का लोभ न करें तभी कल्याण है।

शास्त्र जोर देकर कहते हैं कि ब्राह्मण का आदर्श उच्च और महान होना चाहिये। उस आदर्श से भ्रष्ट होने पर जन्म से ब्राह्मण होने पर भी उसका ब्राह्मणत्व जाता रहता है। इसीलिये स्कन्द पुराण कहता है कि राजद्वार पर वेद बेचने वाला ब्राह्मण पतित

है (प्रभास खण्ड, प्रभास क्षेत्र महात्म्य 207 । 22-27), सदाचारहीन, सूदखोर और दुर्विनीतिपरायण ब्राह्मण शूद्र हैं (वही 28-34) । सूदखोर तो अस्पृश्य होता है। आपत्तिकाल में यदि कोई सूदखोरी से जीविका निर्वाह करे, तो स्नान करने से महज उस समय के लिये पवित्र हो सकता है । यहाँ तक कि क्रियाकर्मान्वित होकर भी यदि ब्राह्मण वेद विद्या हीन हो, तो वह शूद्र हो जाता है । (सौरपुराण 17 । 36-39) ।

लेकिन केवल वेद पढ़ना ही ब्राह्मणत्व के आदर्श के लिये पर्याप्त नहीं है । वेद पढ़ कर भी विचारपूर्वक जो उसका तत्व न समझ सके वह ब्राह्मण शूद्र-कल्प अपात्र है (पद्मपुराण, स्वर्ग: 26 । 135) ।

उस युग में जो लोग लोकमत की परिचालना करना चाहते थे, उनके अन्तर में जो महान आदर्श था, वह आदर्श समाज-व्यवस्था में अग्रसर हो सके, यही उनकी कामना थी । इसीलिये वर्णाश्रम व्यवस्था में मानव मात्र की सार्थकता और परम कल्याण ही उनका उद्देश्य था । जहाँ आदर्श और उद्देश्य रहते हैं, वहाँ मनुष्य की विचार-बुद्धि जाग्रत रहती है । जहाँ कोई भी आदर्श और लक्ष्य नहीं हैं, वहाँ विचार किस बात का होगा ? इसीलिये उन दिनों जब जाति-भेद की व्यवस्था से उनका महत्तम उद्देश्य सिद्ध नहीं हुआ, उस समय उन दिनों इस सम्बन्ध में तीव्र विचार जागृत हुए थे । आज उद्देश्य और आदर्श की कला भी नहीं है, इसीलिये विचार-वितर्क की झंझट भी नहीं है ! प्राचीन काल की तुलना में आजकल हमारा चित्त तामसिकता से भर उठा है । फिर भी कभी कभी हम लोगों के मन में भी विचार-बुद्धि जागृत हो जाया करती है ।

केवल इसी युग में, विदेशियों के संसर्ग से ही हम लोगों ने इस भेद के विषय में नये सिरे से सोचना शुरू किया हो तो बात नहीं है । आउल-बाउल आदि साधक बहुत दिनों से इस विषय में सबको सचेतन कर रहे हैं । कबीर, रैदास, तुकाराम, नानक, दादू आदि मध्ययुगीन महापुरुषों ने बारम्बार इन विषयों में अपनी तीव्र वाणी व्यवहार की है । जाति-भेद जितना दाक्षिणात्य में कठोर है उतना और कहीं भी नहीं ! इसीलिये तमिल और तेलेगु कवियों की वाणी में भी इसके विरुद्ध तीव्र घोषणा है ।

तामिल देश में अगस्त्य लिखित कहा जाने वाला प्रसिद्ध एक तामिल ग्रन्थ है—'जाति-भेद मनुष्य की रची हुई ही व्यवस्था है, उद्देश्य सहज ही अन्न जुटा लेना है । वेद ब्राह्मणों को पोसने के लिये ही रचित हैं !' तामिल कवि सुब्रह्मण्य कहते हैं—'जन्म और मृत्यु सबके समान भाव से ही आते हैं। इनमें कहीं भेद नहीं है ।' सूक्ष्म वेदान्त ग्रन्थ में भी ऐसी ही बात कही गई है—जिस दिन से स्त्रियाँ शूद्र हुई उस दिन से ब्राह्मण के वीर्य से शूद्र-क्षेत्र में उत्पन्न सभी ब्राह्मण 'पारशव' हुए, क्योंकि ब्राह्मण-कन्या होने से क्या हुई । हैं तो सभी स्त्रियाँ शूद्र ही न ? फिर पारशव के गर्भ से शूद्रा की जो सन्तान होगी उसकी जाति क्या है ? इन अनन्त पारशवों से उत्पन्न

जो लोग अपने को ब्राह्मण कहते हैं उनका ब्राह्मणत्व कहाँ है ?

तेलेगु कवि वेमन कहते हैं—"जन्म के समय कहाँ थी गायत्री और कहाँ उपवीत ? सूत्र (जनेऊ)—हीना माता तो शूद्रा है। उसका पुत्र ब्राह्मण कैसे होगा ? इसीलिये सभी समान हैं, सभी भाई हैं। सबका जन्म एक ही तरह से हुआ है, सबके रक्त और मांस एक ही हैं। फिर क्यों इतना भेद-विभेद चलाते हो। क्यों नहीं भाई भाई मिल कर रहते ? (What the castes are, Wilson, Vol, II, P. 90)

वीरशैव सम्प्रदाय के प्रवर्तक वसव और रमय्य इन्होंने इस जाति-भेद के मूल में ही कुठाराघात किया है। जैनों और बौद्धों ने भी इस प्रथा पर प्रबल भाव से आक्रमण किया है।

महाभारत में भी कुछ इस ढंग की बात कही गई है। युधिष्ठिर ने कहा है कि शूद्र वंश में होने से ही कोई शूद्र नहीं होता और न ब्राह्मण वंश में होने से कोई ब्राह्मण होता है। जिनमें सत्य, दान, क्षमा, आनृशंस्य, तप और दया होती है, वे ही ब्राह्मण हैं। जिनमें ये नहीं हैं वे ही शूद्र हैं (वनपर्व 108 । 21-26)। इस प्रसंग में भृगु और भारद्वाज के संवाद को याद किया जा सकता है जिसकी चर्चा पूर्ववर्ती अध्याय में हो चुकी है।

आदि पर्व में जब भीष्म ने कर्ण के जन्म के सम्बन्ध में व्यंग्य किया था तो दुर्योधन ने कहा था कि नदियों और शूरों के उत्पत्ति स्थल दुर्ज्ञेय होते हैं[1]। अग्नि की उत्पत्ति जल से हुई, अथच चराचर उससे व्याप्त है, दधीचि की हड्डियों से दानव-सूदन बज्र की उत्पत्ति हुई। अश्विनी, कृतिका, रुद्र और गंगा से कार्तिकेय की उत्पत्ति है (137 । 13)। क्षत्रिय कुलोत्पन्न विश्वामित्रादि ने अव्यय ब्राह्मणत्व प्राप्त किया था (137 । 14), कलश से उत्पन्न होकर भी द्रोणाचार्य शास्त्रधारियों में श्रेष्ठ हुए हैं। गौतमवंशीय गौतम का जन्म शरस्तंब से हुआ था (15), हे पाण्डवों, तुम्हारी जन्मकथा भी तो हमें अज्ञात नहीं है (137-61)।

दक्षिण देश में 'कपिलद्वीपम्' नामक एक 'जात पांत तोड़क' ग्रन्थ है। तेलगु के शूद्र कवि वेमन ने भी इस व्यवस्था के प्रति प्रचण्ड आघात किया है।

परन्तु बज्रसूची या बज्रसूचिकोपनिषद् में इन बातों पर प्रचण्ड आघात किया गया है। इस ग्रन्थ के रचयिता का कुछ पता नहीं चलता। सन् 1829 में हडसन ने नेपाल में यह ग्रन्थ पाया था, वहाँ उन्होंने सुना था कि ग्रन्थ के रचयिता अश्वघोष हैं, जिनका समय विंटरनित्स के मत से सन् ईसवी की दूसरी शताब्दी है। सन् 1710 में लिखी हुई इस ग्रन्थ की एक प्रति नासिक में प्राप्त हुई। स्थानीय पण्डितों ने बताया था कि इसके रचयिता शंकराचार्य हैं। सन् 973-981 ई. में चीन में इस ग्रन्थ का चीनी अनुवाद हुआ था। वहाँ यह ग्रंथ धर्मकीर्ति का लिखा बताया जाता है। किन्तु इस

1. शूराणां च नदीनां च दुर्विदाः प्रभवाः किल। (137 । 11)

देश में यह ग्रंथ उपनिषद् नाम से मशहूर है और उपनिषद् का कोई कर्ता नहीं होता ! इस समय मेरे हाथ में जो कई प्रतियाँ इस ग्रंथ की हैं, उसमें से किसी से भी इसके रचयिता का पता नहीं चलता। वासुदेव लक्ष्मण शास्त्री पणसीकर रचित ग्रंथ में और खेमराज श्रीकृष्ण दास प्रकाशित ग्रंथ में केवल मूल ही है। आड्यार के महादेव शास्त्री के संस्करण में श्रीवासुदेव-शिष्य उपनिषद् ब्रह्मयोगी की एक व्याख्या भी है। श्री महेन्द्र तत्वनिधि विद्याविनोद के संस्करण में बंगला अनुवाद भी दिया हुआ है। इस ग्रंथ की विचार्य वस्तु यह है कि ब्राह्मण कौन है ? जीव या देह या जाति या ज्ञान या कर्म या धर्म से ब्राह्मण नहीं होता। अद्वितीयात्मा का साक्षात्कार होने से ही ब्राह्मण होता है।

यह ग्रंथ अत्यन्त तीव्र भाषा में और साथ ही युक्तियुक्त भाव से लिखा गया है। राजा राममोहन राय इसकी विचारप्रणाली को देखकर विस्मित हुए थे। कुछ अंश अद्धृत करके दिखाये बिना समझना मुश्किल है कि इसका विचार पद्धति कैसी संहत, संयत और शक्तिशाली है। इसीलिये यहाँ उसके कुछ अंश उद्धृत किये जा रहे हैं–

"प्रश्न यह है कि ब्राह्मण कौन है ? जीव, देह, जाति, ज्ञान, कर्म या धर्मी ? इनमें ब्राह्मण कौन है[1] ?

"पहले विचार किया जाय कि क्या जीव ब्राह्मण है ? ऐसा नहीं हो सकता। क्योंकि अतीत और अनागत काल में नाना जातीय देहों में जो जीव चल रहा है वह एकरूप है, एक ही जीव के कर्मवश अनेक देह पैदा होते हैं। इस प्रकार सर्व शरीर के जीव के एकरूपत्व की बात सोचने से जान पड़ता है कि जीव ब्राह्मण नहीं हो सकता[2]।"

"तो फिर क्या देह ब्राह्मण है ? नहीं। आचाण्डाल सभी मनुष्यों के शरीर पांच भौतिक और एक ही तरह के हैं। सर्वत्र ही जरा-मरण धर्म की एकता दिखती है। ऐसा तो कोई नियम नहीं दिखाई देता कि ब्राह्मण श्वेवर्ण का, क्षत्रिय रक्त वर्ण का, वैश्य पीत वर्ण का और शूद्र कृष्ण वर्ण का हो। देह अगर ब्राह्मण होता तो पिता के मृत देह को दाह करने पर पुत्र को ब्राह्महत्या का पाप होता। पर ऐसा तो होता नहीं। इसलिये देव ब्राह्मण नहीं है[3]।"

---

1. तत्रचोद्यमस्ति को वा ब्राह्मणो नाम, किं जीवः, किं देहः, किं जातिः, किं ज्ञानम्, किं धार्मिक इति।
2. तत्र प्रथमो जीवो ब्राह्मण इतिचेत्तन्न। अतीतानागतानेकदेहानां जीवस्यैकरूपत्वात् एकस्यापि कर्मवशादनेकदेहसंभवात् सर्वशरीराणां जीवस्यैकरूपत्वाच्च। तस्मान्न जीवो ब्राह्मण इति।
3. तर्हिदेहो ब्राह्मण इतिचेत्तन्न। आचण्डालादिपर्यन्तानां मानुषाणां पांचभौतिकत्वेन देहस्यैकरूपत्वात् जरामरणाधर्मादिसाम्यदर्शनात्। ब्राह्मणः श्वेतवर्णाः क्षत्रियो रक्तवर्णः वैश्यः पीतवर्णः शूद्रः कृष्णावर्णः इति नियमाभावात्, पित्रादिशरीरदहने पुत्रादीनां ब्रह्महत्यादिदोषसंभवाच्च। तस्मान्नदेहो ब्राह्मण इति।

"तो फिर क्या जाति ब्राह्मण है ? नहीं। ऐसा होता तो जात्यन्तर-विशिष्ट अनेक जन्तुओं में भी अनेक जातियाँ होतीं। मनुष्य जाति के सिवा भी अन्य जाति से बहुत से महर्षियों का जन्म हुआ है। मृगी से ऋष्यश्रृंग, कुश से कौशिक, जम्बुक से जाम्बुक, बल्मीकि से बाल्मीकि, कैवर्त-कन्या से व्यास, शशपृष्ठ से गौतम, उर्वशी से वशिष्ठ, कलश से अगस्त्य उत्पन्न हुए थे, ऐसी श्रुति है। जाति के बिना भी ज्ञान-संपन्न बहुत ऋषि हैं। इसीलिये जाति ब्राह्मण नहीं है[1]।"

तो फिर क्या ज्ञान ब्राह्मण है ? नहीं। अभिज्ञ और परमार्थदर्शी क्षत्रिय भी तो अनेक हैं। इसलिये ज्ञान ब्राह्मण नहीं है[2]।

तो फिर क्या कर्म ब्राह्मण है ? नहीं। सभी प्राणियों के प्रारब्ध संचित और आगामी कर्मों की समता दिखती है। कर्म से अभिप्रेरित होकर ही सब लोग कर्म करते हैं। इसीलिये कर्म ब्राह्मण नहीं हो सकता[3]।

तो क्या धार्मिक ब्राह्मण है ? नहीं। हिरण्यदाता क्षत्रिय, वैश्य और शूद्र भी तो अनेक हैं। इसीलिये धार्मिक ब्राह्मण नहीं है[4]।

तो फिर ब्राह्मण कौन है ? वह, जो अद्वितीय जाति-गुण-क्रियाहीन सत्य ज्ञानान्तस्वरूप आत्मा का साक्षात्कार प्रत्यक्ष भाव से करता है। यही स्मृति-श्रुति-पुराण-इतिहास का अभिप्राय है। अन्यथा और किसी प्रकार से ब्राह्मणत्व की सिद्धि नहीं हो सकती[5]।

यहीं भविष्य पुराण की भी बात याद की जा सकती है। इस पुराण में (ब्राह्म पर्व अध्याय 41, 42) वर्णाश्रम धर्म पर ठीक इसी प्रकार कठोर आक्रमण किया गया है—जिस लिये सम्मान्य शूद्र और सम्मान्य ब्राह्मण, ये दोनों सामग्री और अनुष्ठान में

---

1. तर्हि जातिर्ब्राह्मण इति चेत्तन्न। तत्र जात्यन्तरजन्तुषु अनेकजाति संभवा महर्षयो बहवः सन्ति। ऋष्यश्रृंगः मृग्याः, कौशिकः कुशात्, जम्बूको जम्बूकात्, वाल्मीको वल्मीकात्, व्यासः कैवर्तकन्यायाम्, शशपृष्टात् गौतमः, वसिष्ठ उर्वस्याम्, अगस्त्यः कलशे जात इति श्रुतत्वात्। एतेषां जात्या विनाऽपि अग्रे ज्ञानप्रतिपादिता ऋषयो बहवः सन्ति। तस्मान्नं जातिर्ब्राह्मण इति।
2. तर्हि ज्ञानं ब्राह्मण इति चेत्तन्न क्षत्रियादयोऽपि परमार्थदर्शिनः अभिज्ञाःबहवः सन्ति। तस्मान्न ज्ञानं ब्राह्मण इति।
3. तर्हि कर्म ब्राह्मण इति चेत्तन्न। सर्वेषां प्राणिनां प्रारब्ध संचितागामि कर्मसाधर्म्यदर्शनात्। कर्माभिप्रेरिताः सन्तो जनाः क्रियाः कुर्वन्तीति। तस्मान्न कर्म ब्राह्मण इति।
4. तर्हि धार्मिको ब्राह्मण इति चेत्तन्न। क्षत्रियादयो हिरण्य दातारो बहवः सन्ति। तस्मान्न धार्मिको ब्राह्मण इति।
5. तर्हि को ब्राह्मणो नाम। यः कश्चिदात्मानमद्वितीयं जातिगुणक्रियाहीनं सत्यज्ञानानंदानन्तस्वरूपं साक्षादपरोक्षीकृत्य वर्तते स एव ब्राह्मण इति श्रुति-स्मृति-पुराणेतिहासानामभिप्रायः। अन्यथाहि, ब्राह्मणत्व-सिद्धिर्नास्त्येव।

समान ही हैं, इसीलिये ब्राह्मण और शूद्र में बाह्य या आध्यात्मिक कोई भेद नहीं है[1]। इसके बाद तीव्र भाषा में पुराणकार ने दिखाया है कि जाति-जाति में और सम्प्रदाय-सम्प्रदाय में कोई भेद नहीं है। भेद न तो बाहर है न भीतर, न सुख में, न ऐश्वर्य में, न आज्ञा में, न भय में, न वीर्य में, न आकृति में, न ज्ञान-दृष्टि में, न व्यापार में, न आयु में, न अंग की पुष्टि में, न दुर्बलता में, न स्थिरता में, न चंचलता में, न बुद्धि में, न वैराग्य में, न धर्म में, न पराक्रम में, न त्रिवर्ग में, न नैपुण्य में, न रूपादि में, न औषध में, न स्त्रीगर्भ में, न गमन में, न देह के मल-मोचन में, न हड्डी के छेद में, न प्रेम में, न कद में, और न लोभ में[2]।

पुराणकार यही नहीं कहते। आगे बढ़ कर और कहते हैं कि अति यत्नपूर्वक सभी देवता मिलकर भी खोजें तो ब्राह्मण और शूद्र में कोई भेद नहीं पावेंगे[3]। और "ब्राह्मण लोग भी चांद की किरण के समान शुक्ल वर्ण नहीं हैं क्षत्रिय लोग भी किंशुक पुष्प से लाल नहीं हैं, वैश्य लोग भी हरताल के समान पीले नहीं हैं और शूद्र कोयले के समान काले नहीं हैं[4]।

चलना, फिरना, शरीर, वर्ण, केश, सुख, दुःख, रक्त, त्वक्, मांस, भेद, अस्थिरस—इनमें सभी तो समान हैं। फिर चार वर्णों का भेद कहाँ है ? (42), वर्ण, प्रमाण, आकृति, गर्भवास, वाक्य, बुद्धि, कर्म, इन्द्रिय, प्राण, शक्ति, धर्म, अर्थ, काम,

---

1. सामग्रय्यानुष्ठानगुणैः समग्राः
शूद्रा यतः सन्ति समाद्विजानाम्।
तस्माद्विशेषो द्विजशूद्रनाम्नो–
नाध्यात्मिको बाह्यनिमित्तको वा (41 । 29)

2. तस्मान्नच विभेदोऽस्ति न वहिर्नान्तरात्मनि।
न सुखादौ न चाश्वैर्ये नाज्ञायां ना भयेष्वपि।
न वीर्ये नाकृतौ नाक्षे न व्यापारे न चायुषि।
नांगे पुष्टे न दौर्बल्ये न स्थैर्ये नापि चापले।
न प्रज्ञायां न वैराग्ये न धर्मे न पराक्रमे॥
न त्रिवर्गे न नैपुण्ये न रूपादौ न भेषजे।
न स्त्रीगर्भे न गमने न देहमलसंप्लवे।
नास्थि रंध्रे न च प्रेम्णि न प्रमाणे न लोमसु। (41 । 35-38)

3. शूद्र ब्राह्मणयोर्भेदो मृग्यमाणोऽपि यत्नतः।
नेक्ष्यते सर्वधर्मेषु संहतैस्त्रिदशैरपि। (41, 39)

4. न ब्राह्मणाश्चन्द्रमरीचिशुक्ला
न क्षत्रियाः किंशुकपुष्पवर्णाः।
न चेह वैश्या हरितालतुल्याः
शूद्रा न चांगारसमानवर्णाः॥ (41, 41)

व्याधि, औषध—इनमें कहीं भी तो जातिगत प्रभेद नहीं है (43), जिस प्रकार एक ही पिता के चार पुत्रों की जाति एक ही होती है, उसी प्रकार सभी प्रजाओं का वह (भगवान्) एकमात्र पिता है। इसीलिये जातिभेद नहीं है[1]। इसके बाद वज्रसूची उपनिषद् के समान ब्राह्मण की उत्पत्ति में देहादि अवयव में कहीं भी भेद नहीं, यह दिखाया गया है (41 । 47-57)।

42वें अध्याय में और भी दिल खोल कर जातिभेद पर आक्रमण किया गया है। पुराणकार कहते हैं कि कैवर्ती के गर्भ से व्यास, चाण्डाल कन्या के गर्भ से पराशर, शुकी के गर्भ से शुकदेव, उलूकी के गर्भ से कणाद, मृगी के गर्भ से ऋष्यश्रृंग, गणिका-गर्भ से वशिष्ठ, नाविका से मुनिश्रेष्ठ मंदपाल, मण्डूकी के गर्भ से मुनिराज माण्डव्य का जन्म है। ऐसे और भी बहुत से लोग विप्रत्व प्राप्त कर चुके हैं (42 । 22-24)।

ये लोग जाति से नहीं बल्कि तपस्या से सिद्धि प्राप्त कर सके हैं (42 । 26-30)। आगे चल कर 43वें और 44वें अध्याय में यही विचार चलता है और वहाँ यह बताया गया है कि जन्म से नहीं बल्कि चरित्र और तप से उच्चता आती है। वाह्य विधि के ऊपर प्रतिष्ठित वर्णभेद, नितान्त भौतिक और मिथ्या है। अनुसंधित्सु पाठक वहीं देख सकते हैं।

इस प्रकार की बातें और भी नाना पुराणों में और ग्रन्थों में पाई जाती हैं। यहाँ नमूने के तौर पर कुछ संग्रह किये गये हैं। इससे मालूम होता है कि उन दिनों इन सब विषयों में लोगों का चित सचेत था। प्राय: ब्राह्मणों को जातिभेद के लिये दोष दिया जाता है पर यह याद रखना चाहिये कि जातिभेद के विरुद्ध सबसे अधिक तीव्र आक्रमण जिन प्राचीन ग्रन्थों में किया गया है, वे अधिकांश ब्राह्मणों के ही लिखे हुए हैं।

प्राचीन काल में वीरशैव मत के स्थापयिता आचार्य वसव ने जो स्वयं ब्राह्मण थे, जातिभेद के विरुद्ध युद्ध घोषणा की थी। इस युग में ब्राह्म समाज के प्रवर्तक राममोहन राय भी ब्राह्मण ही थे। उन्होंने यद्यपि प्रत्यक्ष भाव से जातिभेद के विरुद्ध कुछ नहीं कहा पर कार्यत: उनकी साधना जातिभेद के विरुद्ध गई। आर्य समाज के

1. पादप्रचारैस्तनुवर्णा, केशैः सुखेन दुःखेन च शोणितेन।
त्वङ्मासमेदोऽस्थिरसैः समानाश्चतुः प्रभेदा हि कथं भवन्ति। 42
वर्ण प्रमाणाकृतिगर्भवासवाग्बुद्धिकर्मेन्द्रियजीवितेषु।
बलत्रिवर्गाभयमेषजेषु न विद्यते जातिकृतो विशेषः। 43
चत्वार एकस्य पितुः सुताश्च तेषां सुतानां खलु जातिरेका।
एवं प्रजानां हि पितैक एव पित्रैकभावान्न च जातिभेदः॥ 45

(भविष्यपुराण 41 अध्याय)

प्रवर्तक स्वामी दयानन्द भी ब्राह्मण ही थे। इन्होंने गुणकर्म के अनुसार वर्ण माना है। मध्ययुग के रामानन्द ब्राह्मण ही थे। भक्त साधक ढेढराज भी ब्राह्मण थे। इन दोनों ने जातिभेद पर कठोर आघात किया है।

खूब संभव है कि बज्रसूची के रचयिता भी कोई ब्राह्मण आचार्य ही होंगे। तुलसी साहब हाथरसी प्रभृति ब्राह्मण वंशोत्पन्न ऐसे बहुत से धर्मगुरु हैं, जिन्होंने जातिभेद पर तीखा आक्रमण किया है। आज भी जो लोग समाज-संस्कार के व्रत में व्रती हैं वे ब्राह्मणादि उच्च वर्ण के ही लोग हैं। आश्चर्य की बात है कि इन्हें सबसे अधिक विरोध तथाकथित निम्नतर वर्णों की ओर से ही सहन करना पड़ता है।

समाज संस्कार के समस्त क्षेत्रों में ब्राह्मणों को ही आगे आते देखा जाता है। विधवा विवाह के प्रवर्तक स्व. ईश्वरचन्द्र विद्या सागर ब्राह्मण थे। जिन्होंने पहले पहल विधवा कन्याओं का ब्याह कराया था, वे सभी ब्राह्मण ही थे। बेथुन कालेज नामक बंगाल के प्रसिद्ध बालिका विद्यालय के आदि प्रवर्तक ब्राह्मण ही थे। जब कि सब जगह से स्त्री-शिक्षा का विरोध हो रहा था, उस समय पहले पहल ब्राह्मणों ने ही अपनी कन्याओं को वहाँ पढ़ने के लिये भेजा था।

———

परवर्तीकाल में जातिभेद

धीरे धीरे इस देश में चारों ओर के प्रभाव में पड़ कर प्राचीन आर्यों का उदारतायुक्त विचार विमर्श संकीर्ण होता गया। उन्होंने अब नये सिरे से यह कहना शुरू किया कि यद्यपि पूर्व युगों में ये विधियाँ चलती थीं पर इस कलिकाल में नहीं चल सकतीं। निर्णयसिन्धुकार, इसीलिये कहते हैं कि समुद्रयात्रा, संन्यास-ग्रहण, द्विजों का असवर्ण विवाह कलियुग में निषिद्ध है[1]। विधानानुसार यतियों का सब जाति का अन्नग्रहण और ब्राह्मणों का घर में शूद्र पाचक रखना कलि में निषिद्ध हुआ[2]।

वैद्यनाथ के वर्णाश्रम काण्ड में भी है कि द्विजगण सब द्विजों का अन्न ग्रहण कर सकते हैं, सब जातियों के घर भी अन्न ग्रहण कर सकते हैं और ब्रह्मचारी प्रयोजन होने पर सभी जातियों के घर भिक्षा मांग सकते हैं। किन्तु ब्राह्मण के घर कलियुग में शूद्र पाचक नहीं चल सकता (Shama, Shastri, P. 77)।

कलियुग में यह व्यवस्थायें नहीं चल सकतीं, इस विधि से ही प्रकट है कि अन्य युगों में चलती थीं। परवर्ती पण्डितों को इन्हें बन्द करने के लिये बहुत से पण्डितों की बहुत सी बातों की दुहाई देनी पड़ी है ! पर आज ये बातें ऐसी अप्रचलित हो गई हैं कि हजार शास्त्र वाक्य और युक्तियाँ इनमें कोई हलचल नहीं पैदा कर सकतीं !

पराशर स्मृति ने निम्नलिखित बातों को भी कलि में निषिद्ध कहा है–

(1) द्विजों का असवर्ण विवाह[3]।

(2) शूद्रभृत्यों के हाथ से ब्राह्मणादि का अन्नग्रहण[4]।

(3) यतियों का सर्व वर्ण का अन्नग्रहण[5]।

पहले जमाने में ब्राह्मणादि के घर में शूद्र रसोइये होते थे। बाद में निषेध हो

---

1. समुद्रयातुः स्वीकारः कमण्डलुविधारणम्।
   द्विजानामसवर्णासु कन्यासूपयमस्तथा। (तृतीय पूर्वार्ध, चौखंबा संस्करण, पृ. 1287)
2. यतेश्च सर्ववर्णेषु भिक्षाचर्या विधानतः
   ब्राह्मणादिषु शूद्रस्य पचनादि क्रियापि च। (तृतीय पूर्वार्ध पृ. 1300)
3. कन्यानामसवर्णानां विवाहश्च द्विजातिभिः।
4. शूद्रेषु दास गोपाल-कुलमित्र-दि्र्धसीरिणाम्।
   भोज्यान्नयता....।
5. यतेस्तु सर्ववर्णेभ्यो भिक्षाचर्या विधानतः।

गया[1] ।

याज्ञवल्क्य के ब्रह्मचारि प्रकरण में वीर मित्रोदय में लिखा है कि व्यास का कथन है कि ब्रह्मचारी सब वर्णों के गृह का अन्न ग्रहण कर सकते हैं (29) फिर भविष्य पुराण उद्धृत करके कहते हैं ब्रह्मचारी गण प्रयोजन होने पर सब वर्णों का अन्न ग्रहण करेंगे (चौखंबा पृ. 91) । इनके मत से ऐसा जान पड़ता है कि शूद्रान्न अच्छा नहीं है, किन्तु आपत्यकाल में उसे खाकर मनस्ताप से शुद्धि होती है (आपस्तंम्ब संहिता 8 । 20) ।

Caste and race in India में (पृ. 13) अध्यापक घुरे ने दिखाया है कि क्रमशः परवर्ती काल में जातिभेद की तीव्रता इतनी दूर बढ़ गई थी कि आचार्य माधव के मन से शूद्र के साथ एक गृह में बास करना या एक सवारी पर जाना भी अवैध कहा गया । शूद्र का अन्न अभक्ष्य बताया गया । यदि उसका अन्न घृत, तैल या दुग्ध में पकाया गया हो, तो नदी-तीर पर खाया जा सकता है । पाराशर के मत के ऊपर ही उक्त आचार्य (माधव) ने अपना मत स्थापित किया है ।

चतुर्वर्गचिन्तामणिकार हेमाद्रि का कहना है कि शूद्र का दिया हुआ अन्न यदि ब्राह्मण स्वयं भी रन्धन करे तब भी उसे शूद्र-गृह में बैठकर खाने से पाप होता है । शूद्रान्न को निषिद्ध करार देने के लिये कमलाकर को अनेक शास्त्रीय वाक्यों की व्याख्या करनी पड़ी है (Ghurye, P. 93) ।

दक्षिण देश में धीरे-धीरे व्यवस्था ऐसी हुई कि राह चलते समय ब्राह्मण के आगे आगे चलकर एक आदमी हीन जाति के लोगों को हटाया करता है । ब्राह्मण को देख कर लोग सवारी पर से उतरने को मजबूर होते हैं । अन्तरजन्मा जाति की कोई कन्या यदि विवाह के पहले ही मर जाय, तो ब्राह्मण बुलाकर पहले उसके गले में विवाह सूत्र बांधते हैं तब उसका दाह हो सकता है । शूद्र और ब्राह्मण के घर एक पंक्ति में नहीं बन सकते । काठ के कूर्मपृष्ठासन पीढ़े पर ब्राह्मण के सिवा किसी और के बैठने पर पुराने जमाने में उसको प्राणदण्ड हुआ करता था । क्षत्रिय कन्याओं के साथ ब्राह्मण ही सहवास कर सकते हैं । शायद उनका अन्न ब्राह्मण के लिये दूषित नहीं है (What castes are ? J. Wilson, Vol II, P. 76-77), ब्राह्मणी के सिवा अन्य जाति की स्त्रियाँ नाभि के ऊपर का अंग वस्त्र से नहीं ढंक सकतीं (वही पृ. 79) ।

शव संस्कार के विषय में स्वर्गीय राजा राजेन्द्र लाल मित्र ने विचारपूर्ण आलोचना की है । Indo Aryan ग्रंथ में ये लिखते हैं कि पहले सूत्र युग में रिवाज था कि

1. ब्राह्मणादिषु शूद्रस्य पचनादिक्रियापि च ।
पराशरमाधव (चन्द्रकान्त तर्कालंकार) प्रथम अध्याय, आचारकाण्ड, पृ. 123-125 ।

ब्राह्मणादि जातियों के मृत देह को वृद्ध दासगण श्मशान में ले जाते थे[1]। पर मनु के युग में यह व्यवस्था अचल हो गई। तब ब्राह्मणादि का मृत देह शूद्र के स्पर्श से दूषित समझा जाने लगा[2]। विष्णु कहते हैं कि मृत द्विज को शूद्र से और मृत शूद्र को द्विजाति से बहन कराना निषिद्ध है[3]। यम और भी आगे बढ़कर कहते हैं कि शूद्र की अग्नि से या शूद्र के ले आये हुए काठ से मृत देह नहीं जलाया जा सकता[4]। वृहन्मनु ने और भी घोषित किया कि द्विज के गृह में यदि कुत्ता, शूद्र या अन्त्यज मर जाय, तो उसे अशौच होता है[5]।

अब सवाल यह है कि पुराने जमाने में तो इतना बन्धेज नहीं था। कलि के पहले असवर्ण विवाह भी चलता था और शूद्र के हाथ से पक्कान्न भी ब्राह्मण लोग ग्रहण करते थे। कलियुग में यह निषिद्ध कैसे हुआ ? शाम शास्त्री कहते हैं कि बौद्ध और जैन धर्म का वैराग्य प्रधान मत और कृच्छाचार ही इसके कारण हैं (पृ. 9)। ऊँचे वर्ण के लोगों ने जीव हिंसा छोड़ी, शूद्रों ने नहीं छोड़ी, इसीलिये इनके हाथ का अन्न निषिद्ध हुआ (पृ. 11)। राजा राजेन्द्र लाल मित्र कहते हैं कि बौद्ध पड़ोसियों के अनुरोध से हिन्दुओं ने गोमांस खाना छोड़ा (Indo Aryan, Vol 38, I, P. 8)।

यहाँ एक बात का ध्यान आता है। बौद्ध युग में वर्णाश्रम और सामाजिक व्यवस्था में अनेक हेरफेर हो गया था। ऐसी अवस्था प्राय: हजार डेढ़ हजार वर्ष तक चलती रही। इसके बाद जब वर्णाश्रम व्यवस्था पुन: स्थापित हुई, तो चतुर्वर्ण का ठीक ठीक विभाग कैसे हुआ ? यदि कहा जाय कि परवर्ती वर्णाश्रमी गण सभी आगे के वर्णाश्रमियों की सन्तान हैं, तो फिर सवाल यह उठता है कि वर्णाश्रम-विद्रोही बौद्ध लोग क्या एकदम निर्वंश हो गये और वर्णाश्रमी लोग सर्वव्यापी हो गये ? ऐसा भी कैसे हुआ ? बंगाल में पाँच ब्राह्मणों के बुलाये जाने के पहले सात सौ घर या दल के ब्राह्मणों का नाम पाया जाता है। प्राचीन ताम्र शासनादि से मालूम होता है कि उन दिनों बंगाल में असंख्य ब्राह्मण परिवार थे। फिर भी आजकल सप्तशती खूब कम ही पाये जाते हैं—नहीं के बराबर हैं। क्या बंगाल के सभी ब्राह्मण उन पांच ब्राह्मणों

---

1. अथैनमेतया आसन्द्या सह तत्तल्पेन कटेन वा संवेष्ट्य
   दासा: प्रवयसो वहेयु:।
2. न विप्रं स्वेषु तिष्ठत्सु मृतं शूद्रेणा नाययेत्।
   अस्वर्ग्या ह्यहुति: सा स्याच्छूद्रसंस्पर्शदूषिता।
3. मृतं द्विजं न शूद्रेण न च शूद्रं द्विजातिना।
4. यस्यानयति शूद्रोऽग्नितृष्णकाष्टहवींषि च।
   इत्यादि।
5. श्वशूद्रपतितश्चान्त्या मृताश्चेद्विजमन्दिरे।
   शौचं तत्र प्रवक्षयामि मनुना भावितं यथा॥ (वहीं पृ. 131)

की ही सन्तान हैं ? तो फिर सप्तशती लोगों का क्या हुआ ?

कुछ लोगों का ख्याल है कि उपनिषदों के जमाने में ही क्षत्रिय लोग धीरे धीरे यागयज्ञादि के धर्म से दूर हटते जा रहे थे। बुद्ध और महावीर आदि के समय उनका मत और भी स्वाधीन हुआ। खूब सम्भव परशुराम और क्षत्रियों के विरोध की उत्पत्ति का यही कारण हो। फिर कुछ लोगों का कहना यह भी है कि वेद विद्या से धीरे-धीरे क्षत्रियों को हटा दिया गया इसीलिये क्षत्रियों ने बौद्ध और जैन आदि मत चलाये (Caste and race, India, P, 64)।

बौद्ध युग के इतिहास से जान पड़ता है कि उन दिनों जाति प्रथा इतनी कठोर नहीं थी। यद्यपि बौद्ध शास्त्रों में चार वर्णों का उल्लेख पाया जाता है तथापि उनका भेद विभेद इतना सुनिर्दिष्ट नहीं हुआ था (Sacred Books of Buddhists, Vol, II. P. 101)।

आभिजात्य के सम्बंध में उन दिनों क्षत्रियों का ही ब्राह्मणों की अपेक्षा उन्नत होना दिखाई देता है। इसीलिये उनका सामाजिक अनुशासन भी अपेक्षाकृत अधिक कड़ा था। राजा ओक्काक ने अपनी छोटी रानी के पुत्र को सिंहासनासीन करने के लिये बड़ी रानी के पुत्रों को निर्वासित कर दिया। वे हिमालय के पास एक शाक वृक्ष के समीपस्थ ह्रद के किनारे रहने लगे। बाद में इस डर से कि कहीं उनके वंश में हीन रक्त का सम्मिश्रण न हो जाय, अपनी ही बहिनों से उन्होंने व्याह कर लिया (अम्बट्ठ सुत्त 16)।

ब्राह्मण पोक्करसादी के शिष्य ब्राह्मण अम्बट्ठ बुद्धदेव के पास आकर अपने ब्राह्मणत्व की कुछ अधिक बड़ाई करने लगे (अम्बट्ठ सुत्त 10-15)। इस पर बुद्धदेव ने पूछा कि यदि कोई क्षत्रियकन्या ब्राह्मण से विवाह करे तो क्या ब्राह्मण लोग उनकी सन्तान को ब्राह्मण मानेंगे ! अम्बट्ठ ने जवाब दिया–'जरूर मानेंगे।' फिर बुद्धदेव ने पूछा, यदि कोई क्षत्रिय ब्राह्मण कन्या से विवाह करे तो उनकी सन्तान को क्षत्रिय लोग क्षत्रिय मानकर स्वीकार करेंगे ! इस पर अम्बट्ठ ने उत्तर दिया कि नहीं। क्योंकि वे लोग कहेंगे कि उस सन्तान की माता हीन है (अर्थात् क्षत्रिय नहीं है, सिर्फ ब्राह्मण ही है !) (वही 24-25)। अम्बट्ठ ने यह भी स्वीकार किया कि ब्राह्मण लोग जातिच्युत क्षत्रिय को स्वीकार करते हैं (26)। इसीलिये क्षत्रिय ही आभिजात्य या वंशगौरव में ब्राह्मण से श्रेष्ठ है (27)। सनत्कुमार का कहना है कि जो गोत्र-विशुद्धि देखते हैं, उनके लिये क्षत्रिय ही श्रेष्ठ हैं। असल में जो विद्या और आचरण में श्रेष्ठ हैं, वे ही देवताओं और मनुष्यों में श्रेष्ठ हैं (28)। महाभारत में भी सनत्कुमार की एक व्याख्या में देखा जाता है कि ब्राह्मण और क्षत्रिय के एकत्र होने में ही महाशक्ति है (वन. 985। 25)। राजा ही धर्म है, राजा ही इन्द्र है, राजा ही विधाता है (वही पृ. 26)। शास्त्र

प्रमाणों की आलोचना से देखा जाता है जगत् में राजा ही श्रेष्ठ है (वही 31)।

बुद्धदेव के निकट आचार्य सोणदण्ड ने ब्राह्मण के पाँच लक्षण बताये थे—1. जन्म की विशुद्धि, 2. समस्त विद्याओं (अर्थात् मन्त्र, निघंटुसहित तीनों वेद, कर्मानुष्ठान, साक्षर प्रभेद, इतिहास, व्याकरण लोकायत और महापुरुष-लक्षण इत्यादि) में पारगामिता, 3. देह में शक्ति-प्रमाण और सौन्दर्य, 4. शील और सदाचार और 5. पाण्डित्य (सोणदण्ड सुत्त 13 और 20)।

वरन् देखते हैं कि जो अम्बट्ठ अपने को कण्हायन (कृष्णायन) कह कर बड़ाई कर रहे थे और सभी ब्राह्मण जिनका समर्थन कर रहे थे, उन्हीं अम्बट्ठ के पूर्व पुरुष कण्ह शाक्यवंशीय एक दासी के पुत्र थे (वही पृ. 16)। राजा ओक्काक की एक दासी थी, नाम था दिसा। कण्ह इसी के पुत्र थे (वही)।

ब्राह्मणों ने कहा, ऐसा कह कर अम्बट्ठ का अपमान मत कीजिये। अम्बट्ठ सुजात, कुल-पुत्र, बहुश्रुत, कल्याण-वाक्, पंडित और प्रश्नों के सदुत्तरदाता हैं (वही पृ. 17)।

बुद्धदेव ने तब अम्बट्ठ से ही यह बात पूछी। पहले तो वे चुप रहे पर बहुत पूछने पर बुद्ध की बातों को उन्होंने स्वीकार किया (20)। तब तो ब्राह्मण लोग गोलमाल करने लगे। बुद्ध ने फिर स्वयं ही कहा—इसमें दोष की क्या बात है। कण्ह दक्षिण देश में जाकर सर्वविद्या और सर्वसाधना में प्रवीण होकर लौटे और राजा ओक्काक की कन्या मद्दरूपी से विवाह किया। कण्ह एक महा ऋषि थे। इसीलिये दासी से कण्ह की उत्पत्ति हुई तो भी आप लोगों का अम्बट्ठ पर रुष्ट होना ठीक नहीं है (वही 22-23)।

यद्यपि अम्बट्ठ की दाम्भिकता देखकर बुद्ध ने उन दिनों के क्षत्रियों का प्रबल अभिजात्य-गर्व दिखा दिया था तथापि वे स्वयं इन पचड़ों से कहीं ऊपर थे। इस विषय में उनका मत बहुत ही उदार था। सुत्त निपात से जाना जाता है कि विशेष विशेष जाति या व्यक्ति के हाथ का अन्न खाने से मनुष्य अपवित्र नहीं होता। अपवित्रता का कारण है असत् कर्म, असत् वाक्य, असत् चिन्ता (Sacred Books of the Budduists, Vol. II., P. 103-104)

सुत्त निपात के बासेट्ठ सुत्त में यह प्रश्न उठाया गया है कि ब्राह्मण कैसे होता है ? बुद्ध ने उत्तर दिया वृक्षलता कीट पतंग पशु पक्षी सरीसृप और मत्स्यादि में नाना प्रकार के नाना बाहरी लक्षण दिखते हैं। ब्राह्मण में ऐसा लक्षणगत वैशिष्ट्य नहीं हैं। इसीलिये जाति में भी कोई भेद नहीं है (वही पृ. 14)। बुद्ध देव ने बिल्कुल वैज्ञानिक की भाँति कहा—मनुष्य ही एक जाति है, वर्ण या अन्य किसी उपाधि से उनमें भेद

वज्रसूची, भविष्यपुराण से लेकर वसव कबीर तक सबने एक ही बात कही है[1]।

जैन धर्म के प्रवर्तक महावीर का जन्म भी कुलीन क्षत्रिय कुल में हुआ था। वे सोवाग कुल में उत्पन्न हुये थे (उत्तराध्ययन सूत्र 12-1)। जैन ग्रन्थों में ब्राह्मण क्षत्रिय और बनियों के विशेष-विशेष ग्रामों का उल्लेख मिलता है (Jainism in Northern India, C.T. Shah, P. 108)। उड़ीसा में क्षत्रिय प्राधान्य था। महावीर के पिता के क्षत्रिय मित्र उड़ीसा में रहते थे, इसलिये ई.पू. 6ठीं शताब्दी में महावीर वहाँ गये थे।

क्षत्रिय द्वारा प्रवर्तित होने से जैन धर्म में ब्राह्मण का प्राधान्य नहीं है। यद्यपि ब्राह्मणों का जातीय गौरव तब भी था। नन्दवंशीय चन्द्रगुप्त और विन्दुसार ने जैन धर्म ग्रहण किया था[2]। ये लोग मुरा नामक दासी की सन्तान थे पर बाद में मूर्धाभिषिक्त जाति का दावा किया था (वही पृ. 132)। जैनों में भी अनेकनेक क्षत्रिय और वैश्य बड़े-बड़े पण्डित हो गये हैं। तथापि भारतीय मिट्टी के प्रभाव से इनमें भी क्रमश: जातिभेद फिर से प्रतिष्ठित हो गया है।

बौद्ध जातकों से प्रकट होता है कि क्षत्रिय ही चारों वर्णों में श्रेष्ठ है। ब्राह्मणों का स्थान उनके नीचे है। वैश्य और शूद्र भी क्रमश: उन्नत हो के क्षत्रियों की श्रेणी में जा सकते हैं। इसी तरह जिस किसी वर्ण का आदमी पौरोहित्य ग्रहण करके ब्राह्मण हो जा सकता है। विवाह के लिये जाति की चहारदीवारियाँ दुर्लंघ्य नहीं हैं। क्षत्रिय विधवा से ब्राह्मण व्याह कर सकता है, यह भी देखा जाता है। क्षत्रियवंशोत्पन्न होकर भी बुद्ध ने एक दरिद्र किसान की लड़की का पाणिग्रहण किया था। जाति के बाहर भी विवाह हो सकता था पर जाति के भीतर होना ही अच्छा समझा जाता था। उच्चवर्ण वालों के नीचे तांती, नाई और कुम्हार का स्थान था। चण्डाल और अन्त्यजों का स्थान सबके नीचे था (Mysore Tribes and Castes, Vol I. P., 131)

मनु के बाद से ब्राह्मणों की श्रेष्ठता में कोई कभी संदेह नहीं किया गया। निश्चित रूप से मान लिया गया कि उस समय ब्राह्मण ही चारों वर्णों में श्रेष्ठ हैं। शायद ऐतिहासिक कारण भी इसके लिये जवाबदेह हैं। ई.पू. 400 से सन् ई. के बाद 5 सौ वर्ष तक के काल में बाहर से अनेक जातियाँ भारतवर्ष में आई हैं। इस समय युद्ध करते करते क्षत्रिय जातियाँ प्राय: समाप्त हो गई थीं। बौद्ध धर्म क्षत्रियों का प्रवर्तित था। बहुत शताब्दी तक वह प्रधान था, बाद में वह ब्राह्मण धर्म के साथ साथ चलता

1. गुप्त प्रकट है एकै मुद्रा।
काको कहिये ब्राह्मण शूद्रा॥ (कबीर)
2. कोशल राज से विताड़ित होकर शक्य वंशीय कुछ क्षत्रिय मयूर बहुल हिमालय प्रदेश में (मोरिय प्रदेश में) वास करने लगे थे। उन्हें ही मोरिय (मोर्य) कहा गया, ऐसा किसी किसी पालीग्रन्थ में लिखा है।

रहा। क्रमशः बौद्ध धर्म का बल क्षीण हो आया। राजा हर्ष के बाद क्षत्रियों का प्राधान्य जाता रहा वह ब्राह्मणों के हाथ में चला आया। कहते हैं कि परशुराम ने क्षत्रियों का संहार कर दिया था। नाना कारणों से भारतवर्ष से क्षत्रियों का प्राधान्य लुप्त हो गया (वही पृ. 134)।

भारत में नाना संस्कृतियों का संगम

नाना कारणों से जान पड़ता है कि जिसे जातिभेद कहते हैं, वह चीज आर्य लोग भारतवर्ष में आकर चारों ओर के प्रभाव में पड़कर स्वीकार करने को बाध्य हुये थे। किन्तु यह मानने में भी जाने कैसा एक संकोच होता है कि इतनी बड़ी बात बाहरी प्रभाव से स्वीकृत हुई थी। फिर भी आलोचना करने पर हम देखेंगे कि वर्तमान हिन्दू धर्म में बाहर से आये हुये मतों और आचारों का परिमाण कम नहीं है। पुराणों को देखने से ही यह बात स्पष्ट हो जाती है कि शिव, विष्णु आदि की पूजा कितनी विरुद्धताओं के भीतर से हिन्दू-समाज में प्रविष्ट हुई थी, फिर भी उसका प्रभाव इस समय कितना गम्भीर और कितना व्यापक है !

भागवत के दशम स्कंध के ग्यारहवें अध्याय में देखा जाता है कि श्रीकृष्ण ने इन्द्रादि देवता की उपासना बन्द करके वैष्णव प्रेम-भक्ति की स्थापना करनी चाही थी। कितने तर्कों और वाद-प्रतिवादों के भीतर से उन्हें अग्रसर होना पड़ा था, यह बात मूल भागवत के उस प्रसंग को पढ़ने से ही संतुष्ट हो जाती है।

बहुत लोग समझते हैं कि वेदों में आने वाले 'शिश्नदेव' [ऋग्वेद 7, 1, 5, 10, 19, 3] आर्येत्तर जाति के लिंग-पूजक थे। आर्य लोग इसे पसंद नहीं करते थे। पर कुछ लोग 'शिश्नदेव' शब्द का अर्थ चरित्रहीन समझते हैं। एक के बाद दूसरे पुराणों में हम देखते हैं कि ऋषि-मुनि लोग शिव-पूजा और लिंग-पूजा को आर्य-धर्म से दूर रखने के लिये जी-तोड़ प्रयत्न कर रहे हैं किन्तु ऋषि-पत्नीगण उनके विरुद्ध आचरण करके शिव-पूजा और लिंग-पूजा को भारतीय आर्य-समाज में चला देने में सफल हो गई।

महादेव नग्न वेश में नवीन तापस का रूप धारण करके मुनियों के तपोवन में आये (वामनपुराण 43, अध्याय, 51-62 श्लोक)। मुनि-पत्नीगण ने देख करके उन्हें घेर लिया (वही, 63-69 श्लोक)। मुनिगण अपने ही आश्रम में मुनि-पत्नियों की ऐसी अभद्र कामातुरता देखकर 'मारो-मारो' कहकर काष्ठ-पाषाण आदि लेकर दौड़ पड़े[1]

1. क्षोभं विलोक्य मुनय आश्रमे तु स्वयोषिताम्।
हन्यतामिति सम्भाष्य काष्ठपाषाणपाणयः। (वामनपुराण, 43, 70)

उन्होंने शिव के भीषण ऊर्ध्वलिंग को निपातित किया[1]।

बाद में मुनियों के मन में भी भय का संचार हुआ। ब्रह्मा आदि ने भी उन्हें समझाया। अन्त में मुनि-पत्नियों की एकान्त अभिलषित शिव-पूजा प्रवर्तित हुई (वामन. 43 । 44 अध्याय)।

ऐसी कहानियाँ अनेक पुराणों में हैं, जिन्हें विस्तार-भय से यहाँ उद्धृत नहीं किया जा रहा है। उदाहरण के लिये कुछ कहानियाँ दी जाती हैं—

कूर्मपुराण, उपरि भाग, 37 अध्याय में कथा है कि पुरुष-वेशधारी शिव नारी-वेशधारी विष्णु को लेकर सहस्र मुनिगण-सेवित देवदारु-वन में विचरण करने लगे। उन्हें देखकर मुनि-पत्नियाँ कार्मात्त होकर निर्लज्ज आचरण करने आने लगीं (13-17 श्लोक)। मुनि-पुत्रगण भी नारी-रूपधारी विष्णु को देखकर मोहित हुये। मुनिगण मारे क्रोध के शिव को अतिशय निष्ठुर वाक्य से भर्त्सना करने और अभिशाप देने लगे[2]।

किन्तु अरुन्धती ने शिव की अर्चना की। ऋषिगण शिव को 'यष्ठि-मुष्ठिप्रहार' या लाठी और घूँसे की चोट करते हुए बोले—'तू यह लिंग उत्पाटन कर।' महादेव को वही करना पड़ा। पर बाद में देखते हैं कि इन्हीं मुनियों को इसी शिव-लिंग की पूजा स्वीकार करने को बाध्य होना पड़ा !

शिवपुराण के धर्मसंहिता के दसवें अध्याय में देखा जाता है कि शिव ही आदि देवता हैं, ब्रह्मा और विष्णु को उनके लिंग का आदिमूल अन्वेषण करने जाकर हार माननी पड़ी (16-21)। (सच पूछा जाय तो आज भी धर्म के इतिहास के गवेषक यह खोजकर पता नहीं लगा सके कि लिंग-पूजा का आरम्भ कहाँ से और कब से हुआ), देवदारु-वन में सुरतप्रिय शिव विहार करने लगे (धर्मसंहिता, 10, 78-79)। मुनि-पत्नियाँ काम-मोहित होकर नानाविध अश्लीलाचार करने लगीं (वही, 112-128)। शिव ने उनकी अभिलाषा पूरी की (वही, 158)। मुनिगण काम मोहिता पत्नियों को सँभालने में व्यस्त हुए (वही, 160), पर पत्नियाँ मानी नहीं (वही, 161)। फलतः मुनियों ने शिव पर प्रहार किये (वही, 162-163) इत्यादि। अन्य सब मुनि-पत्नियों ने शिव को कामार्त होकर ग्रहण किया था, पर अरुन्धती ने वात्सल्य भाव से पूजा की (वही, 178)। भृगु के शाप से शिव का लिंग भूतल में पतित हुआ (वही, 187)। भृगु धर्म और नीति की दुहाई देने लगे (वही, 188-192), किन्तु अन्त में मुनिगण शिवलिंग की पूजा करने को बाध्य हुए (वही, 203-207)।

---

1. पातयन्ति स्म देवस्य लिंगमूर्ध्वं विभीषणम्। (वही, 71)
2. अतीव परुषं वाक्यं प्रोचुर्देवं कपर्दिनम्।
   शेपुश्च शापैर्विविधैर्मायया तस्य मोहिताः। (कूर्म. 47, 22)

यही कथा स्कन्दपुराण, महेश्वरखण्ड, षष्ठाध्याय में, और यह एक ही कथा लिंगपुराण (पूर्वभाग, 37 अध्याय, 33-50) में भी पाई जाती है। इसी तरह वायुपुराण के 55 अध्याय में शिव की कथा कही गई है। पद्मपुराण नागर-खण्ड के शुरू में भी वही कथा है। आनर्तदेश के मुनिजनाश्रय वन में किस प्रकार भगवान् शंकर नग्न वेश में पहुँचे (1-12), किस प्रकार मुनि-पत्नियों का आचरण शिष्टता की सीमा पार कर गया (13-17), मुनिगण यह सब देखकर क्रुद्ध होकर बोले—रे पाप, तूने चूँकि हमारे आश्रम को विडम्बित किया है, इसलिए तेरा लिंग अभी भूपतित होवे[1]। किन्तु यहाँ भी मुनियों को झुकना पड़ा। जगत् में नाना उत्पात उपस्थित हुए (23-24), देवतागण भीत हुए और धीरे-धीरे शिव-पूजा स्वीकार कर ली गई।

मुनि-पत्नियों का जो यह शिव-पूजा के प्रति उत्साह दिखाई पड़ता है, इसका कारण पुराणों में उनकी कामुकता बताई गई है, पर यही क्या वास्तविक व्याख्या है ? सम्भवतः उन दिनों मुनि-पत्नियाँ अधिकतर अर्येतर शूद्र-कुलोत्पन्ना थीं, इसीलिए वे अपने पितृकुल के देवता की पूजा करने के लिए इतनी व्याकुल थीं। पतिकुल में आकर भी वे अपने पितृकुल के देवता को न भूल सकीं। यह व्याख्या ही अधिक युक्तियुक्त जान पड़ती है। प्राचीनतर इतिहास की बात यदि कही जाती, तो मुनि-पत्नियों को व्यर्थ ही इतनी हीन-चरित्रा चित्रित करने की जरूरत नहीं होती।

पुराणादि में ऐसे आख्यान और भी अनेक स्थानों पर पाये जाते हैं। विस्तार-भय से यहाँ उद्धृत नहीं किये जा रहे हैं। दक्षयज्ञ में शिव के साथ दक्ष का विरोध वस्तुतः आर्य वेदाचार के साथ आर्येतर शिवोपासना का विरोध ही है। दक्ष के यज्ञ में शिव नहीं बुलाये गये, और शिवहीन यज्ञ भूत-प्रेत-प्रमथादि द्वारा विध्वस्त हुआ, इसी से जाना जाता है कि शिव उस समय तक आर्येतर जातियों के देवता थे। शिव किरातवेशी, शिवानी शबरी-मूर्ति, शिव शबर-पूजित थे—ये सब कथाएँ नाना पुराणों में नाना भाव से मिलती हैं।

वैदिक युग में शिव नामधारी एक जनपदवासी मनुष्य की खबर पाई जाती है (ऋग्वेद 7 । 18 । 7)। पुराण के शिव देवता के साथ क्या इन लोगों का कोई योग था ? अनेक अनार्य देवताओं को आर्य लोग अस्वीकार नहीं कर सके। आसपास के चतुर्दिक् प्रचलित प्रभाव को रोक रखना असम्भव है। प्राचीन आर्यगण भी समझ सके थे कि गण-चित्त को प्रसन्न किये बिना वास करना कठिन है। इसीलिए सब यज्ञों में पहले गण-देवता गणपति की पूजा की व्यवस्था की गई। प्राचीन हव्य-कव्य के

1. यस्मात्पापत्वयास्माकं आश्रमोऽयं विडम्बितः।
तस्मालिंग पतत्वाशु तवैव वसुधातले।
(पद्मपुराण, नागरखण्ड 1-20)

मंत्रों में ऐसे बहुत हैं, जिनमें असुर यातुधान और क्रव्यादों को दूर करने के मन्त्र हैं, जो आज भी श्राद्धकाल में पढ़े जाते हैं[1]।

लेकिन इस प्रकार धर-पकड़ से कब याग-यज्ञ चल सकते हैं। इसीलिए यज्ञारम्भ में ही गणपति की पूजा का विधान करना पड़ा। इसलिए गणपति का नाम विघ्न-नाशक है। इसी प्रकार होमाग्नि के पास ही शालिग्राम की शिला स्थापित करके गण-चित्त को प्रसन्न करना पड़ा। इसी प्रकार पश्चिम भारत में हनूमान् आदि की पूजा गृहीत हुई।

यजुर्वेद की वाजसनेयी संहिता में (16, 40-47, तै. सं., 4, 5, 1-11 काठक सं. 10-11-16) इन्हीं कारणों से रुद्र और शिव को अपनाकर गणपति की आराधना करने की चेष्टा देखी जाती है। अथर्व-वेद के भी अनेक सूक्तों में इस प्रकार के प्रयत्न का परिचय मिलता है (दे. 4 । 29, 7 । 42, 7 । 92 इत्यादि)।

शिव के साथ सम्बन्ध-युक्त होकर भी शिव को न मानने के कारण दक्ष की दुर्गति हुई। भृगु ने जो लिंगधारी शिव को शाप दिया था, यह बात आगे हमने नाना पुराणों के उद्धृत वाक्य में ही देखी है। इन्हीं भृगु ने विष्णु के वक्षस्थल पर पदाघात किया था। जान पड़ता है, भृगुगण खूब निष्ठावान् वैदिक थे। वैष्णव धर्म प्राचीनतर वैदिक के उस पदाघात से लांछित होकर हमारे देश में प्रतिष्ठित हुआ। इन्द्र के बाद विष्णु का नाम हुआ "उपेन्द्र इन्द्रावराजः" (अमरकोष)। इन दोनों ही नामों का अर्थ है "इन्द्र का परवर्ती"।

बहुत दिन पहले की बात है, मैं एक बार गुजरात-बड़ौदा के अन्तर्गत 'कारवण' नामक एक गाँव में गया था। वहाँ बहुत से देव-मन्दिर हैं। तीर्थ होने के कारण ग्राम की अच्छी ख्याति है। वहाँ मुखलिंग देखने के लिये निकलकर मैंने देखा कि मन्दिर के बाहर एक पत्थर पर मस्जिद की मूर्ति खुदी हुई है। पूछने पर मालूम हुआ कि इसी कौशल से इस मन्दिर को हिन्दुओं ने मुसलमानों के आक्रमण से बचाया था।

देवी-पूजा और तन्त्रमत भी धीरे-धीरे वैदिक मत के पास बाहर से आकर खड़े हुए हैं। असल वैदिक मतवाणी आचार्यगण उसे शास्त्र और सदाचार के विरुद्ध ही समझते रहे हैं। मूल आर्य-भूमि से क्रमशः दूर जाकर इन वस्तुओं के साथ आर्य लोगों

---

1. ओं निहन्मि सर्व यदमेध्यवद्भवेद्
हताश्च सर्वेऽसुरदानवा मया।
रक्षांसि यक्षाः सपिशाचसंघा
हता मया यातुधानाश्च सर्वे।(पुरोहित दर्पण 1316, 1545)
और–
ओं अपहता असुरा रक्षांसि वेदिषदः।

का परिचय हुआ था। इच्छा से हो या अनिच्छा से, इन मतों को ग्रहण करने के सिवा उनके पास कोई चारा न था। इसीलिए आज वैदिक संध्या के साथ तान्त्रिक संध्या साधारणतः सभी इस देश में किया करते हैं। गुजरात में मैंने देखा है कि ब्राह्मणों के यहाँ भी प्रति परिवार में एक कुलदेवी हैं। बहुतों की कुलदेवी कूप में दीवार के ऊपर गुंथी हुई हैं। सबकी दृष्टि से दूर संरक्षित है। फिर भी विवाहादि प्रत्येक अनुष्ठान में कुलदेवी की पूजा करनी ही होती है। इसी प्रकार ग्राम-देवी और ग्राम-देवता भी क्रमशः हमारे समाज में आते रहे हैं, और इनकी ठेलमठेल आज इतनी बढ़ गई है कि बेचारे वैदिक देवताओं को ही स्थान-च्युत होना पड़ा है। आजकल देवी-महात्म्य के गानों में प्रायः सुनाई देता है कि 'गावत वेद अघात नहीं यश तेरा महामहिमामयी माता'। गोस्वामी तुलसीदास तो महान् पण्डित थे, फिर भी उन्होंने प्रतिपक्ष के मत को आघात करते समय अपने मत को वेद-सम्मत कहा है[1]।

इन वेदवाह्य देवताओं की पूजा के पुरोहित भी आर्येतर जाति के लोग ही थे। उन दिनों ब्राह्मण लोग इन देवताओं के विरोधी थे। क्रमशः जब इन देवताओं का प्रवेश वेदपंथियों के ग्रंथों में भी हुआ, तब ब्राह्मण लोग भी इन देवताओं के पौरोहित्य में व्रती हुए। दक्षिण में स्त्रियाँ देव-मन्दिर की पुरोहित हुआ करती थीं, क्योंकि वहाँ के समाज में स्त्री का ही प्राधान्य था। उस मातृतन्त्र-देश में जब वैदिक धर्म पहुँचा तो तब भी स्त्रियों के फूँकने से ही अग्नि देवता प्रज्जवलित होते थे। महाभारत के सहदेव के दिग्विजय प्रसंग में कहा गया है कि जब सहदेव माहिष्मती पुरी में पहुँचे, तो उन्होंने देखा कि वहाँ अग्नि-देवता सुंदरी कुमारिकाओं के ओष्ठपुट-विनिर्मत वायु के सिवा अन्य किसी भी प्रकार के व्यजन से प्रज्वलित नहीं होते थे[2]। अग्नि ने भी सुन्दरी कन्याओं का संग-लाभ करके उन्हें वर दिया कि तुम्हारे लिए अप्रतिवारण अखण्ड स्वेच्छा विहार विहित हुआ। इसीलिये वहाँ की स्त्रियाँ स्वैरिणी और यथाकामविहरिणी थीं[3]।

स्त्रियाँ ही वहाँ प्रधान थीं। वे ही देवता की साधिकाएँ थीं। उनकी देव-सेवा का यह अधिकार क्रमशः ब्राह्मणों के हाथ में चला गया है। इस समय वे देव-मन्दिर में नर्तकी या देवदासी भर रह गई हैं। यह काम भी प्राचीनकाल के परिपूर्ण सेवा-कर्म के अल्प अंश मात्र में पर्यवसित हो जाने के कारण आजकल मलिन और दूषित हो

---

1. श्रुतिसम्मत हरिभक्ति पथ।
(रामचरित मानस, उत्तर, दोहा 159)
2. व्यजनैर्धू यमानोऽपि तावत्प्रज्वलते न सः।
यावाच्चारुपुटौष्ठेन वायुना न विधूयते। (सभापर्व 30। 29)
3. एवमग्निवरं प्रादात् स्त्रीणामप्रतिवारणे।
स्वैरिण्यस्तत्र नार्यो हि यथेष्टं विचरंत्युत। (सभापर्व 30। 28)

गया है। दक्षिण-देश का प्रभाव उड़ीसा तक व्याप्त है। इसीलिये पुरी के जगन्नाथ के मन्दिर में अब भी देवदासी की प्रथा प्रचलित है।

वेद के परवर्ती सब देवताओं के पुरोहित या तो स्त्री हैं या अनार्य-जातियाँ। आज भी शूद्र का पौरोहित्य सम्पूर्ण-रूप से लुप्त नहीं हुआ। यद्यपि ब्राह्मणों ने प्रायः सभी पर अधिकार कर लिया है, तथापि नाना छिद्रों से उस प्राचीन युग का आभास मिल ही जाता है। दक्षिण के दासरी शूद्र हैं। उनका पूर्व गौरव अब नहीं है, तथापि वे आज भी बहुत सी जातियों के गुरु-रुप में पूज्य हैं (Mysore Tribes and Castes, Vol. III, P. 117)।

इरालिगा-जाति किसी जमाने में यायावर थी। आजकल उनकी सामाजिक स्थिति अत्यन्त हीन है। कहते हैं वे, देवी के अपने हाथों रचित मनुष्य की सन्तान हैं। ये लोग वन-देवी के पूजक हैं, इसीलिए इन्हें पुजारी कहते हैं। मादिगा एक अति हीन जाति है। इनमें देवी को पूजने वाली बहुत स्त्रियाँ हैं। इन्हें मातँगी कहते हैं। एक मादिगा बालक कहीं बाहर परदेश में ब्राह्मण का छद्म वेश बनाकर गया और वहाँ एक ब्राह्मण-कन्या से विवाह किया। बात खुलने पर कन्या ने अग्नि-प्रवेश किया। वही व्याधिकी देवी 'मारी' हुई (Mysore, Vol. III, P. 157)। 'मारी' के पूजक मादिगा भी अत्यन्त हीन जाति के हैं। इसी 'मारी' से क्या बंगला के 'मारी-भय' वाली कहावत का सम्बन्ध है ?

दक्षिण के त्रिवांकुर स्टेट में बसने वाली कानिकर जाति असभ्य जंगली है। उनके सभी देवता प्रायः देवियाँ ही हैं। इनकी पूजा मीन और कन्या में अर्थात् वसन्त में और शरत् में (thurston, Vol., III, P. 170) होती है। हमारी शारदीय और बसन्ती पूजाओं की इनसे तुलना की जा सकती है।

जगन्नाथ के मन्दिर में प्राचीन काल से एक श्रेणी के हीन जातीय सेवक हैं। ये 'द्वैत' या शबर जाति के हैं। इस समय इनके विशेष कुछ कृत्य नहीं हैं, तो भी उत्सवादि के विशेष-विशेष अवसर पर उनकी सहायता निहायत जरूरी होती है। इन शबर सेवकों के सिवा अन्यान्य साधरण शबरों का इस मन्दिर में प्रवेश निषिद्ध है। इस समय पुरी का जगन्नथ मन्दिर सवर्ण हिन्दुओं का ही स्थान हो गया है। यद्यपि कहा जाता है कि जगन्नाथ पुरी में अन्न-जल के स्पर्श का विचार नहीं है, तो भी वहाँ पाण कणड़ा प्रभृति हीनजातियों को प्रवेश नहीं करने दिया जाता। इन सब अन्त्यजों के लिए हम लोगों ने ऐसे अनेक मन्दिरों के द्वार बन्द कर दिये हैं, जिनकी पूजा-अर्चना आदि हमने उन्हीं से ग्रहण की थी, सो भी अनेक विरुद्धताओं के भीतर से। जो लोग इन पूजाओं के प्रवर्तक थे, उन्हीं के लिए आज उन्हीं पूजा-मन्दिरों में प्रवेश का अधिकार नहीं है।

थर्स्टन साहब कहते हैं कि जगन्नाथ के मन्दिर में नाइयों को भी समय-समय पर देव-पूजा के कार्य में सहायता करनी होती है। तमिल देश के कितने ही अत्यन्त निष्ठावान् शुद्धाचारी शैव मन्दिरों में भी पारिया लोग ही विशेष-विशेष वात्सरिक उत्सवों के अवसर पर सामयिक भाव से प्रभुत्व करते हैं (Ghure, Caste and Race in India, PP, 26-27; Baihes, PP. 75-76)। दक्षिण-कर्णाट (कर्नाटक) में केलसी या नापित जाति शूद्रों के किसी किसी अनुष्ठान में पौरोहित्य का कार्य करती है (Thurston, Vol III. P. 269)।

दक्षिण में वैष्णवों और शैवों में बहुत से प्राचीन भक्त अन्त्यज और शूद्र जाति के हैं। आचारी वैष्णवाचार्यों के बहुत से आदि गुरु हीन कही जाने वाली नाना जातियों से उत्पन्न हुए थे। सातानी लोग ऐसे ही हीन शूद्र हैं, जो वैष्णव मन्दिरों के सेवक हैं। सातानी का मूल शब्द है 'सात्तादवन' अर्थात् शिखा-सूत्र-विहीन। ये लोग संस्कृत शास्त्र की अपेक्षा बारह वैष्णव भक्तों या आलवरों के ग्रन्थ 'नालायिरा-प्रबन्धम्' को प्रमाण मानते हैं। रामानुज ने मन्दिर के कार्य में सात्तिनवनों और सात्तादवनों को नियुक्त किया था। सात्तिनवन ब्राह्मण हैं और सात्तादवन शूद्र (Mysore Tribes and Castes, Vol. VI, P. 591)।

इन सब विष्णु-मन्दिरों में जिन ब्राह्मणों ने शुरू शुरू में प्रवेश किया था, वे भी समाज में प्रतिष्ठा खो चुके हैं। मारक लोग वैष्णव मन्दिर के सेवक हैं। यद्यपि वे पहले ब्राह्मण थे, पर अब समाज में उनके ब्राह्मणत्व का दावा अस्वीकृत हो चुका है (वही Vol. II., P. 310)। शिव और विष्णु की आराधना में अति नीच जाति को भी अधिकार है। सन् 1415 ई. में मध्य-भारत में एक मोची सज्जन ने विष्णु-मन्दिर निर्माण कराया था (Epigraphica Indica, Vol. II, P. 229, Ghurye, P. 99)।

शिव के सम्बन्ध में भी यही बात पहले दिखाई जा चुकी है। वेदाचार के साथ बड़ी लड़ाई लड़ने के बाद शैव धर्म आर्यों के भीतर प्रवेश पाने में समर्थ हो सका। शिव-मन्दिर के पूजक तपोधनगण गुजरात में सामाजिक भाव से अत्यन्त हीन समझे जाते हैं (wilson's Indian Caste, Vol. II, P. 122)। दक्षिण-देश में शिवनाम्बी या शिवाराध्यगण शिव-मन्दिर के पुजारी होने के कारण ब्राह्मण होकर भी समाज में अचल हैं। अन्यान्य ब्राह्मण लोग उनके साथ कार्य नहीं करते (Mysore Tribes and Castes, Vol. II, P. 318)। शिव-ध्वजगण स्मार्त सम्प्रदाय के शिव मन्दिर के पुजारी हैं। वे भी समाज में हीन हो गये हैं। मद्रास प्रान्त में इन्हें गुरुकुल कहते हैं। ये लोग ब्राह्मणत्व से भ्रष्ट हो चुके हैं। किन्तु कोचीन त्रिवांकुर में शिव के पुजारियों की अवस्था इतनी सोचनीय नहीं हो गयी है। देवांग लोग भी शिवपूजक शैव हैं। ये भी ब्राह्मणत्व का दावा करते हैं, पर इनका भी दावा नामंजूर हो चुका है। अपने यजन-याजन ये स्वयं

करते हैं। प्रधान जीविका इनका कपड़ा बुनना है (Jener, Vol., II, P. 137)।

मुस्साद लोग पहले ब्राह्मण थे। द्वापर में शिव-निर्माल्य या शिव का प्रसाद खाने से पतित हुए थे (Thurston, Vol. V PP. 120 : 122)। इनके आचार-विचार विशुद्ध नम्बूद्री ब्राह्मणों के से हैं। संस्कृत साहित्य में ये गंभीर पाण्डित्य प्राप्त करते हैं (वही, P. 122-123)।

शिव-निर्माल्य का एक और सुन्दर व्यवहार तुलुब लोगों के देश में है। कोई स्त्री यदि सांसारिक निर्यातन से या अन्य किसी कारण से संसार के बन्धन से मुक्त होना चाहे, तो वह शिव मन्दिर में जाकर प्रसाद खाती है। इससे उसके सभी सांसारिक बन्धन टूट जाते हैं। यदि ऐसी स्त्री बाद में ब्याह करे, तो उसकी सन्तान 'मोयिली' जाति की होती है। उनकी सामाजिक अवस्था हीन है (Thurston, Vol, V. P. 81, Mysore Tribes and Castes, Vol. I, P., 218)। कलनद तालुका में शिव का निर्माल्य ग्रहण करके स्त्रियाँ भव-बन्धन से मुक्त हो सकती हैं। इनकी सन्तानों की जाति 'मालेरु' कहलाती है (Mysore Tribes and Castes, Vol. IV, P. 185)।

चिदम्बरम् महातीर्थ के नटराज-मन्दिर में प्रवेश करते ही प्रथम मूर्ति भक्त-वर नन्दनार की है। वे अस्पृश्य पारिया जाति में उत्पन्न हुए थे, किन्तु आजकल उनके गान न होने से ब्राह्मणों का भी कोई अनुष्ठान पूर्ण नहीं होता।

शास्त्रानुसार ग्राम देवता की पूजा निषिद्ध है। अर्थात् ग्रामदेवता और देवियों के पूजक ब्राह्मण पतित होते हैं। मनु ने नाना स्थानों पर (3 । 152, 3 । 180) उन्हें पतित कहा है।

इन सब अनार्य देवताओं को ब्राह्मणों ने बहुत दिन तक शूद्रों के देवता समझ कर पूजनीय नहीं माना। अवश्य ही आजकल इन देवताओं का पौरोहित्य ग्रहण करके ब्राह्मणों ने इनके वास्तविक पुजारियों का अधिकार लोप कर दिया है। राढ़ देश में अब्राह्मण देवता धर्मराज के मन्दिर में प्रायः शूद्र और अन्त्यज लोग ही पुरोहित होते हैं। इसी बीच अनेक धर्म-मन्दिरों में ब्राह्मणों का पौरोहित्य स्थापित हो चुका है। ऐसे कई मन्दिर हैं, जहां के आदि-पूजक शूद्र ही थे, अब उनका प्रवेश निषिद्ध हो गया है। शूद्र-देवता के प्रति ब्राह्मणों की वितृष्णा अब भी बहुत-कुछ देखी जाती है। शूद्र के प्रतिष्ठित शिव या विष्णु ब्राह्मणों के नमस्य नहीं होते, इसीलिये बंगाल में शूद्र लोग प्रायः गुरु या पुरोहित से ही देव-प्रतिष्ठा कराते हैं (J.N. Bhattacharya, P. 19-20)। यह वही प्राचीन काल के अनार्य देवताओं के प्रति ब्राह्मणों के विद्वेष का भग्नावशेष है। पुराणों की मुनियों द्वारा की हुई शिव-विरोधिता और भृगु मुनि द्वारा विष्णु के वक्षःस्थल में लात मारने वाली कथा की याद आती है। आश्चर्य यह है कि इन्हीं देवताओं के प्रति आज लोगों के भय और भक्ति का अन्त नहीं है ! शालिग्राम-शिला

ने आज वैदिक अग्नि के पार्श्व में स्थान पाया है !

वैदिक आर्यों के मिलन का स्थान यज्ञ था और अवैदिकों का तीर्थ। यह तीर्थ वस्तु ही वेदवाह्य है, इसी लिए वेद-विरोधी मत को तैर्थिक मत कहते हैं (कारण्ड-व्यूह, 10 । 62)। वैदिक सभ्यता का केन्द्र और प्रचार स्थल यज्ञ था और अवैदिक सभ्यता का केन्द्र और प्रचार स्थल तीर्थ। तीर्थ अर्थात् नदी का तरणयोग्य स्थान। नदी की पवित्रता आर्य-पूर्व वस्तु है। अब भी भाषा तत्वज्ञों ने लक्ष्य किया है कि गंगा प्रभृति नाम और माहात्म्य आर्य-पूर्व वस्तु है। संथाल प्रभृति आदिम जातियाँ नदियों और वृक्षों के पूजक हैं। दामोदर नदी में अस्थि नहीं रखने से संथालों की गति नहीं होती। यह नदी की पूजा या नदी में अस्थि-निक्षेप—ये सब बातें वेद में तो नहीं मिलतीं। तो फिर ये बातें आ[illegible] कहाँ से ? जिन देवताओं से सम्बद्ध माने जाकर तुलसी, वट, अश्वत्थ (पीपल), बिल्व (बेल) इत्यादि वृक्ष पवित्र माने गये हैं, उन देवताओं का आदिम परिचय वेद-विरुद्ध 'देवता' के रूप में ही मिलता है। धीरे-धीरे वृक्षों की पूजा भी निश्चय ही आर्यों ने आर्य-पूर्व भारतीयों से ग्रहण की होगी। बहुत सम्भव है कि नदी की पूजा भी उन्होंने वहीं से ग्रहण की हो। जैसा कि हम आगे चल कर देखेंगे बहुत से अनार्य कुलदेवताओं और कुलों के नाम वृक्षवाचक हैं। ये लोग अपने देवता के नाम वाले वृक्षों का कोई अपमान कभी बर्दाश्त नहीं कर सकते। थर्स्टन की पुस्तक में सब मिलाकर प्रायः एक सौ ऐसे नाम मिलते हैं। इनमें आम है, गूलर है, केला है, पान है, सुपारी है, हल्दी है, अदरख है, पीपल है, बेल है, नारिकेल है, बरगद या तुलसी तथा अन्य अनेक पौधे और वृक्ष हैं।

नाना जन्तुओं के नाम पर भी भिन्न जाति या कुलों के नाम हैं। दूसरे प्रसंग पर जन्तुओं का नाम दिया जायगा।

बहुत से उत्सव भी अनार्यों से प्राप्त हैं। जैसे होली या बसन्तोत्सव। इसमें नाना प्रकार की अश्राव्य गालियाँ, जुआ खेलना, नशा पीना आदि उन्मत्त व्यवहार प्रचलित हैं। इनका प्रचलन भी नीचे श्रेणियों में ही अधिक है। इसीलिए बहुत लोग इसे शूद्रोत्सव कहते हैं। होलिकादाह के लिए जो आग जलाई जाती है, वह अनेक स्थानों पर अन्त्यज के घर से मंगाई जाती है। बरार के कुनबियों को अस्पृश्य महारों के यहाँ से होली की आग ले आनी पड़ती है (Russel, Vol, IV, P. 18, 31, Ghurye, P. 26)। कहते हैं, होलका नामक राक्षसी की तृप्ति के लिए इस दिन अश्लील गालियाँ सुनाई जाती हैं। कृष्ण के हाथों यह राक्षसी मारी गई थी। मरने के पहले वह कह गई थी कि इसी प्रकार लोग उसकी प्रेतात्मा का प्रीति-विधान करें।

इस तरह स्पष्ट हो जाता है कि हमारे बहुतेरे देवता, तीर्थ और उत्सव अनार्यों से प्राप्त हैं ! खोज करने पर देखा जायगा कि आर्यों के अनेक उपकरण भी आर्य-पूर्व

जातियों से गृहीत हैं। इस समय विवाहादि के अवसर पर सिन्दूर एक अपरिहार्य पदार्थ है, इसके बिना विवाह पूर्ण ही नहीं होता, किन्तु सुरेन्द्र मोहन भट्टाचार्य के पुरोहित-दर्पण (अष्टम संस्करण) के कई स्थान उलट कर देखने से ही पता चल जायगा कि यह सिन्दूर का आचार भी आर्यों ने इसी आर्येतर जाति से ही ग्रहण किया था। सिन्दूर का न तो कोई वैदिक नाम है और न सिन्दूर दान का कोई मन्त्र। सामवेदीय घट-स्थापन में सिन्दूर को स्पर्श करके जो मन्त्र पढ़ा जाता है, वह यह है—'ऊं सिन्धोरूच्छवासे पतयन्तम्' इत्यादि (पृ. 8)। यजुर्वेदी घट-स्थापन में—'ऊंच सिन्धोरिव प्राधवने शूधनासो' इत्यादि (पृ. 10)। और विवाह में सामवेदी अधिवास का मन्त्र इस प्रकार है—'ऊं सिन्धोरूच्छवासे पतयन्तभुक्षितम्' इत्यादि (पृ. 70)। इन तीनों में प्रथम और तृतीय मन्त्र ऋग्वेद (7 । 46 । 43) में पाया जाता है। वहाँ सिन्धु नदी के उच्छ्वास का प्रसंग है। केवल शब्दसाम्य मात्र से वह सिन्दूर के मंत्र के रूप में व्यवहृत हुआ। द्वितीय मन्त्र ऋग्वेद का 4 । 58 । 7 वाँ मंत्र है। इसके साथ भी सिन्दूर का सम्बन्ध नहीं है।

सामवेदी अधिवास मंत्र में स्वस्तिक, शंख, रोचना, श्वेत सर्षप, ताम्र, चामर, दर्पण के जो मन्त्र हैं (70 । 71 । पृ.), यद्यपि वैदिक मंत्र हैं, फिर भी इन पदार्थों के साथ उनका कोई योग नहीं है। सिन्दूर मूलतः नाग लोगों की वस्तु है, उसका नाम भी नागगर्भ और नाग-सम्भव है। शंख और कंबु आदि नाम भी वेद-बाह्य हैं।

बहुत लोगों की धारणा है कि हमारी 'पूजा' नामक क्रिया भी वेदबाह्य है। वेद में यह शब्द भी नहीं हैं। इसका मूल अवैदिक भाषाओं में मिलता है।

भक्ति भी कहते हैं, अवैदिक है। पद्मपुराण के उत्तरखण्ड में एक सुन्दर कथा है। भक्ति अपना दुखड़ा नारद मुनि से रोते समय कहती है कि मेरा जन्म द्राविड़ देश में हुआ, कर्नाट देश में मैं बड़ी हुई, महाराष्ट्र देश में किंचित् काल वास किया और गुजरात में जीर्ण हो गई[1]। मध्य युग के भक्त लोग भी कहते हैं कि भक्त द्राविड़ देश में उत्पन्न हुई थी और रामानन्द उसे उत्तर भारत में ले आये थे।[2]।

नृत्य, गीत आदि बहुत सी और बातें भी इस देश में आकर आर्यों ने संग्रह कीं, यद्यपि पहले भी इन बातों का कुछ-न-कुछ उनके पास था, किन्तु उसकी समृद्धि यहीं हुई थी। मोटे तौर पर हम कह सकते हैं कि भारतीय आर्यों ने अच्छी-बुरी बहुत सी बातों को इस देश में आने के बाद संग्रह किया था। जातिभेद भी उन्हीं में से एक

---

1. उत्पन्ना द्राविड़े चाहं कर्णाटे बुद्धिमाशता।
   स्थिता किंचिन्महाराष्ट्रे गुर्ज्जरे जीर्णतांगता।
   (पाद्म. उत्तरखण्ड 50 । 51)
2. भक्ति द्राविड़ ऊपजी, लाये रामानन्द।

है ।

सिर्फ यही नहीं, और भी ऐसी अनेक बातें आर्यों ने यहाँ से ली थीं, जो पहले उनके समाज में नहीं चलती थीं । बहुत सम्भव है, शुरू-शुरू में समाज में प्रविष्ट होने के बाद भी ऐसी बातें बहुत दिनों तक अपना रास्ता ठीक-ठीक नहीं निकाल सकी होंगी, पर ज्यों ही वे थोड़ी प्राचीन हुई कि उनकी कमजोरियाँ दूर हुईं और सारी सनातनी शक्ति ने उसकी रक्षा का भार अपने ऊपर ले लिया !

ज्योतिष का प्रचार भारत में याग-यज्ञ के समय निर्णय के लिए था । फलित ज्योतिष बाद में ग्रीक आदिकों के निकट से आया । पहले पहल इस फलित ज्योतिष का काफी विरोध किया गया था । आज समूचे भारत में फलित ज्योतिष का जयजयकार है । कौन पूछता है कि यह किस विदेश से आया था ।

मुसलमानों के साथ सिक्खों की सदा लड़ाई लगी रही । किन्तु उन्हीं से उन्होंने पूजा सीखी । कुरान की पूजा के स्थान पर सिखों ने ग्रन्थ साहब की पूजा चलाई । बुतपरस्ती समझकर सब देवियाँ हटाई गईं, किन्तु वे यह समझ ही नहीं सके कि ग्रंथपूजा भी एक बुतपरस्ती ही है । मुसलमान लोग जिस प्रकार भगवदुपासना के समय सिर खुला नहीं रखते, उसी तरह सिर ढका रखना सिक्खों ने भी उन्हीं से लड़ते-लड़ते सीखा । आज किसी सिक्ख गुरुद्वारे में कोई अनावृत-मस्तक होकर नहीं जा सकता ।

राजपूतों ने भी मुसलमान बादशाहों के साथ निरंतर लड़ाई की, परन्तु उन्हीं से इज्जतदारी के चिन्ह के रूप में परदा-प्रथा और अफीम-सेवन सीख लिया । सम्भव है, पहले-पहल उन्होंने इन बातों का विरोध ही किया होगा । पर एक वार 'प्राचीनता' से भूषित होते ही उन्हीं की सन्तानें इनके लिए लड़ने लगीं ! एक बार जोर जबर्दस्ती से जो लोग अन्य धर्म में दीक्षित होने को बाध्य किये गये थे, उन्हीं के पुत्रादि ने उसी धर्म के लिए अपने आदिम धर्म के विरुद्ध रक्त की नदियाँ बहाई हैं । भाग्य के ऐसे निष्ठुर परिहास इतिहास की दुनिया में प्रायः देखने को मिल जाया करते हैं ।

———

असवर्ण विवाह

आर्य लोग जब इस देश में आये तो यहाँ के मूल निवासियों की तुलना में उनकी संख्या नहीं के बराबर थी। किन्तु उन दिनों वे बहुधा विच्छिन्न नहीं थे, नाना वर्णों और उपवर्णों में विभक्त नहीं थे इसलिए एक संहत दल के रूप में थे। यही कारण है कि उन दिनों उनकी शक्ति अपराजेय थी। इतिहास में यह हमेशा से ही देखा जाता है कि जब एक संहत और व्यूहबद्ध दल संख्या में अपने से अनेक गुना असंहत और विच्छिन्न गृहस्थ लोगों पर आक्रमण करता है तो जो संहत और व्यूहबद्ध होते हैं वे ही विजयी होते हैं। गृहस्थ विचारे अपना घर-द्वार लेकर ही व्यस्त रहते हैं, संहत नहीं हो पाते। आक्रमणकारियों के यह सब बला नहीं होती, इसीलिए वे व्यूहबद्ध हो कर काम कर सकते हैं। इसी कारण से अर्य लोगों ने आर्येतरों को पराजित किया।

किसी किसी का मत है कि अनार्यों के संस्त्रव से अपने को बचने के लिए ही आर्यों ने जाति भेद स्वीकार किया था। पहले यह भाग वर्ण (रंग) के द्वारा हुआ था इसीलिए जातिभेद का नाम है वर्ण भेद ! जातिभेद से जान पड़ता है कि इस भेद के मूल में "एथनिक" (Ethnic) विचार है। गुण और कर्म के अनुसार पहले ब्राह्मण और राजन्य ये दो विशेष श्रेणियाँ हुईं यद्यपि इनमें परस्पर का प्राचीर अलंघनीय नहीं था। परस्पर इनका विवाह भी होता था और एक श्रेणी से दूसरी श्रेणी में जाने का रास्ता भी खुला हुआ था। इसीलिए उन दिनों 'ब्रह्मराजन्यौ' शब्द में एक भेद के होते हुए भी सम्बन्ध जान पड़ता है। बाकी सब आर्य वैश्य थे और आर्येतर जातियाँ शूद्र। जो सब आर्येतर जातियाँ आर्यसंस्कृति में नहीं आई थीं वे सब 'निषाद्' कहलाई। आर्यों में सभी ने वेद के आधार को मान लिया था, ऐसी बात नहीं है। वेद-विरोधी व्रात्य आर्य भी थे। वेद विरोधी अनेक व्रात्यों को दल से निकाल कर शूद्र बना दिया गया था।

ऐतरेय ब्राह्मण के एक उपाख्यान में जरा गंभीर भाव से विचार करने का एक विषय है। विश्वामित्र के सौ पुत्र थे। उनमें आधे मधुच्छंदा से बड़े थे, आधे छोटे। बड़े पचास पुत्रों ने पिता की आज्ञा का पालन नहीं किया इसलिए वे अन्ध्र, पुण्ड्र, शबर, पुलिन्द, मुतिब इत्यादि अत्यन्त हेय अन्त्यज हुए। मधुच्छंदा इत्यादि छोटे कई पुत्र मान्य और श्रेष्ठ हुए (ऐतरेय ब्राह्मण, 7 म पंचिका, 6 म खण्ड, 33 अध्याय)। यहाँ

देखा जाता है कि अन्ध्र-शबर आदि ब्राह्मणों के बड़े भाई हैं। यह बात जरा विचारणीय है। जान पड़ता है इसमें एक बड़े Ethnic (मानव) सत्य का आभास रह गया है। अन्ध्र-पुण्ड्र, शबरादिगण सचमुच ही तो बड़े भाई हैं, क्योंकि वे पहिले ही इस देश में आये हैं और ब्राह्मणादि छोटे भाई हैं, क्योंकि वे बाद में इस देश में आये हैं। किसी किसी अंश में आर्य-पूर्व संस्कृति आर्य-संस्कृति से हीन तो थी ही नहीं, वरन् किसी किसी अंश में श्रेष्ठ भी थी।

जब जातिभेद धीरे-धीरे प्रतिष्ठित हुआ तो वह नाना प्रकार के सामाजिक आचार-विचारों में भी आत्म-प्रकाश करने लगा। शतपथ ब्राह्मण में देखा जाता है कि ब्राह्मणादि चार वर्णों के चैत्य की आकृति भिन्न-भिन्न तरह की होती थीं। (13 । 8 । 3 । 11)। फिर चार जातियों के अधिकार-भेद और उसकी सीमायें भी निर्दिष्ट हुईं (ऐतरेय ब्राह्मण 7 । 29)। इसमें देखा जाता है कि ब्राह्मण-क्षत्रियों के अधिकार की तुलना में वैश्यों और शूद्रों के अधिकार बहुत संकुचित हैं। शतपथ ब्राह्मण से पता चलता है कि उन दिनों चार वर्णों के संभाषण की रीति और भाषा भी भिन्न-भिन्न प्रकार की हो उठी (1 । 1 । 4 । 12)।

धीरे-धीरे कर्मानुसार सूत्रधार (बढ़ई), रथकार आदि श्रेणियाँ भी बन गई। अनार्यों में से अधिकांश नदी और जलाशयों के किनारे रहते थे। उनमें मछली मरने और खाने का रवाज था। इसीलिये उन दिनों इनकी श्रेणी अर्थात् कैवर्त, दास, मैनाल आदि के नाम प्राय: ही मिल जाते हैं। नौका चलाने वाले को नावज और वन रक्षकों को उन दिनों वनप कहा जाता था। कुम्हार का नाम कुलाल, नाई का वप्ता, लुहार का कर्मार। इस तरह वृत्ति और व्यवसाय के अनुसार भाग हुए और कुछ देश और कुल के अनुसार भी भाग हुए।

समाज में जाति भेद प्रतिष्ठित होने पर भी बहुत दिनों तक भिन्न-भिन्न जातियों में विवाहादि सम्बन्ध होते थे। वृहद्देवता में देखा जाता है कि दार्भ्य रथवीति यज्ञ करने के लिये अत्रिपुत्र अर्चनानस को पुरोहित पद पर वृत किया। पुरोहित के पुत्र श्यावाश्व भी यज्ञ में पिता की सहायता करने के लिये साथ-साथ गये। राजा की सुन्दरी कन्या को देख कर श्यावाश्व ने उसके साथ विवाह करना चाहा। राजा ने अपनी रानी से कहा कि अत्रिवंशीय श्यावाश्व कुछ उपेक्षणीय (अदुर्बल:) जामाता नहीं है। पर रानी ने कहा कि श्यावाश्व यद्यपि पुरोहित हैं, पर मंत्रद्रष्टा ऋषि नहीं हैं। यदि किसी ऋषि को कन्यादान करो तो कन्या वेदमाता हो सकती है। इसलिये श्यावाश्व निराश होकर महर्षि अत्रि के आश्रम में गये। आरण्य में उनके सामने मरुद्गण अविर्भूत हुए और श्यावाश्व ने 'य इम् वहन्ते' मंत्र का साक्षात् किया। इस प्रकार ऋषि हो जाने के बाद वे योग्य वर समझे गये (वृहद्देवता 5 । 50-79)। शतपथ ब्राह्मण में भी लिखा है कि

महर्षि च्यवन ने राजा शर्यात की पुत्री सुकन्या से विवाह किया था (4 । 1 । 57)। ये सब विवाह उन दिनों बिल्कुल असाधारण नहीं समझे जाते थे।

उशिजपुत्र ऋषि कक्षीवान् का परिचय अन्यत्र दिया गया है। ऋग्वेद में इनका कई बार उल्लेख आया है (ऋग् 1 । 181, 1 । 51 । 13 ।, 1 । 112 । 11, 8 । 9 । 10, 9 । 74 । 8 इत्यादि)। इन्होंने राजा श्वनयमाव्य की कन्या से विवाह किया था। ये श्वनय अत्यन्त दानी थे। कक्षीवान् ने इनकी दानशीलता की बहुत प्रशंसा की है (ऋक् 1 । 126)।

वैदिक युग में ऐसे विवाहों का और भी बहुत उल्लेख है। विस्तार भय से उनकी चर्चा नहीं की जा रही है। महाभारत में भी ऐसे विवाहों की चर्चा है। महर्षिक भृगु के पुत्र ऋचिक ने राजा गाधि की परम सुन्दरी कन्या सत्यवती से विवाह करना चाहा। इस पर राजा ने कहा कि हमारे कुल में नियम है कि भीतर लाल और बाहर श्यामल कान वाले ऐसे एक सहस्र घोड़े जब तक नहीं पाते, तब तक किसी को कन्या नहीं देते। ऋचिक ने वरुण की कृपा से ऐसे हजार घोड़े दिये और फलतः सत्यवती के साथ विवाह कर सके। पुत्रवधू समेत पुत्र को देखकर महर्षि भृगु बहुत प्रसन्न हुए (वन. 115 । 31)।

ऋचिक-पुत्र यमदग्नि ने राजा प्रसेनजित की कन्या रेणुका की पाणि-प्रार्थना की थी। राजा ने कन्यादान किया (वन. 116 । 2)। दशरथ राजा की कन्या शान्ता के साथ ऋष्यश्रृंग ने विवाह किया था। द्रौपदी के स्वयम्बर के अवसर पर ब्राह्मण वेशधारी अर्जुन जब कन्यार्थी होकर सामने आए, तो इसमें किसी को कोई अन्याय नहीं दिखा था। पुराणों से ऐसी और भी बहुत सी घटनायें उद्धृत की जा सकती हैं, पर अधिक उद्धृत करने का कोई प्रयोजन नहीं दिखता।

पारस्कर गृह्यसूत्र के काल में भी अनुलोम विवाह प्रचलित था, यद्यपि उन दिनों सवर्ण अर्थात् अपने ही वर्ण की कन्या से विवाह करना अच्छा माना जाता था। अनुलोम विवाह में ऊँचे वर्ण का पुरुष निम्नतर वर्ण की कन्या से विवाह कर सकता है। ब्राह्मण क्षत्रिय और वैश्य तीनों ही, इस प्रकार, शूद्र कन्या से विवाह कर सकते थे, पर शूद्रा के साथ किये गये विवाह में वैदिक मंत्रों का उच्चारण विहित नहीं था (1 । 4 । 8-11)। गौतम धर्मसूत्र (4 । 16) और वौधायन धर्म सूत्र (1 । 8) में इस प्रकार के अनुलोम विवाह सिद्ध होने पर भी क्रमशः वे हीन विवेचित होने लगे। गौतम के मत से क्षत्रिय भार्या के गर्भ से उत्पन्न ब्राह्मण सन्तान सवर्णाजात (अर्थात् ब्राह्मण पुरुष द्वारा ब्राह्मणी स्त्री से पैदा हुई) सन्तान के समान ही है (Ghurye P. 78)।

स्मृति के युग में धीरे-धीरे यह प्रथा कम होती गई। मनु यद्यपि असवर्ण विवाह को अस्वीकार नहीं कर सके तथापि उन्होंने इसकी तीव्र निन्दा की है (3-12, 3 ।

32-44)। मनुस्मृति के नवें अध्याय में मनु को यह बात सोचनी जरूर पड़ी है कि असवर्ण स्त्री से उत्पन्न सन्तान को सम्पत्ति में क्या हक है, पर प्रसन्न चित्त से नहीं (9। 148, इत्यादि)। उन्हें यह भी लिखना पड़ा है कि गुरु की असवर्ण पत्नियों का शिष्य लोग कैसे सम्मान करेंगे (2। 210)।

यद्यपि स्मृति के नाना स्थानों पर अनुलोम विवाहोत्पन्न सन्तान को वैध ही स्वीकार किया गया है, तथापि सम्पत्ति-विभाग के समय ब्राह्मण के क्षत्रिया, वैश्या, और शूद्रा से उत्पन्न पुत्रादि में मनु ने तारतम्य विचार किया है (9। 151-154)। फिर भी इस प्रकार के विवाह की वैधता मनु अस्वीकार नहीं कर सके।

पहले इस प्रकार असवर्ण विवाह से उत्पन्न सन्तानें पिता की ही जाति पाती थीं, क्योंकि आर्यों के समाज में बीज अर्थात् पुरुष ही प्रधान है। आर्येतर समाज में कन्या अर्थात् क्षेत्र प्रधान था। धीरे-धीरे आर्यों में भी कन्या या क्षेत्र का प्राधान्य स्थापित हो गया। आजकल मालावार के नम्बूद्री ब्राह्मण, जो नायरों की लड़कियों के साथ गृहस्थी चलाते हैं, उसे विवाह न कहकर 'सम्बंधम्' कहा जाता है। इस 'सबन्धम्' से जो सन्तति होती है वह नायर ही होती है। यह व्यवस्था कन्या-तंत्र देश के ही उपयुक्त है। पहले ऐसी सन्तति जो पिता की जाति की मानी जाती है, इसका स्वयं ऐतरेय ब्राह्मणकार महीदास ही हैं। स्वर्गीय सत्यव्रत शामश्रमी ने अपनी विद्वत्तापूर्ण पुस्तिका 'ऐतरेयालोचनम्' में इस बात को सुन्दर ढंग से लिखा है। एक ऋषि की इतरा या शूद्रा पत्नी से उत्पन्न पुत्र ही ऐतरेय थे। यज्ञ के समय ऋषि ने अपनी ब्राह्मणी पत्नी से उत्पन्न पुत्र को ही गोद में लेकर उसे नाना तत्वों का उपदेश दिया और विचारे ऐतरेय की उपेक्षा की। दुःखित होकर ऐतरेयने अपनी माता से अपने मनका दुःख बताया। उनकी माता ने अपनी कुलदेवी मही को स्मरण किया। शूद्रगण तो मही की सन्तान हैं (Children of the soil)। पृथ्वी-गर्भ से देवी आविर्भूत हुई और ऐतरेय को दिव्य सिंहासन पर बिठाकर सर्वोत्तम ज्ञान देकर तिरोहित हुई (पृ. 11-12)। तपस्या और उक्त प्रकार से लब्धज्ञान के बल पर उन्होंने जिस ग्रन्थ की रचना की वही ऋग्वेद का सबसे श्रेष्ठ ब्राह्मण ऐतरेय ब्राह्मण हैं। महीदेवी से शिक्षा पाने के कारण ऐतरेय महीदास भी कहाते हैं (पृ. 11)।

यहाँ तक कि हरिवंश में भी बीज की ही प्रधानता स्वीकार की गई है। माता तो भस्त्रा (चमड़े का पात्र, भाथी) मात्र है। पुत्र पिता का होता है। जिस पिता से वह उत्पन्न होता है वही होता है [1]। विष्णुपुराण (4। 19। 2) में भी यह मत पाया जाता है।

---

1. माता भस्त्रा पितुः पुत्रो येन जातः स एव सः।

(हरि. 32। 1724)

मनु के जमाने में भी असवर्ण विवाह एकदम अप्रचलित नहीं हो गया था। लेकिन सवर्ण से विवाह ही पसन्द किया जाने लगा था (3 । 43)। इसीलिये मनु ने कहा है कि द्विजातियों के विवाह में अपने अपने वर्ण की (सवर्ण) कन्या ही श्रेष्ठ हैं, किंतु स्वेच्छाकृत विवाह में कन्यायें उत्तरोत्तर श्रेष्ठ हैं (3 । 12) शूद्र केवल शूद्र कन्या से ही विवाह कर सकता है, वैश्य, वैश्यकन्या और शूद्र कन्या से, क्षत्रिय, क्षत्रिय, वैश्य, शूद्र तीनों की कन्या से और ब्राह्मण इन सबसे और अपने वर्ण की भी कन्या से विवाह कर सकता है[1]। असवर्ण विवाह में भिन्न-भिन्न जाति की कन्याओं के साथ विवाह में भिन्न-भिन्न विधियों का भी मनु ने विधान किया है (3 । 44)। शंखसंहिता (4 । 6-8 । 8 । 14), विष्णु संहिता (24 । 1-8) और व्याससंहिता (2 । 10-11) से भी इस बात का ही समर्थन होता है। व्यास (2 । 10) कहते हैं कि सवर्ण स्त्री के होते हुए भी जो कोई असवर्ण कन्या से विवाह करे, तो उस कन्या से उत्पन्न संतान भी सवर्णोत्पन्न सन्तान से हीन नहीं होती।

शूद्र भार्या में ब्राह्मण द्वारा उत्पन्न कन्या से यदि कोई ब्राह्मण विवाह करे, तो मनु के मत से इस प्रकार सात पुश्त के बाद सन्तान पूरा ब्राह्मण हो जायगी (10 । 64-65)। मनु ने यह स्वीकार किया है कल्याणकारी विद्या अपर या हीन जन से भी ली जा सकती है, परम धर्म अन्त्यज चाण्डाल से भी और स्त्री-रत्न दुष्कुल से भी ग्रहण किया जाना चाहिये (2 । 238)। अनुलोम विवाहोत्पन्न सन्तान की चर्चा याज्ञवल्क्यसंहिता (1 । 91-92) में भी है और दक्षसंहिता (6 । 17) और गौतम संहिता (4 या अध्याय) में भी।

असवर्ण स्त्रियाँ सहधर्मिणी न हो सकतीं हों, सो बात नहीं है। यज्ञ के लिये अग्निमंथन कार्य ब्राह्मण की सवर्ण स्त्री के करने का ही विधान है, किन्तु अभाव में असवर्ण पत्नी भी यह कार्य कर सकती थी (कात्यायन संहिता 8 । 6)। विष्णु संहिता में धर्म कार्य में सवर्ण स्त्री को प्रशस्त कहा है पर अभाव के समय अव्यवहित पर वर्ण की पत्नी के साथ उक्त कार्य के करने का विधान किया है (26 । 1-3), यद्यपि शूद्र स्त्री के साथ धर्मकार्य करने को उचित नहीं माना गया (26 । 4)। आगे दिखाया जायगा कि यह नियम सब समय समाज में मान्य नहीं था। मनु ने स्वयं विचार किया है कि अधम योनिजा कन्या अक्षमाला वसिष्ठ के साथ युक्त होकर और तिर्यक्-कन्या शारंगी मंदपाल ऋषि की परिणीता होकर मान्या पदवी को प्राप्त हुई थीं। इनके सिवा और अनेक नारियाँ निकृष्ट कुल में उत्पन्न होकर भी पति के महद्गुण के कारण उत्कृष्ट

---

1. शूद्रैव भार्या शूद्रस्य सा च स्वा च विशः स्मृते।
ते च स्वा चैव राज्ञः स्युस्ताश्च स्वा चाग्रजन्मनः॥
(मनु. 3 । 13)

स्थान प्राप्त कर गई थीं[1]। शास्त्रकारों ने यह भी निर्देश किया है कि सवर्णा और असवर्णा स्त्री से उत्पन्न सन्तानों के जातकर्मादि संस्कार कैसे किये जाँय (व्यास 1 । 7-8)। लेकिन ऐसा देखा जाता है कि असवर्ण पत्नियों और उनकी सन्तानों पर से संहिताकारों की ममता क्रमशः कम ही होती गई।

ममता के इस ह्रास का प्रमाण सम्पत्ति-विभाग से जान पड़ता है। विष्णुसंहिता (18 । 1-5) कहती है कि ब्राह्मण के यदि चारों वर्णों की पत्नियाँ हों, तो सम्पत्ति के दस भाग किये जाने चाहिये। चार भाग ब्राह्मणी से उत्पन्न पुत्र पायेंगे, तीन भाग क्षत्रिया पत्नी वाले, दो भाग वैश्या भार्या से उत्पन्न और एक भाग शूद्रा भार्या से उत्पन्न पुत्र प्राप्त करेंगे। इस व्यवस्था का समर्थन मनु ने भी किया है (9 । 153)। विष्णु संहिता में आगे चलकर बताया गया है कि किसी एक वर्ण या दो वर्ण की पत्नियों के पुत्र न होने पर क्या व्यवस्था होगी। अन्त में, यदि अकेली शूद्रा से उत्पन्न पुत्री ही हो, तो वह आधी सम्पत्ति का अधिकारी बताया गया है—द्विजातीनां शूद्रत्वे कः पुत्रोऽर्द्धहरः (विष्णु 18)। याज्ञवल्क्य संहिता (रिक्थ भाग प्रकरण 128) का भी यही मत है।

मनु का अपना मत यह है कि ब्राह्मण के ब्राह्मणी का पुत्र 3 भाग क्षत्रिया का पुत्र 2 भाग, वैश्या पुत्र 1 1/2 भाग और शूद्रा-पुत्र 1 भाग पायेगा (9 । 151)। गौतम संहिता (29 अध्याय) में भी ऐसी ही व्यवस्था का समर्थन है।

मनु शूद्रागर्भजात पुत्र को दसवें हिस्से से अधिक देने के कतई खिलाफ हैं, चाहे अन्य वर्ण की पत्नियों से सन्तान हों या नहीं[2]। युधिष्ठिर ने भीष्म से पूछा था कि ब्राह्मण की ब्राह्मणी के गर्भ से उत्पन्न पुत्र तो निःसंदेह ब्राह्मण है, क्षत्रिया और वैश्या से उत्पन्न भी ब्राह्मण ही है फिर बंटवारे में यह विषमता क्यों की जाती है (अनुशासन पर्व 47 । 28)। भीष्म ने इस पर जवाब दिया कि ब्राह्मणी जाति में श्रेष्ठ है, इसलिये वे ज्येष्ठा की तरह माननीय हैं। संसार के कर्तव्य और उत्तरदायित्व का भार वहन करने में भी वही अग्रणी हैं, इसीलिये वे श्रेष्ठ हैं और इसीलिये ऐसी व्यवस्था की गई है।

ब्राह्मण गुरु की सवर्ण और असवर्णा दोनों तरह की पत्नियाँ होती थीं। ब्राह्मणादि शिष्यगण उनका सम्मान कैसे करें, इस बात पर मनु का विधान है कि सवर्णा पत्नी तो गुरु के समान ही पूज्य है, किन्तु असवर्णायें प्रत्युत्थान और अभिवादन आदि से

---

1. अक्षमाला वसिष्ठेन संयुक्ताधमयोनिजा।
शारंगी मंदपालेन जगामाभ्यर्हणीयताम्।
एताश्चान्याश्च लोकेऽस्मिन् अपकृष्टप्रसूतयः।
उत्कर्षं योजितः प्राप्ताः स्वैः स्वैर्भर्तृ गुणैःशुभैः।
(मनु 9 । 23-24)
2. नाधिकं दशमाद्दद्याच्छूद्रापुत्राय धर्मतः। (9 । 154)

सम्मानित की जानी चाहिये (2 । 210) । विष्णु संहिता में यह बात और भी स्पष्ट करके कही गई है । हीनवर्णोत्पन्ना गुरु पत्नियों को दूर से अभिवादन करना चाहिये, पादस्पर्शादि से नहीं (32 । 5) । उशनः संहिता का भी यही मत है (3 । 27) ।

पहले ही बताया गया है कि ब्राह्मणादि वर्णों के शव देह पुराने जमाने में शूद्र दास स्मशान में ले जाया करते थे । बाद में शूद्रों का शव को स्पर्श करना निषिद्ध हो गया । आगे चलकर देखते हैं कि यद्यपि पिता और माता के शव को वहन करना और दाह करना पुत्र का ही कर्तव्य है (विष्णु संहिता 19 । 3) तथापि द्विजाति का शव शूद्र पत्नी के गर्भ से उत्पन्न पुत्र वहन नहीं कर सकता (19 । 4) !

सवर्णा और असवर्णा पत्नियों की सन्तानों की मृत्यु से अन्यान्य पुत्रों का अशौच कैसे होता था, इसकी नाना प्रकार की व्यवस्थायें विष्णु संहिता (22 अध्याय), उशनः संहिता (6 ष्ठं अध्याय) और शंखसंहिता (15 । 16-18) आदि धर्मशास्त्रों में वर्णित है । प्रसंगवश यहाँ उशनाः की एक बात का उल्लेख किया जा रहा है । ब्राह्मण के सेवक क्षत्रिय हों, वैश्य हों या शूद्र हों, सबके लिये ब्राह्मण के समान दस दिन का ही अशौच विहित है (6 । 35) । अधिक दिन का अशौच होने से काम काज में बाधा पड़ सकती थी, शायद इसीलिये यह व्यवस्था की गई थी ।

अब तक हम अनुलोम विवाह (ऊँचे वर्ण के पुरुष का नीचे वर्ण की कन्या के साथ विवाह) की ही चर्चा करते आये हैं । शास्त्र के मत से यह विहित है, पर इसका उलटा प्रतिलोम विवाह अर्थात् ऊँचे वर्ण की कन्या का नीचे वर्ण के वर के साथ विवाह का समर्थन शास्त्र नहीं करता । किन्तु प्राचीन काल के अनेक दृष्टान्तों से ऐसा नहीं मालूम होता कि यह प्रथा एकदम अचल है । दैत्याचार्य शुक्र ब्राह्मण थे । उनकी पुत्री देवयानी ने ययाति राजा से विवाह करना चाहा । यायाति ने संकुचित होकर कहा—मैं क्षत्रिय हूँ, तुम्हारे योग्य नहीं हूँ (आदि 81 । 18) । इस पर देवयानी ने कहा कि ब्राह्मण क्षत्रिय के साथ और क्षत्रिय ब्राह्मण के साथ संसृष्ट है । जहाँ ऐसी घनिष्ठता है वहाँ मुझे पत्नी रूप में ग्रहण करने में तुम्हें क्या आपत्ति है । तुम स्वयं ऋषि भी हो और ऋषिपुत्र भी हो, मेरे साथ विवाह करो[1] । अनेक तर्क के बाद ययाति को राजी होना पड़ा । स्वयं शुक्राचार्य ने प्रसन्नता से इस पर अपनी सम्मति दी थी (81 । 31) ।

ब्राह्मण-क्षत्रिय की घनिष्ठता की बात कह कर यहाँ देवयानी ने प्रतिलोम विवाह किया । किन्तु शास्त्र में इस कार्य के लिये इनकी किसी ने कोई निन्दा भी नहीं की न लोक में किसी ने इन्हें जाति-बहिष्कृत किया ।

---

1. संसृष्टं ब्राह्मणा क्षत्रं क्षत्रेण ब्रह्म संहितम् ।
ऋषिश्च ऋषिपुत्रश्च नाहुषांग वहस्व माम् ।
(आदि. 81 । 19)

नैमिषारण्य में रोमहर्षण सूतपुत्र शौनकादि ऋषियों को भागवत की कथा सुना रहे थे। बलराम जब वहाँ गये, तो वे उठे भी नहीं और अंजलि बाँधकर नमस्कार भी नहीं किया। बलराम जी ने क्रोध के साथ ऐसे सूतपुत्र को ऋषियों के बीच अत्युच्च आसन पर बैठा देखा[1]। ये सूत प्रतिलोमज थे। श्रीधर स्वामी ने उक्त श्लोकों की टीका में 'सूतं प्रति लोमजं' ऐसा लिखा है। इस प्रकार प्रतिलोमज होने से किसी प्रकार रोमहर्षण का स्थान नीचा हो गया था, ऐसा तो नहीं दिखता।

स्मृतियों के देखने से जान पड़ता है कि शूद्र कन्या और अन्त्यजकन्या से विवाह करना एक दम अचल था। किन्तु शान्तनु के धीवरकन्या के गर्भ से उत्पन्न सन्तान ही तो कौरव-पाण्डव थे। द्रौपदी जब वरणीयों के जाति कुल का विचार करने लगीं तो उस समय पाण्डवों के क्षत्रियत्व के विषय में तो उन्हें कोई सन्देह नहीं हुआ था हालांकि वही द्रौपदी महावीर कर्ण को सूतपुत्र कहकर वरण करने में असम्मति प्रकट कर चुकी थीं। शायद उन दिनों भी सामाजिक दोष ताजे होने पर ही भयंकर समझे जाते थे, पुराने होने पर वे समाज को स्वीकार हो जाते थे !

आचार्य घुरे कहते हैं कि सुमित्रा भी शूद्र कन्या थीं (पृ. 80 और पृ. 59) यद्यपि इसके लिये उन्होंने कोई प्रमाण नहीं दिया। पर उनसे उत्पन्न दशरथ के दोनों पुत्र तो पूरे क्षत्रिय ही माने गये थे !

इसी पुस्तक में अन्यत्र कहा गया है कि दीर्घतमा ऋषि ने दासी के गर्भ से कक्षीव और चक्षुष नामक दो पुत्र उत्पन्न किये थे (वायुपुराण 99 । 70) दोनों ही ऋषि हुए। ये विवाहित माता के गर्भ से नहीं पैदा हुए थे।

जिस अंध-मुनि पुत्र (श्रवणकुमार) को वध करने के कारण राजा दशरथ इतने मुह्यमान हुए थे, वह भी शूद्रा माता और वैश्य पिता के पुत्र थे (अयोध्या काण्ड 66 । 51)। फिर भी ये एक तपस्वी थे, मस्तक पर जटा थी, परिधान के बल्कलाधीन था (वही 63 । 28, 36) और दशरथ उनके प्राण-त्याग की बात से नितान्त सन्तप्त थे (वही 63-52)। इस अन्धतापस को राजा दशरथ ने महर्षि (64 । 1), मुनि (64 । 7), तापस (64 । 16) आदि कहा है और उनकी माता और उनके पिता को 'भगवन्तौ' कहा है (64 । 18)। उन्होंने यह भी कहा कि वह 'ऋषि' शाप देकर उन्हें तभी भस्म कर सकते थे (64 । 20)। अन्धतापसों ने दशरथ से कहा था कि ज्ञानपूर्वक उस प्रकार 'तपोनिष्ठ' 'ब्रह्मवादी ' 'मुनि' पर अस्त्र प्रहार करने से सिर सातखण्डों से विभक्त हो जाता है[2]।

---

1. लोमहर्षणमासीनं महर्षेः शिष्यमैक्षत्।
अप्रत्युत्थायिनं सूतमकृतप्रह्वणांजलिम्।
अध्यासीनं च तान् विप्रान् चकोपाद बीक्ष्य माधवः।
(भागवत 10 । 78 । 22-23)

2. सप्तधा तु भवेन्मूर्धा मुनौ तपसि तिष्ठति।
ज्ञानाद्विसृजतः शस्त्रं तादृशे ब्रह्मवादिनि॥
(वही 64 । 24)

यही नहीं, दशरथ ने अज्ञानपूर्वक मारा था, यदि उन्होंने ज्ञानपूर्वक उस मुनि का वध किया होता, तो तत्काल उन्हें 'ब्रह्महत्या' का पाप लगता[1]। इसका मतलब यह हुआ कि ज्ञानपूर्वक शूद्रा के गर्भजात वैश्यपुत्र तपस्वी का बध करने पर भी दशरथ को ब्रह्महत्या का पाप लगता। इस तपस्वी पुत्र के शास्त्राध्ययन को सुनकर माता-पिता ब्राह्म मुहूर्त में आनन्दित होते, यह तापस-कुमार स्नान करके, अग्नि में आहुति देकर माता-पिता की सेवा में नियुक्त रहते थे। अगर इन्हें ज्ञानपूर्वक मारा गया होता, तो क्षत्रिय को जरूर ब्रह्महत्या लगती।

अब सवाल यह होता है कि उत्तरकाण्ड के 76वें अध्याय में जो दशरथ के पुत्र मर्यादा पुरुषोत्तम राम के शूद्रतपस्वी के शिरश्छेद की कहानी दी हुई है, वह क्या सही है ? कथा है (73 अध्याय) कि किसी ब्राह्मण का पुत्र अकाल में ही मर गया। राज व्यवस्था की गलती ही इसका कारण समझी गयी। प्रतीकार के लिये राम बाहर निकले। दण्डकारण्य में शंबूक नामक तपस्वी को तप करते देख उसका सिर काट लिया और देवताओं ने साधुवाद और पुष्पवृष्टि की। उत्तरकाण्ड की अनेक कथाओं को पंडित-जन प्रक्षिप्त मानते हैं। मैं स्वयं ऐसा नहीं कहना चाहता। मैं कहता हूँ कि इस हिसाब से तो अन्ध मुनिपुत्र भी 'तपोधन ब्रह्मवादी' होने के उपयुक्त पात्र नहीं थे। उस तापस कुमार के बध की कहानी के साथ शंबूक के बध की कहानी मिलाकर देखने से क्या जान पड़ता है ? यह स्मरण किया जा सकता है कि तुलसीदास जी ने अपनी रामायण में उत्तरकाण्ड की इन घटनाओं को छोड़ दिया है।

मार्कण्डेय पुराण में एक शूद्र तापस की कथा पाई जाती है। जब राजा वपुष्मान् ने तपस्वी नरिष्यन्त को मार डाला तब नरिष्यन्त की पत्नी ने उस "शूद्रतापस" से अपने पुत्र दम के पास यह खबर भिजवाई। दमने यह संवाद सुनकर अपने मंत्री और पुरोहित को बुलाकर कहा कि आपने यह बात सुनी, जो इस "शूद्र तपस्वी" ने कही है—'श्रुतं भवद्भिर्यत्प्रोक्त् तेन शूद्रतपस्विना।" (136। 3) इस शूद्र तपस्वी के तप से पृथ्वी का रसातल चले जाने का कोई उल्लेख नहीं मिलता, और न इस तपस्वी के इस अपकर्म के लिये किसी ने प्राणदण्ड की सजा देने की ही जरूरत समझी।

स्कंदपुराण के आवन्त्यखण्ड (रेवा खण्ड) में एक भक्त शबर की कथा पाई जाती है (56। 59)। यह सस्त्रीक शबर आहार की खोज में चैत्र शुक्ला एकादशी के दिन शूलभेद तीर्थ में आ उपस्थित हुआ। उसने ऋषि-मुनि-संघ को देखा (56। 67-68)। यह जानकर कि उस दिन पुण्याह है वह देवशिला के पास गया और कुमुद

1. अज्ञानात्तु हतो यस्मात् क्षत्रियेणा त्वया मुनिः।
तस्मात्त्वां नाविशत्याशु ब्रह्महत्या नराधिप॥
(64-55)।

से जनार्दन की पूजा की (56-82)। उपवास व्रत करके उस शबर भक्त ने श्रीफल लेकर यथाविधि होम करके समस्त देवताओं को नमस्कार करके स्त्री सहित भोजन किया [1]। यहाँ भी उस ऋषि-मुनि संघ सेवित आश्रम में शबर के द्वारा विष्णु पूजा और होम अनुष्ठित करने में कोई बाधा पड़ती नहीं दिखती।

पुराणों में नाना स्थानों पर शूद्र और अन्त्यजों की तपस्या की कथा पाई जाती है। विशेष कर शिवरात्रि आदि व्रत तो व्याध आदि जातियों से ही आर्य संस्कृति में गृहीत हुए हैं। हीनवर्ण के आदमियों की इस तरह पूजा और तपस्या के तो बहुत प्रमाण मिलते हैं, किन्तु उत्तरकाण्ड के ब्राह्मण की भाँति बच्चे की अकाल मृत्यु का अभियोग कहीं नहीं सुनाई देता और न कहीं राम जैसे शिरश्छेदकारी धर्मरक्षक का ही पता मिलता है ! खैर, ये सब तो साधारण तपस्या और पूजा की बात हुई। ऐसे भी दृष्टान्त पाये जाते हैं, जहाँ ऐसे लोग यागयज्ञ के पुरोहित नियुक्त हुए थे, जो ब्राह्मणोत्तर कुल की माताओं से उत्पन्न हुए थे। आगे लाट्यायन श्रौतसूत्र और द्राह्याण श्रौतसूत्र के प्रमाण से यह बात दिखाई जा रही है।

शंखायन गृह्यसूत्र में बताया गया है कि माता में यदि अपतिव्रता दोष हो तो उस दोष को प्रक्षालन करने के लिये मंत्र पाठ करना होता है। ये मंत्रपाठक लोग समाज के ब्राह्मण और यज्ञ के होता होते थे। आपस्तंब श्रौतसूत्र में (1 । 9 । 9), आपस्तंब मंत्रपाठ में (2 । 19 । 1) और हिरण्यकेशि गृह्यसूत्र में (2 । 10 । 7) भी यही बात है। स्वयं मनु (9 । 20) ने भी इस मंत्र का उल्लेख किया है। इस प्रकार स्पष्ट है कि ब्राह्मण या पुरोहित होने के लिये जन्म से विशुद्ध होना ही होगा, ऐसी कोई बात नहीं है। इसीलिये काठकसंहिता में ब्राह्मण के पिता-माता की बात पूछना निषिद्ध है। अन्य धर्म ग्रंथों में भी दैव कर्म में ब्राह्मण-परीक्षा निषिद्ध है (शंखसंहिता 13 । 1)।

लाट्यायनीय श्रौत सूत्र में दशपेय याग के प्रकरण में (9म प्रपाठक, 2 य कंडिका 5-7) यह विधि है कि दस पुरोहित सोमचमस पान करने के पूर्व अपने पिता पितामहादि क्रम से दस पीढ़ी तक के और माता पितामही आदि क्रम से दस पीढ़ी तक के नाम उच्चारण करेंगे। माता पितामही आदि में यदि किसी ऐसी का नाम आ जाय, जो ब्राह्मण-कन्या नहीं थी, तो उसे छोड़कर ब्राह्मण कन्याओं के नाम से ही दस की संख्या पूरी करनी चाहिये। और यदि नाम याद न हों तो जहाँ तक से याद हों वहीं से याद

1. गृहीत्वा श्रीफलं शीघ्रं होमं कृत्वा यथाविधि।
सर्व देवान्नमस्कृत्य भुक्तोऽपि च तया सह॥ (वही, 56 । 133 । 134)

किये जाँय[1] ।

द्राह्यायण श्रौत सूत्र में भी इस यज्ञ की यही विधि है । इन बातों से स्पष्ट है कि अब्राह्मणी की सन्तति ब्राह्मण ही होते थे और उनका पौरोहित्य भी वैध ही था । इसीलिये लाट्यायन और द्राह्यायण के युग में असवर्ण विवाह, जो अच्छी तरह प्रचलित था, इसमें सन्देह नहीं रहता । पंडित शाम शास्त्री अपने Evolution of Castes ग्रंथ में (पृ. 4) ऐसा ही समझते हैं ।

———

1. ते दश मातृदश पितृन् इत्यन्वाक्षाय प्रसर्पेयुः पुरादशमातुपुरुषादित्याह ॥ 5 ॥
यत्र अब्राह्मणीमधिगच्छेयुर्ब्राह्मण्योवाभ्यासं दशम् पूरयेयुः ॥ 6 ॥
अस्मरतश्च यतः स्मरेयुः ॥ 7 ॥

वर्ण-विशुद्धि का वैज्ञानिक विचार

शायद एक समय जाति वर्ण या रंग द्वारा ही स्थापित हुई होगी। किन्तु इतने दिनों तक नाना जातियों का एक साथ बास करने के फल-स्वरूप वर्ण की विशुद्धि कहाँ तक टिकी रह सकती है ? जिस मनोवृत्ति में संयम पर जाति या वर्ण की विशुद्धता निर्भर करती है, वह कितनी उद्दाम है और उसके सामने आदमी कितना निरुपाय है इसका प्रमाण आज की अवस्था से और शास्त्र पुराणादि की कथाओं से चल जाता है। शास्त्रों और पुराणों में देवताओं और ऋषि-मुनियों के चरित्र में भी उस दोष का प्रवेश कुछ कम मात्रा में नहीं है। आज की जाति जो वर्ण (रंग) के ऊपर प्रतिष्ठित नहीं है इसका सबूत—'करिया ब्राह्मन गोर चमार" आदि प्रचलित लोकोक्तियाँ हैं।

भारतीय मनुष्य गणना की रिपोर्ट से जान पड़ता है कि ब्राह्मण क्षत्रिय आदि सभी जातियों के चेहरे प्रदेश-भेद से भिन्न-भिन्न तरह के हैं। द्रविड़-बहुल देश में वह द्रविड़-मुखाकृति से मिलते हैं, मंगोल-बहुल प्रदेशों में मंगोल चेहरों से और शक-बहुल प्रदेशों में शक आकृतियों से (Cens. Of India, 1921, Vol. I. P. 489)।

युक्तप्रान्त और बिहार के ब्राह्मणों के साथ बंगाल के ब्राह्मणों के चेहरे में बहुत कम समानता है। बल्कि महाराष्ट्र चित्पावन और शेनवी ब्राह्मणों के साथ बंगाल के ब्राह्मणों की समानता है। यह द्राविड़त्व का साक्षी है। बंगाली विवाह में शंख की चूड़ियों का व्यवहार भी इसी बात का साक्षी है (Ghurye, P. 120-121)। बंगाल के चण्डाल और ब्राह्मणों के चेहरे में जो समानता है, उतनी भी बंगाल के ब्राह्मणों और युक्तप्रान्त के ब्राह्मणों के चेहरों में नहीं है (वही)। श्री रिजली और क्टर वाइज की बात उद्धृत करके कैम्पवेल साहब कहते हैं कि बंगाल के चमारों की मुखाकृति इस प्रदेश के ब्राह्मणों की मुखाकृति की अपेक्षा अधिक आर्यसादृश्य लिये हुए है (Ind. Ethnology. Vol, II. P. 293, 271)। गणित की भाषा में कहें, तो बंगाल के ब्राह्मण और चाण्डाल का अन्तर 1, 11 है और बंगाल के ब्राह्मण और युक्त प्रान्त के ब्राह्मण का अन्तर 3.89 है (Ghurye, P. 11)।

ललाट और नाक के परिमाण से जाति निर्णय करने की जो वैज्ञानिक प्रणाली है, उससे यदि विचार किया जाय, तो इस देश में विशुद्ध आर्य का मिलना ही कठिन

है (Cens. Ind. Vol. I. P. 500)। यह जरूर है कि यह माप का प्रमाण अन्तिम और अचूक प्रमाण नहीं भी हो सकता।

यह पहले ही दिखाया जा चुका है कि पुराने जमाने में एक जाति से दूसरी जाति में बदल जाना सदा होता रहता था। आज के समाज में यद्यपि वैसी प्राणशक्ति नहीं है, तथापि पूर्वी बंगाल में आज भी अनेक तथाकथित निम्न वर्ण के लोग अर्थ और प्रतिपत्ति की वृद्धि के साथ ही साथ 'भद्र' कही जाने वाली श्रेणी में मिल जाते हैं (Cens. Ind. Vol, V, I, P. 351)। भारत में सर्वत्र ही देखा जाता है कि किसी हीन वर्ण के आदमी राजा होते ही क्षत्रियत्व का दावा करते हैं। नाना कारणों से ब्राह्मण लोग भी इस दावे को मंजूर कर लेते हैं। कभी-कभी अर्थ-लोभ से कभी-कभी जैसा शिवा जी आदि वीरों के उदाहरण से स्पष्ट है—राजनीति-गत उच्चतर आदर्श के कारण यह समर्थन प्राप्त होता है।

कोच, तिपरा, गारो हाजं प्रभृति उत्तर और पूर्वी बंगाल की बहुतेरी जातियाँ जमाने से इस देश में 'जल-अनाचरणीय' थीं, अर्थात् इनके हाथ का जल नहीं ग्रहण किया जाता था। इस समय इन जातियों के लोग अपने क्षत्रियत्व का दावा करते हैं। संख्या और प्रभाव के बल पर तथा आज कल की शिक्षा-दीक्षा के गुण से इस समय बहुत जगह उनका दावा मान लिया गया है (वही पृ. 520)।

प्राय: ही देखा जाता है कि भारत की प्राचीन आर्यभूमि से जो प्रदेश जितनी ही दूर हैं, उनमें आर्यरक्त उतना ही कम है और उतना ही नाना आर्येत्तर रक्त से उसका सम्मिश्रण हुआ है (वही पृ. 363)। फिर भी इन्हीं दूरस्थ प्रदेशों में धार्मिक कट्टरता और सामाजिक संकीर्णता अधिक है।

मणिपुरी, कोच, गारो डलू, हाजं आदि जाति के लोग क्षत्रियत्व के दावे के साथ ही साथ अपने में बहुत कुछ परिवर्तन भी करने में समर्थ हुए हैं (वही पृ. 358)। निचले आसाम के 'काछारी' लोग ब्राह्मण गुरु की शरण में जाने पर 'शरणीया' नाम धारण करते हैं। फिर या तो 'छोटे कोच' या 'बड़े कोच' होकर बाद में कोच लोगों में मिल जाते हैं (Cens. Report, 1931, Vol, III, Part I, P, 221)। कोच होते ही राजवंशी नाम लेकर उन्हें क्षत्रियत्व का दावा उपस्थित करना आसान हो जाता है।

मणिपुरी आदि जातियों की बातें तथा उच्चतर जातियों में अनेक जातियों के बदलने की बात इसी ग्रन्थ में अन्यत्र लिखी गई है। इन सब आर्येतर ज़ातियों में से अनेक में पहले विधवा विवाह, स्त्री स्वाधीनता, वन्य बराह की मृगया आदि प्रचलित था। बड़ी उमर में लड़के-लड़कियाँ स्वयं अपना जोड़ा स्थिर करके विवाह करती थीं। अब वे आर्य होने के नशे में विधवा-विवाह को छोड़ रहे हैं और बाल विवाह की चलन जोरों से बढ़ा रहे हैं। इसके परिणाम स्वरूप उनमें भी नैतिक अधोगति दिखाई

दे रही है। मृगया और मांसाहारादि त्याग करने से शारीरिक बलवीर्य भी क्रमशः ह्रास होते जा रहे हैं। परदा प्रथा नये सिरे से उनमें घुस रही है और स्त्री-शिक्षा के मार्ग में बाधा खड़ी हो रही है (Cens. Report I. P. 162, 233)। उच्च होने का एक और आवश्यक गुण है, दूसरी जातियों को घृणा करना और छुआ छूत का मानना। यह बात भी उच्चतर वर्णत्व के दावे के साथ इनमें आ रही है (वही पृ. 529)। उच्च होने की दुराशा मामूली बात थोड़े ही है !

स्पृश्यास्पृश्य विचार

जाति और कुल की विशुद्धि-रक्षा के लिये अन्य के संस्पर्श से अपने को बचाना पड़ता है। पर ऐसा जान पड़ता है कि इस प्रकार का प्रयत्न आर्यों ने ही प्रवर्तित नहीं किया। द्रविड़ और द्रविड़-पूर्व जातियाँ भी अपनी अपनी सांस्कृतिक विशेषतायें इन्हीं नियमों से सुरक्षित रख सकीं थीं। आर्यों ने यह बात उन्हीं से सीखी होगी। आज भी स्पर्शास्पर्श का विचार प्राचीन आर्यभूमि की अपेक्षा आर्योत्तर प्रधान प्रदेशों की जातियों में ही अधिक तीव्र और कठोर है।

दक्षिण में नायर जाति से तियां जाति वाले बारह पग दूर रहने को बाध्य हैं। पुलयन जाति के लोग तो नजदीक भी नहीं आ सकते। शूद्र के घर की चौहद्दी में स्थित जलाशय में ब्राह्मण का स्नानादि नहीं चल सकता (Wilson's Indian castes, Vol, II P. 74)। इलावन या शानारगण 24 पग दूर रहने को मजबूर हैं। पुलयन के स्पर्श से ब्राह्मण को सचेल स्नान करना पड़ता है (वही)। घुरे ने अपने ग्रन्थ में इस विषय की अनेक बातें इकट्ठी की हैं (पृ. 9-14)।

निम्नतर जातियों में यह भेद इतना उग्र है कि कह कर समझाया नहीं जा सकता। पुलयन जाति के किसी आदमी को यदि कोई पारिया छू दे, तो पुलयन पांच बार स्नान करके और उंगली से रक्त निकाल देने के बाद जाकर शुद्ध होता है। कुरिच्चन जाति यदि किसी अन्य नीच जाति से छू जाय तो उसकी शुद्धि की व्यवस्था और भी भयंकर है। सर्वत्र यही देखा जाता है कि ऊँची जातियों की अपेक्षा नीची जातियों में इसकी तीव्रता कहीं अधिक कठोर है।

दक्षिण भारत में उल्लादन जाति यदि 40 हाथ के भीतर आ जाय तो शूद्र भी दूषित हो जाता है, ब्राह्मणादि की तो बात ही क्या है (Thurston. VII P. 220)। नायादि जाति का आदमी दो सौ हाथ की दूरी पर आ जाय तो सभी अपवित्र हो जाते हैं (वही Vol, V, P. 275)। उन्हें कुछ भिक्षा देनी हो तो दूर जमीन पर रख कर वहाँ से दाता हट जाता है। फिर डरते डरते वे आकर भिक्षा उठा ले जाते हैं (वही पृ. 274)।

जिस प्रकार ब्राह्मणों के लिये पारिया अस्पृश्य हैं, ठीक उसी प्रकार पारिया के लिये ब्राह्मण भी अस्पृश्य हैं। पारिया या होलेया जाति के मुहल्ले से जाने वाले ब्राह्मण

को मार खानी पड़ती है, पहले तो कभी-कभी प्राण भी देने पड़ते थे। इसके बाद ब्राह्मण के वहाँ से हट जाने पर ये (पारिया) लोग गोबर से अपने गांव और मुहल्ले की शुद्धि किया करते हैं (Thurston, VI, P. 88)।

कभी कभी आपस के इस द्वेष का हेतु बड़ा मजेदार होता है। मद्रास प्रान्त में कापू जाति की संख्या सबसे अधिक है। कहते हैं कि इनके पूर्व पुरुषों ने पांडवों की जार कन्या से विवाह किया था। इनकी कोई कोई शाखा नर्तकी की सन्तान है (Thurston II P. 245, P. 247)। इनमें स्त्रियों की ही प्रधानता है और किसी किसी शाखा में विधवा-विवाह भी चलता है (वही)।

कापुओं की 'येर्लम' शाखा अत्यन्त ब्राह्मण-विद्वेषी है। कारण यह बताया जाता है कि कोई दरिद्र ब्राह्मण अपनी कन्या का विवाह यथा समय अर्थाभाव के कारण नहीं कर सका और कन्या को कुमारी छोड़ कर ही चल बसा। अन्य ब्राह्मणों ने उस असहाया कन्या को जातिच्युत किया। कन्या निश्चय ही निर्दोष थी और उसे दण्ड भी बिना दोष के ही दिया गया था। एक कापू ने विपद्ग्रस्त कन्या को अपने घर में स्थान दिया। उसी से उत्पन्न सन्तान 'येर्लम' हैं। ये कहते हैं कि ब्राह्मणों के दिमाग तो होता है किन्तु हृदय नहीं होता, नहीं तो निर्दोष कन्या को जातिच्युत क्यों करते ? न तो ये ब्राह्मण का छुआ कोई अन्न ही ग्रहण करते हैं और न अपने किसी अनुष्ठान में उन्हें बुलाते ही हैं। विवाह में हवन नहीं होता, क्योंकि ऐसा करने पर ब्राह्मणों को बुलाना आवश्यक हो जाता। वृद्धा पुरंध्रियां आचारादि करके विवाह करा देती हैं (Thurston, III P. 229)।

बंगाल के 'काले पहाड़' के ब्राह्मण-विद्वेष के मूल में भी कुछ ऐसे ही हेतु थे। पंजाब के 'काले मिहिर' की कहानी भी बहुत कुछ ऐसी ही है। ब्राह्मणों ने उसके प्रति अन्याय किया था, उसे वह मृत्यु तक भूल नहीं सका और बराबर बदला लेता रहा। इसका पुराना नाम जयमल था। उसकी कबर के पास ब्राह्मण नहीं जा सकते (Gloss. Punjab and N.W.P. Vol. III. P. 425)।

होलेय अत्यन्त नीच मानी जाने वाली जाति है। ब्राह्मण के स्पर्श से उनका गृह एकदम अपवित्र हो जाता है (Mysore, III. P. 344)। इनके गांव में प्रवेश करने पर ये लोग ब्राह्मणों को कुछ दिन पहले तक मार डालते थे। उड़ीसा के कुम्भीपटीया जाति के आदमी सबका छुआ खा सकते हैं किन्तु ब्राह्मण, राजा, नाई और धोबी उनके लिये अस्पृश्य हैं। और भी ऐसी अनेक नीच समझी जाने वाली जातियाँ हैं, जिनके लिये ब्राह्मण का स्पर्श किया हुआ अन्न अशुचि है।

अब विचार करके देखा जाय कि यह भेद-बुद्धि या वर्जन-शीलता क्या आर्यों ने इस देश में परिचित कराया होगा ? अन्यान्य देशों में भी तो आर्यों की नाना

शाखायें हैं, उनमें यह भेद-बुद्धि क्या वर्तमान है ? यदि है, तो उसकी उग्रता कहाँ तक है ? जिस प्रदेश में शुरू-शुरू में आर्य लोग आये उस पंजाब में यह भेद-बुद्धि अधिक तीव्र है या दूरतम दक्षिणात्यादि प्रदेशों में। आर्य लोगों के प्रथम आगमन-युग अर्थात् ऋग्वेद के काल में यह भेद-बुद्धि अधिक थी या क्रमशः बाद में बढ़ती गई है ?

असल में आर्यों के इस देश में आने के समय उनमें जातिभेद या तो था ही नहीं या था भी तो बहुत मामूली रूप में। तीव्रता धीरे-धीरे बढ़ी है। अथवा प्राचीन आर्यभूमि में यदि जातिभेद कम उग्र हो तो भी यह सन्देह हो सकता है कि यह प्रथा आर्यों की ले आई हुई नहीं है। इन्होंने इसे यहाँ आकर स्वीकार किया है।

प्राचीन ग्रीस, रोम और जर्मनी के आर्यों में कौलीन्याभिमान तो था पर जातिभेद जैसी कोई चीज नहीं थी। ईरान के अग्नि-उपासकों में भी ठीक इसी प्रकार का जातिभेद नहीं है, पार्सी लोग उसे नहीं मानते।

दक्षिण में नीच जाति यदि ब्राह्मण मुहल्ले में आ जाय या ब्राह्मण यदि नीच जाति के मुहल्ले में चला जाय, तो खून-खच्चर की नौबत आ जाती है। नायर स्त्रियों के साथ नम्बूद्री ब्राह्मणों का संबंध तो होता है, पर नायर के छूने से ब्राह्मण को अपवित्र होना पड़ता है ! काम्मालन (बढ़ई लुहार आदि) 16 हाथ, ताड़ी बनाने वाला 24 हाथ, पालय या चेरुमा कृषक 32 हाथ और पारिया 40 हाथ के भीतर आ जाय, तो ब्राह्मणादि ऊँची जाति के लोग अपवित्र होते हैं। ब्राह्मण बगैर, ऊँची जातियों के जलाशय के पास से भी यदि कोई नीच जाति चला जाय तो जलाशय व्यवहार के अयोग्य हो जाता है। रामानुजी वैष्णवों का अन्न और पाक क्रिया किसी के देखने से भी अशुद्ध हो जाती है।

पंजाब आदि आर्य-प्रधान प्रदेशों में ऐसी तीव्रता नहीं है। दक्षिणात्य में जहाँ अनार्य जातियों की ही प्रधानता है, यह भेद तीव्र है। आजकल आधुनिक शिक्षा और विचारगत उदारता के कारण उच्च जाति के अनेक युवक इस भेदभाव को तोड़ने का प्रयत्न कर रहे हैं, पर नीची समझी जाने वाली जातियाँ अपने भेद-भाव को शिथिल नहीं करना चाहतीं। कभी-कभी देखा गया है कि ऊँची जाति के लड़के जब उत्साहवश नीची जाति के आदमी के हाथ का भात ग्रहण कर लेते हैं, तो वह भात देने वाला ही उसके हाथ का छुआ अन्न-जल नहीं ग्रहण करता ! कहता है—'तुमने जब हमारे हाथ का भात खाया है तो और नीचे जातियों का भी जरूर खाया होगा। इसलिये तुम्हारे हाथ का अन्न हम कैसे ग्रहण कर सकते हैं' !

अस्पृश्यता निवारण का वर्तमान आन्दोलन शुरू होने के बहुत पहले से शान्ति-निकेतन आश्रम में स्पर्शास्पर्श विचार नहीं माना जाता था। सन् 1908 में मैंने देखा कि नौकरों में से अधिकांश हाड़ी डोम आदि श्रेणी के हैं। कुछ थोड़े ही लोग

उनसे छूत मानते थे। अधिकांश आश्रमवासी उनके हाथ का अन्न-जल निःसंकोच ग्रहण करते थे और अब भी करते हैं। आठ दस वर्ष पहले की बात है। एक दिन एक क्रिया के उपलक्ष में मेरे घर कई गरीब मोचियों ने भात मांगा। उन दिनों बड़ा अकाल पड़ा हुआ था। मैंने देखा कि यद्यपि हम लोगों ने उन मोचियों को खिलाने की आज्ञा दी थी तथापि मेरे ही हाड़ी डोम आदि नौकर उन्हें घर में घुसने देना नहीं चाहते थे। परन्तु हमारे आश्चर्य का ठिकाना न रहा जब मेरे हाड़ी डोम जातीय भृत्यों ने यह कह कर कि रंधनशाला का सब अन्न अपवित्र हो गया है, उस दिन कुछ नहीं खाया !

इन सारी बातों पर विचार करने से जान पड़ता है कि यह प्रथा आर्यों की लाई हुई नहीं है। यहाँ आकर उन्होंने अनार्यों के भीतर यह भयंकर भेदविभेद प्रचलित देखा और उसके प्रभाव को वे भी अतिक्रम नहीं कर सके ? खूब संभव है बहुत दिनों तक उन्होंने इसे अस्वीकार करने की चेष्टा भी की थी, पर बाद में बहुसंख्यकों के सामने उन्हें हार मननी पड़ी थी। आज यह प्रथा उनके मन में इस प्रकार घर कर बैठी है कि इसे ही उन्होंने अपनी वर्ण-श्रेष्ठता का प्रधान लक्षण मान लिया है। वे यह बात भूल जाते हैं कि जिन महर्षियों के नाम पर उनकी कुल-मर्यादा और वंश-प्रतिष्ठा अवलंबित है वे स्वयं छुआछूत का ऐसा विचार नहीं करते थे।

इस देश में आर्यों के आने के बाद ज्यों ज्यों समय बीतता गया है, जातिभेद त्यों-त्यों तीव्र होता गया है। आर्यों के मूल स्थान से जितनी ही दूर वे हटते गये हैं, यह भेदभाव भी उनके मन में उतना ही उग्र होता गया है[1]।

जातिभेद का सर्वप्रधान अवलम्बन स्मृति है। इनमें भी प्रधान स्थान मनुस्मृति

---

1. यह विचित्र बात है कि ऊँच नीच के भेद मिटाने के प्रयत्न में तत्तत् प्रदेश के मुसलमानों की ओर से भी बहुत विरोध होता है। ऐसा प्रायः देखा गया है कि यदि नाई नमःशूद्र (बंगाल की एक अन्त्यज समझी जाने वाली वीर जाति) की हजामत बनाने गया है या मोची डोम आदि ने उसकी पाल्की उठाई है, या नमःशूद्र जूता पहनकर रास्ते से निकला है, तो बंगाल के गांव के मुसलमान लाठी लेकर उन पर टूट पड़े हैं ! राजा राममोहन राय के प्रायः समकालीन ब्राह्मणवंशीय महात्मा ढेढ़राज को झाझर के नवाब ने आठ वर्ष तक जेल में सिर्फ इसलिये सड़ाया था कि उन्होंने हिन्दुओं में से जातिभेद की प्रथा उठा देनी चाही थी। अंग्रेजों की जीत होने पर जब नवाब भाग खड़े हुए, तब जेल का फाटक उन्होंने खुलवा दिया और ढेढ़राज की मुक्ति हुई, पर यह कह कर धमका देने की बात वे (नवाब) उस समय भी नहीं भूल सके कि फिर ऐसा अनाचार मत करना ! आज से कुछ साल पहले मैं ढाका जिले के एक नमःशूद्र विद्यालय को देखने गया। वहाँ गांव के एक बूढ़े मुसलमान सज्जन ने बड़ी सरलता के साथ कहा कि मैं नहीं समझता कि आप जैसे भले आदमी इन चाण्डालों को पढ़ाने की बात का कैसे समर्थन करते हैं। ये रहेंगे तो हर हालत में चाण्डाल ही न ?' ऐसे सरल लोगों के सिवा एक तरह के आधुनिक शिक्षित मुसलमान भी किसी गूढ़ राजनीतिक उद्देश्य से इस आन्दोलन का विरोध करते हैं। उनकी धारणा है कि हिन्दुओं में भेदभाव रहने से ही उनकी जाति का कल्याण है

का है। मनुस्मृतिकार वेद-काल के अनेक बाद प्रादुर्भूत हुए थे। आचार्य केलकर उन्हें मगधवासी समझते हैं (उनकी युक्तियों के लिये दे. History of Castes in India, P. 66)। इस स्मृतिकार का देश चाहे जहाँ कहीं भी रहा हो, काल निश्चय ही बहुत बाद का है क्योंकि उनके विधि-निषेध में आर्यों की जो रीति-नीति दी हुई है, वह अनेक परवर्ती युग की हैं।

आरम्भ में छुआछूत और रोटी-बेटी का विचार आज जैसा कठोर नहीं था यह बात प्राचीन शास्त्रों के अध्ययन से स्पष्ट हो जाती है। ये विचार धीरे-धीरे शताब्दियों बाद तीव्र हुए हैं।

पण्डित प्रवर श्री अनन्त कृष्ण आयार महोदय ने अपने Mysore Tribes and Castes नामक ग्रन्थ् (Vol. I. P. 128-159) में दिखाया है कि किस प्रकार इस देश में जातिभेद की प्रथा आविर्भूत हुई और किस प्रकार धीरे-धीरे बद्धमूल हुई। उन्होंने वैदिक और बौद्ध युग की जातिभेद की अवस्था वर्णन करने के बाद में वैश्यों की सामाजिक दुर्गति पर विचार किया है। इसके बाद परवर्ती काल की आलोचना करके वे लिखते हैं—"वैदिक युग में जातिभेद भ्रूणावस्था में था। ब्राह्मण और पुराण युग में उसकी उत्पत्ति हुई। धीरे-धीरे इस जाति भेद का प्रसार और प्रभाव बढ़ता गया। चारों ओर की पारिपार्श्विक अवस्थाओं के योग से यह प्राकृतिक नियमानुसार सहज भाव से धीरे धीरे बद्धमूल हुआ और आज भी यह धीरे-धीरे और भी दृढ़ भाव से स्थापित होता जा रहा है (वही पृ. 154-155)।

———

जीवजन्तु और वृक्षलतादि के नाम से आत्मपरिचय

आर्यों की पूर्ववर्ती अनेक जातियाँ अपना परिचय किसी जीव जन्तु से या वृक्षलता आदि के नाम से दिया करती थीं। नाग और सुपर्णों के नाम से यह बात आगे अधिक खुलासा होगी। नाना देशों में अति प्राचीन काल से एक विशेष चिन्ह या लांछन से परिचय देने का रवाज दिखाई देता है। यह चिन्ह साधारणतः या तो किसी जीव-जन्तु के होते हैं या वृक्षलता और पुष्पों के। जो वस्तु लांछन या चिन्ह रूप में व्यवहृत होती है, वह वस्तु उस जाति के प्रत्येक व्यक्ति के श्रद्धा और सम्मान की चीज होती हैं। अंग्रेजी में इसे 'टोटेम' (Totem) कहते हैं। लड़कपन में रामायण में बानरों और भालुओं को मनुष्योचित व्यवहार करते देख बड़ा कुतूहल होता था, बड़ा होने पर मालूम हुआ कि आज भी अपने को बानर और भालुओं के वंशधर कहने वाले लोग इस देश में हैं। और भी बाद में चलकर मालूम हुआ कि यह सब टोटम का ही व्यापार है।

ऋग्वेद में तृत्सुओं ने सुदाम के अधीन युद्ध करके भेद नामक योद्धा को हराया था। इनके दल में योद्धाओं की कई जातियों का उल्लेख देखा जाता है, एक जाति का नाम था अज—अजासश्च शिग्रवो यक्षवश्च (ऋग्वेद 7। 18-19)। अज का अर्थ सभी को मालूम है (बकरा)। शिग्रु भी खूब सम्भव कोई टोटेम ही रहा होगा। क्योंकि आयुर्वेदीय निघण्टु (देवेन्द्रनाथ उपेन्द्रनाथ सेन, 1327, पृ. 172) के अनुसार शिग्रु 'सहिजन' नामक वृक्ष को कहते हैं। इसी सूक्त में मत्स्य (मछली) नामक जाति की चर्चा है (7। 18। 6) और शतपथ ब्राह्मण में भी मत्स्यों के राजा का उल्लेख है (14। 5। 4। 9)। कौशितकि उपनिषद् में गार्ग्यबलादि के 'मत्स्यों' के देश में वास करने की कथा है (4। 1)। गोपथ ब्राह्मण, महाभारत तथा पुराणों आदि में भी इनकी चर्चा है। किसी किसी ने कहा है कि मैकडोनाल साहब ने कौशिक, गोतम, मांडूकेय आदि शब्दों से 'टोटेम' की प्रथा सिद्ध करनी चाही है, वह अच्छी तरह प्रमाणित नहीं हुई (Vedic Mythology, P. 153)। पंचविंश ब्राह्मण में पारावत जाति की बात है, पर किसी किसी ने कहा है कि उसका अर्थ पर्वतवासी है।

अनेक आर्य और अनार्य श्रेणियों के आदि पुरुष कश्यप हैं। बंगाल में कहावत है कि जिसका गोत्र खो जाय वह 'काश्यप' हो जाता है। कश्यप शब्द का अर्थ है

कछुआ। शतपथ ब्राह्मण में कहा गया है कि ब्रह्मा प्रजापति ने कूर्म रूप धारण किया। कूर्म और कश्यप वस्तुतः एक ही चीज हैं। इसीलिये यदि कोई भी व्यक्ति कूर्म या कश्यप को आदि पुरुष कहता है, तो गलती नहीं करता। क्या कुर्मी जाति का कोई सम्बन्ध इस कूर्म से है ?

रिजली साहब ने अपने (People of India) नामक विशाल ग्रन्थ में टोटेम के सम्बन्ध में अनेक ज्ञातव्य बातें लिखी हैं (P. 93-102)। उन्होंने दिखाया है कि आज भी कितनी ही जातियाँ अपना परिचय वृक्षलता और जीव जन्तुओं के नाम पर देती हैं। जिस जाति का जिस वस्तु से परिचय है अर्थात् जो जिसका टोटेम है, वह जाति उस वस्तु को कभी आघात या असम्मान नहीं करती और न साधारण व्यवहार में उसका प्रयोग करती है। अर्थात् टोटेम के प्रति एक तरह से पूज्य और उपास्य भाव सभी रखते हैं।

आज भी भारत में अपने को हनुमान् और जम्बवान् के वंशधर कहने वाले हैं। काठियावाड़ के पोरबन्दर या सुदामापुरी के राजा लोग हनुमान् के वंशज हैं। उनकी पताका पर हनुमान का चित्र अंकित होता है। धांगधा प्रभृति राज्यों में भी इन्हीं के भाई बन्धुओं का राज्य है।

जीव जन्तुओं के नाम से आत्म परिचय देने की कथा नाना पुराणों में नाना भाव से आई है। सभी पुराणों से इस विषय के इतने प्रमाण एकत्र किये जा सकते हैं कि सबको स्थान देने के लिये इस छोटी पुस्तक में जगह की कमी पड़ जायगी। इसलिये यहाँ महाभारत में आये हुए नामों की थोड़ी सी चर्चा की जा रही है।

उलूक नामक एक दल के लोगों को अर्जुन ने उत्तर देश जय करते समय हराया था। उलूक अर्थात् उल्लू (सभापर्व 27 । 5)। नागों के शत्रु जैसे सुपर्ण (= गरुड़) थे उसी प्रकार उलूक काकों के शत्रु थे। इसलिये इन्हें काकवैरी कहा गया है (लिंगपुराण, उत्तर, 3 । 64-67)। इन काक जाति के योद्धाओं की कथा भी भीष्मपर्व (9 । 64) में दी हुई है। नाग-विशेष का नाम ही कार्कोटक है। बेल, ईख आदि कई पेड़ पौधों का नाम भी कर्कोटक है। वाहिकों के प्रसंग में कर्णपर्व (44 । 42) में कर्कोटक जाति का उल्लेख है। यादवों की एक शाखा का नाम कुक्कुर (= कुत्ता) है (सभा 19 । 28)। इनकी चर्चा सब समय अन्धकों के साथ है (वन. 183 । 32)। हरिवंश के अड़तीसवें अध्याय का नाम ही 'कुकुर-वंश-वर्णन' है। एक श्रृंगाल राजा के साथ भी श्रीकृष्ण की लड़ाई का हाल हरिवंश (100वां अध्याय) से मालूम होता है, वह भी क्या ऐसा ही कुछ है ? सभापर्व में रासभ ? (गधा) जाति का भी उल्लेख मिलता है (51 । 25)।

भीष्म पर्व में संजय धृतराष्ट्र से नाना नद-नदी और जनपदों का परिचय देते हैं

(9 म.अ.)। वहाँ मनुष्यों में मत्स्य (40), गोधा (= गोह), कुक्कुर (42), महीषक (59), मूषक (59 और 63), कौक्कुटक (60), प्रोष्ठ (= बैल, 60), पशु (67), काक (64), इत्यादि नाम हैं (नामों के आगे की संख्या श्लोकों की है)। भीष्म पर्व में (50 । 54) नाकुल राजाओं की बात भी है। महाभारत और पुराणों में बहुत जगह मातंग चाण्डालों की चर्चा है। मातंग हाथी को कहते हैं। भेड़ा और सूअर को रोमश कहते हैं। युधिष्ठिर के राजसूय यज्ञ में रोमश जाति के वीर उपहार ले आये थे (सभा 51 । 30)। दुर्योधन के दल में वृक (= भेड़िया) जाति के योद्धा थे (भीष्म. 51 । 16)। ऊंट या फतिंगा इन अर्थों में शरभ शव्य का प्रयोग होता है। वसिष्ठ की कामधेनु से यवन, पौण्ड्र, किरातों की भाँति शरभ जाति के योद्धाओं का भी जन्म हुआ था (आदि पर्व 175 । 36)। युधिष्ठिर के राजसूय यज्ञ में उपहार देने वालों में कौकुर (सभा. 52 । 15), कुकुर (वहीं 16) तार्क्ष्य (= गरुड़, सुपर्ण 15) का नाम है। शूकर जाति के राजा ने सौ हाथी उपहार भेजे थे (वही 25)। इन स्थानों पर वृक्षलता और पशु-पक्षियों के नाम पर आदमियों का परिचय पाया जाता है।

जिस प्रकार तार्क्ष्य (गरुड़ पक्षी) से जाति का परिचय देना ऊपर दिखाया गया है, उसी प्रकार अन्यान्य पक्षियों के नाम पर भी जातियों का परिचय दिया था। द्रोणाचार्य के सैन्य व्यूह के पश्चाद्भाग की रक्षा का भार शकुन योद्धाओं के ऊपर था (द्रोणपर्व 19 । 11)। शान्तिपर्व (65 । 13) से जान पड़ता है कि 'कंक' जाति के योद्धाओं ने भी युधिष्ठिर को उपहार भेजा था। अनुशासनपर्व में मद्गुरु जाति को नौका जीवी जाति की चर्चा है (48 । 11)। मद्गुरु एक पक्षी को भी कहते हैं और एक 'मागुर' नामक मछली को भी कहते हैं। मछलियों के नाम से परिचित अनेक जातियों का उल्लेख नाना पुराण में हैं।

महाभारत में वक, कोक (भीष्म. 9 । 61), सुमल्लिका (9 । 55) आदि पक्षियों के नाम से परिचित मनुष्यों की चर्चा है। सुमल्लिका एक प्रकार का राजहंस है और कोक चकवा को कहते हैं। हंसकायन (सभा. 52 । 14), हंसमार्ग (भीष्म. 9), हंस पथ (द्रोण. 19 । 7) जाति के आदमियों के नाम भी हैं। इनका या तो 'हंस' पक्षी से 'टोटेम' का सम्बन्ध था या फिर हिमालय के जिस पथ से हंस मानसरोवर को जाते हैं, ये वहीं के रहने वाले थे। तित्तिर जाति के आदमियों का नाम भी भीष्मपर्व (50 । 51) में है।

भेड़ा को 'हुण्ड' कहते हैं। इस नाम के आदमी भी (भीष्म 50 । 52) महाभारत में हैं और 'षन्ड' का नाम भी आने से नहीं रहा (9- 43)। शशक (वन. 254 । 21) और अश्वक (भीष्म. 9 । 44) भी हैं। 'वत्स' के साथ भी क्या 'वत्स' का कोई सम्बन्ध है ? तार्क्ष्यों की चर्चा तो ऊपर हो ही चुकी है, उरग (= सांप) भी है (अनुशासन 33 । 22)। झिल्ली या झींगुर के नाम परिझिल्लित जाति का भी वर्णन जंबूखण्ड वर्णना

(भीष्म. 9 । 59) में हैं । यहाँ तक कि मशक नामक मानव जाति की भी खबर महाभारत से मिल जाती है (वहीं 11 । 37) ।

वृक्षों में पहले ताल को ही लिया जाय । इस वृक्ष के नाम पर तालचर (उद्योगपर्व 140 । 26), तालजंघ (वन. 106 । 8), तालवन (सभापर्व 31 । 71) आदि जातियों का ताल से सम्बन्ध था । शाल्व जाति (सभा. 14 । 26) के साथ शाल्व वृक्ष का योग है । खूब संभव करूष जाति के साथ (आदि. 123 । 40) करूषक फलका योग है । कीचक (सभा. 52 । 2) के साथ क्या कीचक (बांस) का योग असंभव है ? दार्व (भीष्म. 9 । 54) के साथ दारू दार्व या दार्वी वृक्षों का योग हो सकता है । जागुड़ (= वन. 51 । 25) भी है, राम (= हींग) भी (सभा. 32 । 12) है । आजकल के काबुली पठानों के साथ क्या इसका सम्बन्ध है ?

शिव और विष्णु के सहस्त्र नामों में न्यग्रोध नाम भी है । न्यग्रोध बरगद के पेड़ को कहते हैं । शायद शैवों और वैष्णव भागवतों में इस वृक्ष की पूजा प्रचलित थी । 'शिवियों' के साथ शायद शिव जी का सम्बन्ध है । शिव और गणपति का नाम अज है । अज नामक मनुष्यों की जाति का उल्लेख आगे ही किया गया है । दक्ष का नाम जो अजमुख पड़ा उससे क्या यही कथा बताई गई है कि जिनके मुख में देवता का नाम था उनके मुख में अब शिव का नाम आया, इस समय उनका उपास्य या देवता शिव होने से उनका नाम हुआ अजमुख या शिवमुख ? यह स्मरण रखना चाहिये कि शिव के गणों में से एक का नाम अजपाद या अजएकपाद था । किरात जाति के साथ किरात वेशधारी शिव का भीतर ही भीतर सम्बन्ध होना असंभव नहीं है । गुह कार्तिकेय का नाम है और शिव विष्णु के सहस्त्र नामों में से यह एक नाम भी है । इस जाति के आदमियों की चर्चा भी पाई जाती है । दक्षिणापथ में इनका जन्म हुआ था और इनका नाम पुलिन्द शवरादि के साथ लिया गया है (शान्ति. 207 । 42) । मतंग जाति के साथ मातंगी देवी का योग भी हो सकता है । गणेश का नाम हेरम्ब है । सभापर्व (31 । 13) में एक हेरम्बक जाति का नाम भी है । इस प्रकार नाना उपास्यों के नाम से भी नाना मानव-मण्डली का परिचय पाया जाता है । अथवा उन सब जातियों के नाम पर उनके उपास्य देवता प्रसिद्ध हुए हैं । जिस मानव-मंडली में जो देवता पूजित हुए हैं, उस मानव-मंडली का लांछन या टोटेम ही संभवत: उस देवता का वाहन है । षण्ड शिव के उपासक हैं और नाग भी हैं । सुपर्ण या गरुण विष्णुं के उपासक हैं । कई जगह विशेष विशेष देवता ही विशेष विशेष मानव-मण्डली के 'टोटेम' हैं ।

रिजली साहब ने People of India नामक ग्रन्थ में भारत के आदिम निवासियों की जो तालिका बनाई है उसमें 'टोटेम' का अच्छा परिचय मिलता है । इन जीवों के नाम पर ही इनका गोत्र हुआ करता है । ओराँव जाति के इसी प्रकार के 73 गोत्र या

विभाग हैं। इनमें तिरकी (चुहिया), एक्का (कछुआ), लाकड़ा (लकड़बग्घा), बाघ, गेडे (हंस), खोयेपा (जंगली कुत्ता), मिनकी (मछली), चिर्रा (गिलहरी), आदि हैं (पृ. 793)। संथालों में एर्गो (चूहा), मुर्मु (नीलगाय), हंस, मारुडी (जंगली घास), बेसरा (बाज), हेमरण (सुपारी) शंख, कारा (भैंस) आदि गोत्र हैं (वही)।

भूमिकों में शालरिसि (मत्स्य विशेष), हंस, शांडिल्य (पक्षी), हेमरन (सुपारी), तुमरंग (कद्दू), नाग (सर्प) आदि गोत्र हैं (वही पृ. 95)।

माहिली जाति में भी डुंरी (गूलर), हंस, मुर्भु (नीलगाय) नाम हैं। कोए जाति में कश्यप (कच्छप), शोल (मछली), वासिवक (बगला), हंस, वटकू (सूअर), सांयू (सांड) आदि हैं। कुर्मी जाति में तयार (भैंस), डुमुरिया, चोंच, मुक्रुआर (मकड़ी), हस्तवार (कच्छप), बाघ आदि नाम हैं (वही पृ. 96)। जगन्नाथी कुम्हारों में कौण्डिन्य (बाघ), सूर्य, नेवला, गरू (बैल), मुदिर (मेढक), भरभद्रिया (गौरेया), कूर्म आदि नाम हैं।

युक्तप्रान्त के मिर्जापुर जिले की आगरिया जाति में इसी प्रकार के सात भाग पाये जाते हैं। 'मर्काम' गोत्र के लोग 'मर्काम' अर्थात् कच्छप नहीं खाते। कच्छप ही उनका टोटेम है। गोइरार गोत्रवाले गोइरार वृक्ष के पूजक हैं, इस वृक्ष को वे काट नहीं सकते। परसवान या पलसवान इसी तरह पलास के उपासक हैं, शनवान् 'सन' को आदरणीय मानते हैं और किसी काम में सन का व्यवहार नहीं करते, बड़गवाड़ बरगद के पेड़ को पवित्र समझते हैं। बंझकवार या बंगछवार लोग वेंग या मेढक को तथा गिधले गीध को इसी प्रकार आदरणीय समझते हैं। (Tribes and Castes of the N.W.P., and Oudh, W. crooke Vol. I. P. 2)।

डाल्टन साहब के (Ethrology) से इस प्रकार की बहुत खबरें संग्रह की जा सकती हैं।

गोरखपुर जिले के नागवंशी क्षत्रिय लोग 'नाग' को ही अपना पूर्वपुरुष कहते हैं और नाग को अति पवित्र और आदरणीय समझते हैं (Crooke Val VI. P. 39)।

युक्तप्रांत की नट जाति में कई इसी प्रकार के गोत्र हैं। 'जघट' एक सर्प को कहते हैं, 'उरे' सूअर है, 'मरई' एक दरख्त है, 'झिझारिया' एक तरह का बांस है। ये सब उनके गोत्रों के नाम हैं (वही Vol, IV P. 72)।

टोटेम की यह घटा दक्षिण में ही अधिक है। अनन्त कृष्णा आयर लिखित Mysore Tribes and castes पुस्तक के प्रथम खण्ड में 'टोटेमिज्म' नामक अध्याय में बहुत सी बातें संग्रहीत हैं (पृ. 242-262)। आडू (बकरी) गोत्रवाले आडू या बकरी को नहीं मारते। मैसूर राज्य में इसी प्रकार आने (हाथी), आरसिना (केसर), अरसू (वट), अद्दि (गूलर), बेडू (नीम), हुरंली (चना), मेनसु (पीपल), नगरे (वृक्ष विशेष) आदि गोत्र हैं (वही पृ. 246-248)। इनके सिवा कुत्ता, खरगोश, बकरा, भैंसा, बिच्छू, चींटी, चन्दन,

पीपल, इमली जीरा, लाची, कपास, मोती, शंख आदि गोत्र भी हैं (पृ. 248)। उस देश में होलेव जाति की संख्या बहुत है। उनमें हाथी, भैंसा, खरगोश, सांप, कोयल, गूलर, इमली, नीम, केला, कस्तूरी, मल्लिका, नागफनी, कबूतर, पान, मटर, मधु, चाँद, सूर्य, पृथ्वी, सोना, चान्दी, छाता, आदि गोत्र भी हैं (पृ. 249)।

वहाँ के कोमती या वैश्यों में भी आंवला, नीबू, कद्दू, चना, लाल कमल, नील कमल, श्वेत कमल, करैला, चिचिंगा, तितलौकी, उड़द, केला, रेड़ी, पिपुल, सन, आम, अनार वंशवीज, गेहूं, दाख, खजूर, गूलर, ईख, मूली, जायफल, सरसों, चन्दन, इमली, सिंदूर, कपूर आदि गोत्र हैं (वही पृ. 251)।

देवांग जाति में बैल बहुत पवित्र माने जाते हैं। बैल के मरने पर वे लोग बड़े समारोह से उसका मृतक सत्कार करते हैं।

तेलंग देश के गोल्ला लोगों में अबूल (बैल), चिन्थल (इमली), गुर्रम (घोड़ा), गोर्रला (भेड़ा), गोरेंटला (मेंहदी), कटारी (छुरी), नक्कल (स्यार), उल्लियोपन (प्याज), वक्कयल (बैंगन), आदि गोत्र हैं (वही)। गोल्ला लोगों में जो राधिन्दाला (पीपल) गोत्र वाले हैं, वे पीपल के पत्ते का व्यवहार नहीं करते और कुचिला गोत्र वाले इसी नाम के वृक्ष का व्यवहार नहीं करते।

मैसूर के तांतियों में शिव और पार्वती नाम के दो भाग हैं। दोनों में कुल मिलाकर 66 गोत्र हैं, जिनमें आपस में विवाह नहीं हो सकता। ये गोत्र भी कुछ इसी प्रकार के हैं। इनमें भैंसा, बैल, घोड़ा, नाग, गौरैया, शंख, चील, जीरा, मल्लिका, केवड़ा, दूब, पीपल, केसर, हल्दी आदि हैं (पृ. 253)।

तिलंगाने के नाइयों में चितलू (वृक्ष विशेष), घोड़ा, जंबू (एक तरह का पतलो) होंके, करू (वृक्ष), मलिका, सेवती, मोर, हल्दी आदि गोत्र हैं (पृ. 254)।

इस पुस्तक (पृ. 255) में उस प्रदेश के पशु पक्षी वृक्षादि द्वारा सूचित गोत्रों की बड़ी सूची दी हुई है। इसमें सिंह, बाघ, भालू, श्वेत बाराह, हाथी, बानर, साही, खटवांस, चूहा, गेंड़ा, भैंस, बैल, गाय, भेड़ा, बिल्ली, कुत्ता, हिरन, मोर, कोयल, गौरैया, बिच्छू, चींटी, मछली, नेवला, आदि जन्तु हैं। बरगद, गूलर, आम, पीपल, चंपा, चंदन, सागौन, बेल, नारियल, सुपारी, सागू, खजूर, शालि, ताल, बांस, ज्वार, मल्लिका, पिप्पली, धान, केला, हल्दी, रीठा आदि हैं। नागवंश वाले मरे नाग को देख लें, तो उन्हें अशौच होता है और क्षौर तथा स्नान से शुद्धि होती है। मादिगा अपने को मातंग कहते हैं और मातंगी देवी की पूजा करते हैं (वही, Vol. IV, P. 131-2)।

E. Thurston की Castes and Tribes of Southern India पुस्तक के सात खण्डों में जीव-जन्तु और वृक्षों के नाम से परिचय देने वाली अनेक जातियों का नाम है। उन्होंने इसे अंग्रेजी वर्णमाला के अनुसार सजाया है। यहाँ उनकी गिनाई ऐसी

जातियों की एक सूची दी जा रही है। उनका अनुवाद भी यथा-संभव दे दिया गया है।

दक्षिण भारत की जन्तु टोटेम वाली जातियाँ

जाति या टोटेम	हिन्दी रूपान्तर	जाति या टोटेम	हिन्दी रूपान्तर
अने	हाथी	गोल्लरी	बन्दर
अरने	छिपकली	गोर्रेल	मेड़ा
अबु	सांप	गोभी	गोह
अबुल	गौ	गुर्रम	घोड़ा
बल्लि	सरीसृप	हनुमान	हनुमान्
बालू	भालू	हाथी	हाथी
बारेलु	भैंस	हुली	बाघ
बेंगरी	मेढ़क	इगा	माछी
बाघ	बाघ	ईनीचि	गिलहरी
भोलिया	जंगली कुत्ता	इरूव	चींटी
बिल्व	स्यार	जयकोंड	गोह
बोम्बदै	एक मछली	जाम्बुवर	जाम्बवन्त
चेलि	छाग	जब्बड़ी	खटाश
चेलु	गोजर	जलकुप्पा	मछली
चिमला	पिपीलिका	जेरीबोतुल	गोजर
धोम	मशक	जिंका	हरिण
द्यवम	कच्छप	जिवल	कीट
एडडुलु	बैल	काक	काक
एलुगु	भालू	कमडि	कमठ
एरूमे या गेदल	महिष	कम्पल	बिच्छू
गेवल	कौड़ी	करडि खिंबुडि	भालू
गाय	गाय	कर्कटवान्नय	बिच्छू
गिद्द	गिद्द	कत्थे	गधा
केन	चींटी	नारियंगल	स्यार
केसरी	सिंह	नात्थलु	घोंघा
किंकिल	कोकिल	नाभी	कुत्ता
कीट	सुग्गा	पण्डि	सुअर
कोचियो	कच्छप	पसु	पशु
कोदि या कोदल्	मुर्गा	प्रेंगदमय	चूहा

नायर लोग नागपूजक हैं। खूब सम्भव है ये लोग भी प्राचीन नागवंशी हों (पृ. 313)। नाग जाति के बहुत से लोग बौद्ध हो गये थे (पृ. 309)। स्वर्गीय जायसवाल ने भारत के वाकाटक वंशीय राजाओं के एक विस्मृत इतिहास का अपूर्व परिचय दिया है। ये लोग नागवंशीय राजा थे। एक समय नागवंश के लोग सारे भारत में फैले हुए थे।

महाराष्ट्र के पांचालों में सुपर्ण दैवज्ञ हैं। पांचालगण बंबई, मैसूर और मद्रास में ही अधिक हैं। इनमें सुनार, लुहार, कसेरे, प्रस्तरकार और बढ़ई हैं। ये अपने को ब्राह्मण और विश्वकर्मा की सन्तति बताते हैं। अपना यजन-याजन ये स्वयं करते हैं और ब्राह्मण का छुआ अन्न ग्रहण नहीं करते।

रघुकुल के मित्र जटायु, शायद इन्हीं सुपर्णों के कोई जात-भाई होंगे।

महाभारत में नाड़ीजंघ नाम से प्रसिद्ध पितामह के प्रिय सुहृद् कश्यपात्मज महाप्राज्ञ पक्षियों में श्रेष्ठ वकराज की कथा है। ये भी शायद ऐसे ही पक्षी थे (आदि. 169-172 अ.)। इनके कहने पर एक वेद-ज्ञान-हीन गौतम नामक ब्राह्मण धन के लिये एक दस्यु के पास गये। वह दस्यु ब्रह्मनिष्ठ सत्यसंघ और दानरत था। ब्राह्मण को उसने एक नया वस्त्र और एक विधवा स्त्री दान किया। गौतम उस स्त्री के साथ वहीं वास करने लगे (शान्ति. 169 अ.)। बाद में गौतम वहाँ से फिर नाड़ी जंघ के पास गये। फिर वकराज के द्वारा सत्कृत होकर उन्हीं के कहने से गौतम मेरुव्रजपुर में धार्मिक राक्षस राजा के पास गये और अन्यान्य ब्राह्मणों के समान ही धन-रतनादि से सत्कृत हुए (शान्ति. 171 अ.)।

पुराणों के युग में असवर्ण विवाह निन्दित होने लगा था। अनुलोम क्रम से असवर्ण विवाह का समर्थन स्कंद पुराण के ब्रह्माण्ड खंडोक्त धर्मारण्य खण्ड के षष्ठाध्याय में है। गरुड़पुराण (पूर्व खण्ड 95 अ.), में भी ऐसे विवाह वैध समझे गये हैं, पर वहीं लिखा है कि यद्यपि द्विजातियों का शूद्रकन्या से विवाह कहा गया है, पर मैं इसे ठीक नहीं समझता क्योंकि पत्नी में अपना ही जन्म होता है[1]। लेकिन यदि कन्या शूद्र की न होकर वैश्य या क्षत्रिय की हो तो क्षत्रिय या ब्राह्मण के लिये ऐसे विवाह चल सकते हैं (95 । 6)। पर जमाने के साथ द्विजों में भी अनुलोम विवाह उठ गया।

वेद में और यज्ञ में शूद्र और स्त्री को अधिकार नहीं है। यद्यपि स्त्रियाँ द्विजपत्नी होंगी तथापि उन्हें वेदाधिकार नहीं है। फिर भी पूर्वकाल में वेदमंत्रों की रचयित्री स्त्रियाँ कम नहीं थीं। प्राचीन काल में यजमान-पत्नी के करणीय बहुत से अनुष्ठान हुआ करते थे। फिर द्विजातियों को इस अधिकार से क्यों वंचित किया जाय ? संभव यह जान

1. यदुच्यते द्विजातीनां शूद्रदारोपसंग्रहः।
न तन्मम मतं यस्मात् तत्रायं जायते स्वयम्॥ (95 । 5)

पड़ता है कि जब आर्य लोग इस देश में आये होंगे, तो स्वभावतः ही उनके साथ स्त्रियों की संख्या कम रही होगी। इसीलिये उन्हें आर्येतर जाति की कन्या ग्रहण करने में कोई आपत्ति नहीं रही होगी। अन्त में इन आर्येतर जाति की स्त्रियों की संख्या ही ज्यादा हो उठी होगी और उनकी प्रवृत्ति भी पतिकुल के यज्ञ-यागादि की अपेक्षा पितृकुल की पूजापद्धति की ओर ही अधिक रही होगी। इसीलिये वे स्वयं भी शायद यज्ञादि कृत्यों में विशेष उत्साहशीला नहीं रही होंगी। इसीलिये अन्त में स्त्री और शूद्र को एक श्रेणी में डाल दिया गया होगा। इसी पुस्तक में अन्यत्र दिखाया गया है कि इन शूद्र पत्नियों ने ही आर्यों के समाज में शिव-विष्णु आदि की पूजा का प्रवेश कराया था।

आजकल यद्यपि ब्राह्मण का विवाह अब्राह्मण कन्या के साथ नहीं हो सकता तथापि नारी का अधिकार जहाँ का तहाँ ही है। आज भी श्रौत मंत्र के लिये ब्राह्मण पत्नियाँ ही अधिकारिणी हैं। कहीं-कहीं तो निष्ठा यहाँ तक बढ़ी है कि बहुत से ब्राह्मण पंडित अपनी पत्नियों के हाथ का अन्त भी ग्रहण नहीं करते। शूद्र के हाथ से कैसे अन्न ग्रहण करें ? दक्षिण के नम्बूद्री ब्राह्मण लोग नायर स्त्रियों के साथ संसार करते हैं, सही, पर उनके हाथ का छुआ अन्न जल नहीं ग्रहण करते, दिन में उनको स्पर्श भी नहीं करते, और प्रातःकाल स्नान करके शुद्ध हो लेते हैं। इन स्त्रियों से उत्पन्न अपनी सन्तान को भी वे स्पर्श नहीं करते। इसलिये वे अपने को अन्यान्य सब ब्राह्मणों से श्रेष्ठ भी समझते हैं। अन्यान्य ब्राह्मणों को वे हीन और स्पर्श के अयोग्य समझते हैं।

काशी में मैंने एक नम्बूद्री ब्राह्मण से पूछा था कि 'आप लोग शूद्रकन्या के साथ गार्हस्थ बन्धन में क्यों बंधते हैं ?' उन्होंने जवाब दिया—सभी स्त्रियाँ तो शूद्र ही हैं। हम लोग तो फिर भी उनके साथ केवल संबंध ही करते हैं, उनके हाथ का अन्नादि नहीं ग्रहण करते। प्रभात काल में स्नान करके शुद्ध हो जाते हैं। अन्यान्य ब्राह्मण लोग तो शूद्रा के साथ सम्बन्ध भी करते हैं और उनके हाथ का अन्न भी ग्रहण करते हैं। यह अच्छा है या हमारा शौचाचार अच्छा है ? इस पर मुझे निरुत्तर होना पड़ा।

इन नम्बूद्री ब्राह्मणों में केवल सबसे बड़े भाई को ब्राह्मण कन्या से विवाह करने का अधिकार है और बाकी पुत्रों को नायर कन्याओं से सम्बन्ध करने को बाध्य होना पड़ता है। फल यह होता है कि बहुत सी ब्राह्मण कन्यायें अविवाहित रह जाती हैं और बहुत से नायर युवक भी अविवाहित रह जाते हैं। तथापि जब जस्टिस शंकरन् नायर ने विवाह संस्कार कानून पास कराना चाहा था, तो उस देश के प्राचीन पंथियों ने बड़ा जबर्दस्त विरोध किया था। जस्टिस शंकरन् की इच्छा यही थी कि नम्बूद्री पुरुष नम्बूद्री कन्याओं के साथ ही विवाह करें और नायर पुरुष नायर स्त्रियों के साथ। इस प्रकार बहुत से स्त्रियों को और पुरुषों को जो जबर्दस्ती कौमार व्रत पालन करना

होता है, वह बंद हो और इस कौमार व्रत के कारण सामाजिक अस्वास्थ्य की कमी हो। परन्तु प्राचीन पंथियों ने यह कह कर घोर विरोध किया कि इस प्रकार के नवीन संस्कारों से देश और धर्म का अध:पतन होगा।

कुछ लोग पूछते हैं कि आर्य लोग क्या आर्येतर जातियों में से सिर्फ नागों और सुपर्णों की कन्यायें ही ग्रहण करते थे ? राक्षासों की कन्यायें नहीं ? वस्तुतः आर्येतर जातियों में ये दो जातियाँ अधिक सभ्य और संस्कृत थीं। नाग कन्यायें तो सौन्दर्य और चारूता के लिये प्रख्यात थीं। राक्षसों में जो वंश सभ्य और सुसंस्कृत होते थे उनसे आर्यों का विवाह सम्बन्ध जरूर होता था। रावण की कहानी तो प्रसिद्ध ही है। रामायण उत्तरकाण्ड में लिखा है कि पुलस्त्य नाम के एक ब्रह्मर्षि थे (2 । 4), उनके पुत्र मुनिश्रेष्ठ विश्रवा पिता की भांति ही तपस्वी हुए (3 । 1)। वे सत्यवान, शीलवान्, स्वाध्याय-निरत, शुचि, भोग में अनासक्त और नित्यधर्म परायण थे (3 । 2)। इन्हीं के वंश में राक्षसी माता के गर्भ से रावण का जन्म हुआ था। अतएव रावण को मारने से राम को ब्रह्महत्या का पाप लगा था। रावण पाप परायण होने पर भी विद्या, बुद्धि और तपश्चर्या में अग्रगण्य था। पुत्र रावण के स्नेह से बाध्य होकर महर्षि पुलस्त्य को माहिष्मती पुर में जाना पड़ा। वहीं कार्तवीर्यार्जुन के यहाँ रावण को बन्दी होना पड़ा था (3 । 2-4)। मेघनाद भी याग यज्ञ में प्रवीण था (25 । 4-5)। महाभारत के मेरुव्रज नगर के धर्मशील राक्षसराज की ब्राह्मण भक्ति का हाल तो पहले ही कहा गया है।

स्कंद पुराण की कथा है कि स्वामी के आदेश से राक्षसी सुशीला पुत्र प्राप्ति के लिये शुचि नामक मुनि के पास गई थीं। इसी सम्बन्ध से कपालाभारण नामक पुत्र हुआ था। यद्यपि सुशीला मुनि की अपनी पत्नी नहीं थी, तथापि ब्राह्मण से उत्पन्न होने के कारण उनका पुत्र कपालाभरण ब्राह्मण ही हुआ। इसकी हत्या करने के कारण इन्द्र को ब्रह्महत्या लगी थी (स्क. पु. सेतु महात्म्य 11 । 60)।

यह समझना भी ठीक नहीं कि सभी राक्षस असभ्य और नर-मांसाशी थे। उत्तम नामक राजा से बलाक राक्षस ने कहा था कि हे राजन्, हम लोग मनुष्य का मांस नहीं खाते। वे अन्य श्रेणी के राक्षस हैं, जो ऐसा करते हैं—न वयं मानुषाहारा अन्ये ते नृप राक्षसा: (मार्कण्डेय पुराण 70 । 16)। ये राक्षस रूपवान् भी थे, इसीलिये बलाक ने कहा था कि हमारी स्त्रियाँ रूप में अप्सराओं के समान हैं। उनके होते हुए हम लोग मानुषियों के प्रति लालसा क्यों करेंगे[1] ? साधारणत: चार श्रेणी के राक्षस थे (वायु,

1. सन्ति नः प्रमदा भूप रूपेणाप्सरसां समाः।
राक्षस्यस्तासु तिष्ठत्सु मानुषीषु रतिः कथम् ॥
(वही 70 । 19)

70 । 55)। इनमें वेदाध्यायी और तपोनिष्ठ राक्षस भी थे (वही. 53)। मत्स्यपुराण से दानवों की कठोर तपस्या का परिचय मिलता है (129 । 7-11) जिससे ब्रह्मा भी प्रसन्न हुए थे।

राजा दम सूर्यवंश के प्रख्यात धार्मिक राजा थे। उन्होंने अपने पितृश्राद्ध के अवसर पर राक्षसकुलोद्भव ब्राह्मणों को भोजन कराया था[1]। राजा दम की इस कीर्ति का वर्णन करके पुराणकार कहते हैं सूर्यवंशोद्भूत राजा ऐसे थे[2]।

जातिभेद में प्रधानतः दो बातें हैं, खान-पान और व्याह-शादी। इन्हीं को संक्षेप में 'रोटी-बेटी' का व्यवहार कहते हैं। एक तीसरी बात मृतक-संस्कार और श्राद्ध है, जो इन दोनों के बाद ही महत्वपूर्ण है। इसके विषय की चर्चा अन्यत्र इसी पुस्तक में की गई है।

अनेक पण्डितों का मत है कि वैदिक युग में और यहाँ तक कि सूत्रयुग में भी सभी जाति के लोगों के हाथ का अन्न ग्रहण किया जाता था (Shamsastri, P. 6)।

वेद में शुरू शुरू के अंशों में कहीं भी इस खान-पान की समस्या पर विचार नहीं मिलता। किन्तु उपनिषदों के समय में एक प्रकार का खान-पान का विचार चल पड़ा होगा, ऐसा जान पड़ता है। छान्दोग्य उपनिषद् में उषस्ती चाक्कायण की कथा है। वे एकबार अवस्था के विपर्यय वश कुरुदेश त्याग करके हस्तिपालकों के 'इन्य' ग्राम में आये। वे लोग 'कुल्माष' उबाल कर खा रहे थे। क्षुधित चाक्कायण ने वहीं मांगकर खा लिया। जब वे लोग उन्हें पानी पिलाने लगे तो चाक्कायण ने कहा कि तुम्हारे हाथ का उबाला माष तो खा चुका हूँ किन्तु पानी नहीं पीने से भी हमारा काम चल जायगा (छान्दोग्य 1 । 10 । 1-11)। इससे उन दिनों खान-पान के विचार का पता चलता है। किन्तु पूर्ववर्ती-वैदिक युग में यज्ञ के व्रत दीक्षा के समय जो खान-पान सम्बन्धी संयम का निर्देश है वह अन्य कारण से। यज्ञ के समय पवित्र होकर रहना ही उसका उद्देश्य है, जाति-विचार नहीं।

भगवान् मनु ने स्पष्ट ही कहा है कि काठ, जल, मूल, फल, अन्न, स्वयं आया हुआ मधु और अभय दक्षिणा सब जगह से ग्रहण करना चाहिये[3]। आगे चलकर पुनर्बार सब जगह से जल ग्रहण का विधान करके मनु भगवान ने इस बात को और

1. ब्राह्मणान् भोजयामास रक्षः कुलसमुद्भवान्।
2. एवंविधा हि राजानो वभूवुः सूर्यवंशजाः।
(137 । 36)
3. एधोदकं मूलफलमन्नमभ्युद्यतं च यत्।
सर्वतः प्रतिगृहणीयान्मध्वथाभयदक्षिणाम्। (4 । 247)

स्पष्ट कर दिया है[1]।

रामायण और महाभारत में ऐसी बहुत कथायें हैं जहाँ मुनिगण क्षत्रिय और वैश्य गृहस्थों के घर सब प्रकार का अन्न ग्रहण करते बताये गये हैं। महाभारत की बहुत प्रसिद्ध कथा है कि वन में द्रोपदी बहुत से तपस्वियों को प्रति दिन भोजन कराया करती थीं। एक बार महाकोपन दुर्वासा ऋषि ने असमय में शिष्यों सहित उपस्थित होकर अन्न माँगा। ऐसे संकट के समय द्रौपदी के सहायक श्रीकृष्ण हुए और किसी प्रकार उनकी लज्जा बची (वन. 26 अध्याय)। इसी प्रकार आदि पर्व में राजा पौष्य का ब्राह्मण उतंग को अन्न दान करना प्रसिद्ध है (आदि. 3 । 115)।

सूत्रकाल में भी देखा जाता है कि ब्रह्मचारी ब्राह्मण क्षत्रिय और वैश्य सबके घर अन्न ग्रहण कर सकता था (आपस्तंब 3 । 28-30)। गौतम धर्मसूत्र (2 । 42) के अनुसार पतित और अभिशप्त को छोड़कर बाकी सबके घर ब्रह्मचारी अन्न ग्रहण कर सकता था। गौतम संहिता (2 य अध्याय) की भी यही व्यवस्था है। उशनः संहिता में भी सार्ववर्णिक भैक्षाचरण का विधान है (1 । 54)। और मनु ने भी कहा है कि जरूरत पड़ने पर ब्रह्मचारी सर्वत्र भिक्षा माँग सकता है (2 । 185)। पद्मपुराण (स्वर्ग 25 । 61) से भी यही बात समर्थित होती है। आपस्तम्ब कहते हैं कि अनेक लोगों का मत है कि ब्राह्मण के लिये शूद्र को छोड़कर स्वधर्म में वर्तमान जिस किसी का अन्न विहित है (18 । 13)।

महाभारत में ठीक ऐसी ही बात मिलती है (अनु. 135 । 2-3)। सभापर्व में राजा हरिश्चन्द्र के राजसूय यज्ञ में अधीनस्थ राजा लोग ब्राह्मणों को अन्न परोस रहे थे (12 । 14) और वैश्यों की भांति राजा लोग भी अन्न परोसने में लग गये थे (49 । 35)। इसी तरह द्रौपदी के स्वयम्बर के समय भी दास-दासी और पाचक भृत्य सबको अन्न परोस रहे थे (आदि. 194 । 13)।

गौतम संहिता में भी देखा जाता है कि पशुपालक, क्षेत्रकर्षक कुलक्रमागत नापित और परिचारक यदि शूद्र भी हों तो इनका अन्न ग्रहणीय है—पशुपालक क्षेत्रकर्षक-कुलसंगतकार-पितृ-परिचारिका भोज्यान्नाः (17 अ.)।

इस प्रकार देखा जाता है कि कुछ शूद्रों के अन्न तो ग्रहणीय हैं और कुछ के नहीं। इसका कारण क्या है ?

जिन शूद्रों ने आर्यों की रीति-नीति और धर्म ग्रहण नहीं किया था, जो साफ सुथरे नहीं रहते थे, उनका अन्न ग्रहणीय नहीं समझा गया था। जो साफ-सुथरे और आचार परायण थे, उनका अन्न ग्रहण किया जाता था। इसीलिये लघु विष्णुस्मृति में

1. शय्यां गृहान् कुशान् गन्धान् अन्नं पुष्पं मणीन् दधि।
धानामत्स्यान् पयो मांसं शाकं चैव न निर्णदित्॥ (4 । 250)

कहा है कि शूद्र दो प्रकार के हैं। जिन्होंने धन और प्राण समेत ब्राह्मणों का शरण ग्रहण किया है,वे भोज्यान्न हैं, अर्थात् उनका अन्न ग्रहणीय है और जो ऐसा नहीं कर सके वे अभोज्यान्न हैं (5 । 11) । इसीलिये शूद्र दो प्रकार के हैं—श्राद्धी और अश्राद्धी । श्राद्धी अर्थात् विश्वास भाजन । पहले भोज्यान्न हैं, दूसरे नहीं[1] । गौतम संहिता की उपर्युक्त व्यवस्था इसीलिये हैं। गौतम के टीकाकार मस्करि ने इस बात के समर्थन में उशना का यह मत उद्धृत किया है—स्वगोपालो भोज्यान्नः स्वक्षेत्रकर्षकश्च । मनु के श्लोक को भी टीकाकार ने उद्धृत किया है[2] ।

मनुस्मृति में यह श्लोक जरा सा पाठभेद के साथ पाया जाता है । वहाँ 'क्षेत्रकः' की जगह 'आदिर्धकः' पाठ है[3] । अर्थ वही है । अर्थात् जिन्होंने स्वयं गो निवेदन करके सेवाव्रत ग्रहण किया है ऐसे खेत जोतने वाले, कुलबन्धु, गोपाल, और दास तथा नाई शूद्र होने पर भी भोज्यान्न हैं (मनु. 4 । 253) । यह श्लोक ही कूर्मपुराण (उपरिभाग 17 । 17) में भी है और गरुड़पुराण में (पूर्व खंड 96 । 66) भी है । व्यास ने भी इसी बात का समर्थन किया है (3 । 51-52) । कूर्मपुराण में विशेष इतना है कि इन शूद्रों का अन्न ग्रहणीय तो है, पर थोड़ा मूल्य दे लेना चाहिए[4] ।

पाणिनि ने 'शूद्राणामनिरवसितानां (2 । 4 । 10) इस सूत्र में शूद्रों के दो भाग किये हैं—वहिष्कृत और अवहिष्कृत । इस पर आचार्य कैयट ने लिखा है कि शूद्रों को पंचयज्ञ में अधिकार है (Indian culture, 1938, Turner, P. 371) ।

स्कंदपुराण में लिखा है कि यदि शूद्र भगवद्भक्त हो, तो उसे ब्रह्मज्ञान का उपदेश दिया जा सकता है पर अशुचि ब्राह्मण को नहीं (नागरखण्ड 262 । 50) । स्वयं वेद भी सत्य को सबके निकट प्रकट करने का उपदेश देता है—यथेमां वाणीं कल्याणीमावदानि जनेभ्यो ब्रह्मराजन्याभ्यां शूद्राय च स्वाय चारणाय च (वा.सं. 26 । 2) ।

---

1. शूद्रोऽपि द्विविधो ज्ञेयः श्राद्धी चैवेतरथा ।
   श्राद्धी भोज्यस्तयोरुक्तोह्यभोज्योहीतरः स्मृतः ॥ (5 । 10)
2. क्षत्रकः कुलमित्रश्च गोपालो दासनापितौ ।
   एते शूद्रेषु भोज्यान्ना यश्चात्मानं निवेदयेत् ॥
3. वृहद्यमस्मृति (3 । 10), यमसंहिता (20), पराशर संहिता (11 । 20) में यही श्लोक थोड़ा सा परिवर्तित रूप में यों मिलता है– *दासनापितगोपाल कुलमित्रार्धसीरिणः ।
   एते शूद्रेषु भोज्यान्ना यश्चात्मानं निवेदयेत् ॥
   याज्ञवल्क्यसंहिता (1 । 168), गरुड़ पुराण (पूर्वखंड, 16 । 66) और निर्णयसिंधु में भी यही भाव इस परिवर्तित रूप में हैं– *शूद्रेषुदासगोपालकुलमित्रदि्र्धसीरिणः ।
   भोज्यान्नानापिताश्चैवयश्चात्मनंनिवेदयेत् ॥
4. एतेशूद्रेषु भोज्यान्ना दत्त्वा स्वल्पं पणं बुधैः । (उपरि भाग. 17 । 18)

सुश्रुत संहिता में सूत्रस्थान में कहा गया है कि किसी किसी का मत है कि कुल-गुण-सम्पन्न शूद्र को भी बिना मंत्र और बिना दीक्षा के ही अध्ययन करना चाहिये (2-5)। सुश्रुत के टीकाकार डल्हण ने भी इस मत का समर्थन किया है।

मीमांसा दर्शन के शूद्रस्थानाधिकार निरूपण के समय कहा गया है—चातुर्वर्ण्य विशेषात् (6 । 1 । 25)। इस पर भाष्यकार शबर स्वामी प्रश्न करते हैं—इस अग्निहोत्रादि कर्म में क्या चारों वर्णों के अधिकार हैं, या शूद्र को छोड़कर बाकी तीन वर्णों का ही है ? यहाँ हम क्या श्रुति पाते हैं। वेद में तो चारों वर्ण के लिए 'यज्ञ करें' 'आहुति दें' आदि विधान है, क्योंकि वेद में किसी वर्ण विशेष के अधिकार की कोई बात नहीं है ? इसीलिये शूद्र को भी इस अधिकार से निवृत्त नहीं किया गया[1]। इसके बाद भाष्यकार ने श्रुति वाक्य के साथ आत्रेय का एक वचन उद्धृत कर इस मत पर आपत्ति उठाई है और फिर 'वादरि' का मत उद्धृत करके उसका समाधान किया है। वादरि का मत है कि निमित्तार्थ ही कहीं कहीं श्रुति में विशेष्याधिकार की बात है। इसलिये उसमें सबका अधिकार सिद्ध हुआ[2]। किन्तु बाद के सूत्रों और उन पर किये गये विचारों से जान पड़ता है कि यह मत भी क्रमशः संकीर्ण हो गया है (61 । 28-38)।

कोई कोई ऐतरेय ब्राह्मण के (8 । 1 । 4) मंत्र[3] से शूद्रों के यज्ञाधिकार का अनुमान करते हैं। इस मंत्र में शूद्र के साथ प्रतिष्ठा के योग का उल्लेख है। इसी प्रकार आपस्तम्ब श्रौतसूत्र (1 । 19 । 9) में कहा गया है कि ब्राह्मणादि चारों वर्ण क्रमशः 'एहि' 'आगाहि' 'आद्रव' 'आधाव' कह कर हविष्कृत् का आवाहन करें। या फिर, जैसा कि इसके आगे के सूत्र से स्पष्ट है, सभी 'एहि' कहकर ही आवाहन कर सकते हैं। इस तरह शूद्र को हविष्कृत् के आवाहन की व्यवस्था का अर्थ है शूद्र को भी यज्ञ का अधिकारी मानना। टीकाकार रुद्रदत्त इन सूत्रों की टीका करते समय कहते हैं कि यहाँ 'शूद्र' का अर्थ है निषाद-स्थापति, जिनके यजन का उपदेश उक्त श्रौतसूत्र में ही है (12 । 9 । 14)। इन निषादस्थपतियों के विषय में वैदिक इन्डेक्स में अनेक प्रमाण देकर सिद्ध किया गया है कि इन्होंने आर्यों का वश नहीं स्वीकार किया था

1. अग्निहोत्रादिनि कर्मणि उदाहरणां तेषु सन्देहः—किं चतुर्णां वर्णांनां तानि भवेयुः। उत अपशूद्राणां त्रयाणां वर्णानामिति। किंतावत्प्राप्तं ? चातुर्वर्ण्यमधिकृत्य 'यजेत' 'जुहुयात्' इत्येवमादि शब्दमुच्चरति वेदः। कुतः, अविशेषात्। नहि कश्चित् विशेष उपादीयते। तस्मात् शूद्रो न निवर्तते।
2. निमित्तार्थेन वादरिः तस्मात्सर्वाधिकारं स्यात्। (6 । 1 । 27)
3. ब्रह्म वै स्तोमानां त्रिवृत् क्षत्रं पंचदशो ब्रह्म खलुवै क्षत्रात् पूर्वं ब्रह्मपुरस्तान्म उग्रं राष्ट्रमव्यथामसदिति विशः सप्तदशः शौद्रोवर्ण एकविशं विशं चैवास्मै तष्ट्रौदंच वर्णमनुवर्त्मानौ कुर्वत्यथो तेजो व स्तोमानां त्रिवृत् वीर्य पंचदश प्रजातिः सप्तदशः प्रतिष्ठा एकविंशस्तदेनं तेजसा वीर्येण प्रजात्या॰प्रतिष्ठायान्ततः समर्च्छयति।

और अपने आप में गणनेता थे (कात्यायन श्रौतसूत्र 1 । 1 । 12) ।

आपस्तंब परिभाषासूत्र (1 । 2) की टीका में कपर्दी स्वामी ने 'निषाद-स्थापतिं याजयेत्' यह वचन उद्धृत करके इनके याजन कराने को विहित माना है (G. Ol. P. 11,) । इसी सूत्र की व्याख्या से जाना जाता है कि गवेधुक् याग में निषादस्थपति प्रयोजनीय वैदिक मंत्र याद कर लिया करते थे । स्त्रियों (S.B.E. XXX P. 317) और रथकार के सम्बन्ध में भी यही व्यवस्था है (वही. पृ. 316) ।

आज दिन भी विवाह के समय नाई 'गौर्वचन' उच्चारण करता है । कई जगह इसका आशय ठीक न समझ कर नाई नाना भांति की तुकबंदियां बोलते हैं । 'गौर्वचन' असल में 'गौः गौः, गौः' इस प्रकार तीन बार गौ शब्द के उच्चारण करने को कहते हैं (गोभिल 4 । 10 । 18) । आशय यह है कि यज्ञ में बलिदान के लिये (गौ साँढ़) आ गया है । उन दिनों वैवाहिक यज्ञ में भी गो-बलि होती थी । अहिंसा धर्म की प्रतिष्ठा के बाद से वह प्रथा अब उठ गई है ।

नापित के इस प्रकार कहने पर कोई पूज्य व्यक्ति कहते थे कि गौ को वरुणपाश से मुक्त करो..वह घास खाय और पानी पिये (गोभिल गृह्यसूत्र 4 । 10 । 19) और इसके बाद ऋग्वेद का एक मंत्र (8 । 101 । 15) पढ़ा जाता था । इससे सिद्ध होता है कि नापित को यज्ञ में कुछ काम करने और अन्ततः वेदमंत्र सुनने का अधिकार था ।

छान्दोग्य उपनिषद् (4 । 2) में जानश्रुति पौत्रायण नामक शूद्र की कथा है । ये रैक्व नामक ब्रह्मवादी के पास पहले छ सौ गायें, निष्क, अश्वतरी, रथ, उपहार लेकर गये, पर रैक्व ने उन्हें शूद्र कह कर प्रत्याख्यान किया । बाद में जानश्रुति अपनी कन्या देने लगे; पर फिर भी प्रत्याख्यात हुए । किन्तु बाद में शिष्य रूप से सेवा करने के बाद रैक्व प्रसन्न हुए और उन्होंने जानश्रुति को ब्रह्म विद्या दी । इस आख्यान से दो बातें प्रकट होती हैं । एक तो यह कि कुछ लोग जो यह मानते हैं कि शूद्र का उपनयन होता था, वह निराधार नहीं है, क्योंकि यहाँ शूद्र का गुरु गृह में बास स्पष्ट ही प्रमाणित होता है । दूसरी बात यह है कि ब्राह्मण शूद्र कन्या से विवाह कर सकते थे । यद्यपि इस कथा में यह नहीं बताया गया है कि रैक्व ने बाद में उस कन्या को ग्रहण किया था, या नहीं (शायद किया हो, क्योंकि ऐसे मामलों में पहले नाहीं करना और बाद में स्वीकार करना कोई असाधारण बात नहीं है) पर इतना तो स्पष्ट ही है कि अगर वह कन्या ग्रहणीय न होती, तो जानश्रुति उसे उपहार रूप में देने को जाते ही नहीं । उन दिनों शूद्रों के प्रति सामाजिक व्यवहार बहुत उत्तम नहीं था, यह देखते हुए जानश्रुति का दो बार प्रत्याख्यात होना बहुत ज्यादा अशोभन नहीं लगता ।

अब प्रश्न है कि क्या कारण है कि आर्य लोगों ने निषाद-स्थपतियों को, जो उनका वश नहीं मान रहे थे, यज्ञ में कुछ भाग लेने का अधिकार दिया और अपने

एकान्त अनुगत शूद्रों को वैसा अधिकार नहीं दिया ? यह चिरंतनी नीति है कि जो सम्पूर्ण रूप से अपने को समर्पण कर देता है, उसका मान कम हो जाता है। अब भी गुरुओं और मंडलीपतियों में देखा जाता है कि वे जब ऐसे लोगों को चेला या अनुगत बनाना चाहते हैं, जो लोग जरा बुद्धिमान और आत्मसम्मान प्रिय होते हैं, तो ये चेले पूर्ण तौर पर अपने को पकड़ में नहीं आने देते। जो लोग बाहर रहकर शेखी जमाया करते हैं उनकी पद मर्यादा भी बनी रहती है। जो लोग भोले आदर्शवादी होते हैं और संपूर्ण रूप से अपने को सौंप देते हैं, वे दो दिन बाद ही शुभग्रहों की भांति विसार दिये जाते हैं। रहीम ने ठीक ही कहा है–

भले भले कहि छाड़ियत, खोटे ग्रह जपदान !

लंपट पुरुष भी जब स्त्रियों को भुलाकर अपने आधीन कर लेते हैं, तो फिर उनके साथ दुर्व्यवहार करने लगते हैं। यह मनोविज्ञान का सहज सत्य है। जिसे पा लिया है उसकी उपेक्षा और जिसे अभी नहीं पाया है, उसके लिये आग्रह यही स्वभावत: ठीक है। यह भी देखा जाता है कि जो प्रबल पराक्रान्त राजा अपनी प्रजाओं को उत्पीड़ित करते हैं, वही बाहरी दस्युओं और गुण्डों से बहुत भद्रतापूर्ण व्यवहार करते हैं !

यह राजनीतिक बुद्धि आर्यों के भी थी। यही कारण है कि निषादस्थपति लोगों के प्रति उन्होंने जितनी ममता दिखाई है, उतनी अपने एकान्त अनुगत शूद्रों के प्रति नहीं दिखा सके। अथर्ववेद में (15 । 1 । 1) व्रतहीन व्रात्यों की जो इतनी स्तव-स्तुति है, उसके मूल में भी शायद यही कारण है। कुछ लोगों का मत है कि व्रतहीन आर्य ही व्रात्य थे और कुछ लोग इन्हें व्रतहीन अनार्य मानते हैं। पर सर्वसम्मत बात यह है कि वे आर्य आचार की आवश्यकता नहीं मानते थे। क्या इसीलिये वेद में इनकी इतनी स्तुति है ? शूद्रों में भी जो लोग जानश्रुति की भांति राजा या जननेता थे वे फिर भी बहुत कुछ भद्रव्यवहार की प्रत्याशा कर सकते थे।

महाभारत में आर्य लोगों की दस्युओं के साथ इस विषय में कैसी नीति थी, उसका अच्छा उदाहरण मिलता है। दस्युओं ने भी आर्यों की वश्यता नहीं मानी थी। फिर भी उनके प्रति उनकी ममता का अभाव नहीं था। युधिष्ठिर को भीष्म उपदेश दे रहे हैं कि दस्यु लोग सहज ही बहुत सैन्य संग्रह करके काम काज के योग्य हो सकते हैं (शान्ति. 133 । 11), अत: उनके साथ जन-चित्त-प्रसादिनी मर्यादा स्थापित करनी चाहिये[1]। उनके साथ विरोध उपस्थित हो, तो नृशंस व्यवहार नहीं करना चाहिये[2]– जो लोग दस्युओं का धन-जन विनाश नहीं करते, वे ही सुखपूर्वक राज्य भोगते हैं

1. स्थापयेदेव मर्यादां जनचित्तप्रसादिनी। (वही 13)
2. न वलस्थोऽस्मीति नृशंसानि समाचरेत् (19)।

और जो विनाश करते हैं उनके लिये निरुप्रदव होकर राज्य करना असंभव है (133 । 20) ।

इन सब बातों की पुष्टि के लिये आगे चलकर भीष्म ने (शान्ति 135 अध्याय) कायव्य नामक दस्यु का उपाख्यान कहा । कायव्य क्षत्रिय पिता और निषादी माता से उत्पन्न थे । नीतिसंगत भाव से सबका उपकार करके और धर्म का उल्लंघन न करके उन्होंने शक्ति पाई । वृद्ध, अन्ध, वधिर, तापस और ब्राह्मणों के प्रति वे अति दयालु थे (6-8) । उन्हें इस प्रकार मुहूर्त-देश-कालज्ञ प्राज्ञ, शूर और दृढ़व्रत देखकर बहुत से दस्युओं ने आकर उन्हें अपनी ग्रामणी या नेता बनाया (11) । कायव्य ने उनसे कहा कि तुम लोग स्त्री, भीत, तपस्वी और शिशुओं को न मारना । जो युद्ध न करता हो उस पर हाथ न उठाना, स्त्री को बलपूर्वक न पकड़ना (14), सत्य की रक्षा करना, मंगल कार्य में बाधा न पहुँचाना (15) और उनके ही विरुद्ध आक्रमण करना जो हमारा प्राप्त हमें न देना चाहें (19), दण्ड दुष्टों को दमन करने के लिये है शिष्टों को पीड़ा देने के नहीं (20) ।

इससे जान पड़ता है कि दस्युओं और निषादों में अनेक योग्य पुरुष थे । उन्हें यज्ञादि में योग देने देना कुछ भी अन्याय नहीं है । अन्याय यह है कि जिन शूद्रों ने आर्यों की वश्यता स्वीकार की थी, उनमें जो योग्य थे उन्हें उससे वंचित करना । यद्यपि यह स्वाभाविक है कि मनुष्य अपने अनुगत और शरणापन्नों की उपेक्षा करता है । कभी-कभी उनके प्रति निर्मम भी होता है, पर स्वाभाविक होने से कोई बात धर्मसंगत नहीं हो जाती ।

यहाँ फिर से दूसरे अध्याय में उद्धृत भृगु के उस वचन को स्मरण कर लिया जा सकता है कि सृष्टि के आरम्भ में सभी ब्राह्मण थे (शान्ति. 188 । 10) । नानाविधि कर्मों द्वारा पृथक किये हुए ब्राह्मण ही अन्यान्य वर्णों में गये हैं । इसीलिये उनका यज्ञ क्रिया रूप धर्म नित्य है, वह प्रतिषिद्ध नहीं हो सकता[1] । यद्यपि ये चार वर्णों में विभक्त हुए, पर उन सबका वेद में अधिकार था । यही विधाता का विधान था । लोभवश उसे खोकर बहुत से लोग अज्ञानता को प्राप्त हुए हैं [2] । यहाँ टीकाकार आचार्य नीलकण्ठ जो कुछ कहते हैं[3] उस हिसाब से तो आज भी बहुत से तथाकथित आर्य लोग लोभ और तामसिका के दोष से वेदाध्ययन का अधिकार खो चुके हैं और शूद्रत्व को प्राप्त हो गये हैं ।

---

1. इत्येतैः कर्मभिर्व्यस्ता द्विजा वर्णान्तरंगताः ।
   धर्मो यज्ञक्रिया तेषां नित्यं न प्रतिषिद्धयते ॥ (शान्ति. 188 । 14)
2. इत्येते चतुरो वर्णाः येषां ब्राह्मी सरस्वती ।
   विहिता ब्रह्मणा पूर्वं लोभात्त्वज्ञानतं गताः । (वही 188 । 15)
3. "चतुरश्चत्वारो ब्राह्मी वेदमयी चतुर्णामपि वर्णानां ब्राह्मणा पूर्वं विहिता ।
   लोभदोषेण्न त्वज्ञानतां तमोभावं गताः शूद्रा अनधिकारिणो वेदे जाताः इत्यथः । ।

समाज में जीवन और गति

प्राचीन काल में, फिर भी समाज में गति और प्राण था। अध्यात्म योग के विषय में वृहदारण्यक में कहा गया है कि यहाँ आकर चाण्डाल चाण्डाल नहीं होता और पौल्कस पौल्कस नहीं रहता—"चाण्डालोऽचाण्डाल: पौल्कसोऽपोल्कसो भवति" (4। 3। 22)। इससे जान पड़ता है, तब भी समाज में एक गति है, एक स्पन्दन है। तब भी समाज की सीमायें विधि-निषेध की दुलंघ दीवारों से घेर नहीं दी गई हैं। जिस दिन से हिन्दू समाज में 'विधि-निषेध की दीवारें कठोर बना दी गई उसी दिन से उसमें एक प्रकार की गतिहीन जड़ता' आ गई है।

ऊँची जातिका नीची जाति हो जाना कठिन नहीं है, पर हमने अन्यत्र देखा है कि बहुतेरी नीची जातियों से उत्पन्न व्यक्ति ऊँची जाति के हो चुके हैं। साधारणत: समाज के जीवन और गति के अनुसार ऊँच-नीच होना नियंत्रित होता है। कभी-कभी राजाओं ने कई जातियों को ऊपर या नीचे उठा दिया है, जैसे वल्लालसेन ने बंगाल के सुवर्ण वणिकों को पतित कर दिया था (आगे देखिये) और कभी कभी किसी एक महापुरुष ने जाति की जाति को ऊपर उठा दिया है, जैसा कि मणिपुर में हुआ है।

इन दिनों भी मनुष्य गणना से जाना गया है कि बहुत सी ब्राह्मण शाखायें नीची जातियों से ऊपर उठी हैं।विल्सन ने अपनी पुस्तक (What Castes are) में इसके कई उदाहरण दिये हैं। कोंकणस्थ या चित्पावन ब्राह्मणों के विषय में कहा जाता है कि परशुराम ने श्राद्धकार्य के लिये 60 आदमियों को चिता से उठाकर ब्राह्मण बनाया था (पृ. 19)। डाक्टर भाण्डारकर का कथन है कि ये लोग एशिया माइनर से आये हुए हैं। इनका जहाज समुद्र में डूब गया था, तब ये भारत वर्ष के पश्चिमी किनारे पर उतरे थे। पहले उन्हें हिन्दुओं ने समाज में ग्रहण नहीं किया। बाद में परशुराम की कृपा से ये समाज में गृहीत हुए[1] (ensus. 1931 Vol I, Part III, XXVIII)। जबल या जाबाल लोगों को भी दूसरे ब्राह्मण स्वीकार नहीं करते। कहते हैं इन्हें भी पेशवाओं

1. चित्पावनों के विषय में प्रसिद्ध है कि परशुराम ने पृथ्वी को क्षत्रियहीन करके यज्ञ और श्राद्ध करना चाहा। जब ब्राह्मण नहीं मिले, तो कैवर्तों के गले में जनेऊ डालकर उन्होंने उनको ब्राह्मण बनाया। चिता के पास खड़े होकर यह कार्य उन्होंने किया था अतएव ये चित्पावन कहलाये (Cens. us Baroda. 1931. I.P. 433)

के किसी सम्बन्धी परशुराम ने कुनवी श्रेणी से उठाकर ब्राह्मण बनाया था (What Castes are P. 27)। काष्ठ ब्राह्मणों की भी यही दशा है। कोई कोई कहते हैं कि ये पहले कायस्थ थे (पृ. 28)।

इसके विपरीत आन्ध्र देश के आराध्य नामक लिंगायत सम्प्रदाय के ब्राह्मण उच्च वर्णों की यद्यपि गुरुगिरी करते हैं। तथापि अन्यान्य ब्राह्मण इनका ब्राह्मणत्व स्वीकार नहीं करते (पृ. 52), तमिल और कर्णाट देश के नुम्बि ब्राह्मण गण मन्दिर के पुजारी होने के कारण अपांक्तेय हो गये हैं। अम्बलवासी गण दक्षिण ब्राह्मण हैं। किन्तु देवल ब्राह्मण होने के कारण महाराष्ट्र के गुरव ब्राह्मणों की भांति पतित हो गये हैं (पृ. 81)। गुर्जर देश में जो कण्डोल नामक एक श्रेणी के ब्राह्मण हैं, कण्डोल पुराण के अनुसार एक ही साथ 18000 आदमियों को जनेऊ देकर ब्राह्मण बनाया गया था।

राजपूताना, सिंध और गुजरात में बहुत से पुष्करण या पोखरना ब्राह्मण हैं। पुष्कर नामक ह्रद को जिन्होंने कुदाल लेकर खोदा था, बाद में उन्हें ही पोखरना ब्राह्मण बना दिया गया था। इनके सिवा इन प्रदेशों में एक तरह के पोखर सेवक या पुष्कर सेवक नामक एक श्रेणी के ब्राह्मण हैं। ये लोग अपने को पाराशरी ब्राह्मण भी कहते हैं। कहते हैं कि किसी मेर जाति के आदमी के तीन पुत्र थे, भूपाल, नरपति और गजपाल। भूपाल ने एक मुनि की बड़ी सेवा की। मुनि ने भूपाल को ब्राह्मण बना कर यजुर्वेद की शिक्षा दी। तभी से भूपाल के वंशज पुष्कर सेवक ब्राह्मण हुए। नरपति के वंश वाले लोद्या बनिया हुए और गजपाल की सन्तानें मेर हुई। भूपाल के वंश वाले मंदिर के सेवक का कार्य करते हैं, उनका गोत्र वशिष्ठ है और शाखा मध्यन्दिन। एक बार जयपुर के महाराज सवाई जयसिंह पुष्कर को गये। वहाँ पुष्कर ब्राह्मणों को तीर्थगुरु जानकर उन्होंने एक पोशाक दी। ब्राह्मण ने वह पोशाक अपने दामाद को दिया, यह दामाद जयपुर के एक मंदिर का भृत्य था। उसके पास पोशाक देखकर राजा जयसिंह समझ सके कि असल में वे कैसे ब्राह्मण हैं। और बाद में उन्होंने पुष्करों को मंदिर के अधिकार से वंचित किया। पोखरना लोग सिंध में भाटियों के पुरोहित हैं (वही पृ. 114, 169, 139)। कोई कोई उन्हें धीवर कन्या के गर्भ से उत्पन्न बताते हैं। (Crook Vol. IV. P. 177)।

कहते हैं कि गुजरात के अम्भीर ब्राह्मण, राजपूत वंश के हैं। ये लोग अहीरों के पुरोहित हैं (Wilson P. 120)। सूरत जिले के तपोधन[1] ब्राह्मण शिव मन्दिर के पुजारी होने के कारण पतित समझे गये हैं (पृ. 122)। इसी तरह वहाँ के अनाविल ब्राह्मणों को भी, जिनकी वृत्ति कृषि है, बहुत से लोग ब्राह्मण नहीं मानते। कहते हैं वे स्थानीय पहाड़ी जाति के थे। इसी प्रकार सपादलक्ष या सवालाख संप्रदाय के ब्राह्मण

1. तपोधनों को लोग जरा तिरस्कार के साथ 'भरड़ा' या भरटक कहते हैं। इनमें बहुत हाल तक विधवा-विवाह प्रचलित था पर अब सामाजिक प्रतिष्ठा के लोभ से इन्होंने यह प्रथा बन्द कर दी है।

भी शूद्रों को जनेऊ देकर बनाये गये थे (Compbell, P. 259)।

प्रतापगढ़ के कुछ ब्राह्मणों को अहीर बताया जाता है। कुछ लोग इन्हें कुर्मी और कुछ लोग इन्हें भाट कहते हैं। कहते हैं, कि राजा माणिक चंद ने उन्हें ब्राह्मण बनाया था (Campbell P. 260; Crook, I P. XXI)। राजा लोग प्राय: अनेक बार जाति को ऊपर या नीचे चढ़ा उतार सकते थे। कहलूर नामक छोटे राज्य के कौलियों को वहाँ के राजा ने युद्ध के प्रयोजनवश क्षत्रिय बनाया था (Gloss. Vol. IP. IV)।

अइली के ब्राह्मण नोनिया थे। असोथर के राजा भगवंतराय ने उन्हें जनेऊ दिया था। गोरखपुर के बंजारे लोग अब ब्राह्मण होकर सुकुल, पांडे और मिसिर हो गये हैं (वही)। उन्नाव के राजा तिलकचंद ने एक बार प्यास के मारे लोध जाति के किसी के हाथ का जल पी लिया, जब उनकी जाति उन्हें मालूम हुई, तो उन्होंने इन लोगों को ब्राह्मण बना दिया। ये ही आमताड़ा के पाठक हैं (वही)।

उन्नाव के महावर राजपूत पहले बेहारा (कहार) थे। युद्ध में घायल हुए राजा तिलकचंद को उन्होंने युद्धस्थल से हटाया था। इसी उपकार के बदले में राजा ने उन्हें राजपूत बना दिया (वही 261)। इसी जिले के डोमवार राजपूत गण पहले डोम थे (वही)। इसी प्रकार बहुत से राजपूत जाट और गूजर लोग सीदियन या शक जाति के हैं (वही पृ. 447)।

साउथ इण्डियन इनिस्क्रप्शन के तीसरे जिल्द (पृ. 114-118) में शिव ब्राह्मण नामक एक विशेष श्रेणी के ब्राह्मणों का उल्लेख मिलता है (Ghurye P. 94)[1]

क्रूक ने लिखा है कि ओझा ब्राह्मण लोग भी पहले द्राविड़ बैगा जाति के थे (वही XXII)। भूमिहार और तगा ब्राह्मणों का इतिहास भी ऐसा ही है (वही)। इन्होंने अपने ग्रन्थ के चतुर्थखण्ड (पृ. 93) में ओझा ब्राह्मणों के सम्बन्ध में विस्तृत विवरण दिया है। तगा लोग कहते हैं कि वे लोग जनमेजय के सर्पयज्ञ के लिये बंगाल से बुलाये हुए किसी ब्राह्मण की सन्तान हैं। फिर यह भी किसी किसी का मत है कि ये ब्राह्मण और विवाहिता वेश्या के गर्भ से उत्पन्न हैं। ये लोग ब्राह्मणोचित समस्त आचारों का पालन करते हैं (Crook, IV, P. 351-353)।

बड़ौदा वाले सेन्सस (1932) से जान पड़ता है कि नागर लोगों के विषय में कहा जाता है कि वे नागवंशीय हैं। किसी किसी मत से शिव के विवाह के लिये

1. इनके विषय में प्रसिद्ध है कि श्रीराम जब लंका जीतकर घर की ओर लौट रहे थे तब बांशदराज्य के पतउवाड़ नामक स्थान में यज्ञ करना चाहा। यहाँ ब्राह्मणों की जरूरत हुई। उन्होंने यहाँ के 18000 पहाड़ी लोगों को जनेऊ देकर बनाया। खूब सम्भव नये ब्राह्मणों ने वहाँ के पुराने ब्राह्मणों से द्वेष के कारण ऐसी कहानियाँ गढ़ ली हैं। नवसारी के अन्तर्गत अनवाला ग्राम के नाम पर इनका नाम अनवाला पड़ा। Censws of India, Baroda Part I 1932 P. 431)

और किसी किसी के मत से शिव के यज्ञ के लिये नागर ब्राह्मणों का उद्‌भव हुआ था (पृ. 434)।

पंजाब में देखा जाता है कि बहुत से ब्राह्मण वंश धीरे-धीरे क्षत्रियत्व को प्राप्त हुए हैं। कांगड़ा, कोटल, वहावल और जब्बाल के राजपूत पहले ब्राह्मण थे। जब्बाल के पुरोहित उन्हीं के जाति भाई हैं (Glors, Vol. 1, P. 41)।

अष्ट वंश के ब्राह्मणों में कोई शूद्र कन्या के साथ विवाह करें और उसकी ब्याह शादी का सम्बन्ध 5, 6 पुश्त तक लगातार ब्राह्मण के घर ही होता रहे, तो वह ब्राह्मण ही हो जाता है (वही पृ. 41)। ठीक ऐसा ही विधान पूर्वकालीन शास्त्रों में भी देखा जाता है। लाहौल के ठाकुर भी यदि कानेत की कन्या से व्याह करते हैं और 5, 6 पुश्त तक इसी प्रकार ठाकुरों में ही शादी-व्याह का सम्बन्ध जारी रखते हैं, तो फिर विशुद्ध ठाकुर हो जाते हैं (वही पृ. 42)। ब्राह्मण भी यदि कानेत कन्या से व्याह करें तो यही नियम है (वही)। ये लाहौल के ठाकुर असल में मंगोलियन हैं। अब ये क्षत्रिय बन गये हैं। मंगीय लोग भी ब्राह्मण हुए हैं। शाकद्वीपी ब्राह्मण विदेशी हैं, पहले वे लोग सूर्य मन्दिर के पुरोहित थे (वही पृ. 45)। Cens. India, VI, 549 के अनुसार ये पहले पारसिकों के पुरोहित थे और ज्योतिःशास्त्र के अच्छे ज्ञाता थे। पंजाब में आभीर ब्राह्मण भी पाये जाते हैं (वही)। गूजर ब्राह्मणों का आगमन भी, कहते हैं, एशिया और यूरोप की सरहद पर से हुआ हैं (वही पृ. 46)। मैत्रक लोग हूणों के साथ इस देश में आये थे (पृ. 47)। अनेक ब्राह्मणों के नाम के साथ मित्र, दत्त आदि उपाधियाँ देखी जाती हैं (वही पृ. 47-48)।

शिवल्ली ब्राह्मण लोग अहिक्षेत्र से तुलुदेश में वास करते हैं। इनमें स्त्रियों की संख्या बहुत कम है इसलिये उन्होंने बांट आदि नीच जाति की स्त्रियों से विवाह करना शुरू किया। फिर माधवाचार्य के समय नये बने हुए ब्राह्मणों की संख्या के साथ इनकी संख्या भी बढ़ी। मत्ति ब्राह्मण पहले मोगार या कैवर्त थे बाद में एक संन्यासी की कृपा से ब्राह्मण हुए (thurston Vol. V. P. 64)। स्थानीय ग्रन्थों और पुराणों से मालूम होता है कि कदंब वंशीय मयूरवर्मा के समय आन्ध्र ब्राह्मण लोग दक्षिणी कर्नाटक में बस गये। यज्ञादि प्रयोजन के अनुरूप उनकी संख्या न होने के कारण कितने ही अब्राह्मणों को ब्राह्मण बना लिया गया। इन नये ब्राह्मणों के गोत्रों के नाम जंतुओं और वृक्षों के हैं। मयूरवर्मा का समय 750 ई. के आसपास है (वही. P. XLVXLVI)। बहुतेरी नीच जातियाँ आचार विचार की शुद्धि से ब्राह्मण हो गई हैं। द्रविड़ जातियों में ऐसा प्रायः ही हुआ है। बहुत बार राजा के आदेश से भी ऐसी बातें हुई हैं। मैसूर के मारक ब्राह्मण ऐसे ही हैं (वही P. LIII, LIV, 367)।

नम्बूद्री ब्राह्मणों का आजकल दावा है कि वे सब ब्राह्मणों से अधिक पवित्र और

धर्माचारी हैं। किन्तु बहुत लोगों का मत है कि उनके पूर्वपुरुष मत्स्य-जीवी थे। विवाह के समय अब भी उन्हें आचारनुरोध से मछली पकड़नी पड़ती है। शिवल्ली ब्राह्मणों में भी ऐसा ही आचार है (vol V, P. 202, 203, Vol II. P. 330)। उड़ीसा के ब्राह्मण द्रविड़ ब्राह्मणों को पतित समझते हैं। वे और नीचतर जातियों के हाथ का जल तो ग्रहण कर सकते हैं पर द्रविड़ ब्राह्मणों के हाथ का नहीं (वही Vol, I, P. 388)। इस प्रकार कितने ही कैवर्त तो ब्राह्मण हो गये पर मुत्राच कैवर्तवाण क्षत्रिय से कैवर्त हो गये ! लोभ में पड़ कर ये एक बार मछली मारने गये और पतित हो गये। आज उनका जल भी नहीं चलता (वही, Vol, V, P. 130)।

तुलु लोगों के इतिहास से जान पड़ता है कि परशुराम की अहिक्षेत्र के ब्राह्मणों से नहीं बनी। इसलिये केरल में ब्राह्मण की आवश्यकता की पूर्ति के लिये उन्होंने जाल के सूत्र का जनेऊ देकर जालियों को ब्राह्मण बनाया। वे इसीलिये ब्राह्मण हो गये। नागमाची ब्राह्मणों का भी यही किस्सा है (Vol. 1, 373, Vol II, 330)। भोद्री ब्राह्मणों के पूर्व पुरुष भी नाई थे। भोद्री शब्द का अर्थ ही नाई होता है (वही पृ. 388)। दक्षिण के आराध्य ब्राह्मण अपने में ही विवाहादि करते हैं। आवश्यकता होने पर ये उत्तरी सरकार जिले के नियोगियों की कन्या ग्रहण करते हैं। इस पर से जान पड़ता है कि ये भी कभी नियोगी ही थे (पृ. 53)। यह इस प्रसंग में उल्लेख योग्य है कि धक्कड़ो ब्राह्मण शूद्र कन्या से व्याह करने के कारण ही पतित हो गये हैं (वही vol II. 166)। आजकल ये ब्राह्मण भद्रकाली मन्दिर के पुजारी हैं। मद्यपान करने से वे पतित हुए हैं (पृ. 3)। उत्री और तम्बल भी देवल होने के कारण नीच समझे जाते हैं। तंबल लोग गोदावरी और कृष्णा जिलों में तो ब्राह्मण ही कहलाते हैं पर तिलंगाने में शूद्र की तरह अवज्ञात होते हें (पृ. 5)। कम्मालन लोग अपने को विश्वकर्मा ब्राह्मण कहते हैं। ये लोग वेरीचेट्टी स्त्री के गर्भ से ब्राह्मण के औरस जात हैं (III, 113)। क्षत्रिय लोग प्राचीन का में एक प्रकर के शिल्प कार्य और शिल्पियों को नीच समझते थे (P. 113). Castes and Tribes of Mysore ग्रन्थ में इनकी बात दी हुई है।

दक्षिण भारत के क्षत्रिय खूब सुसंस्कृत और पंडित होते हैं। इनका विवाहादि सम्बन्ध नंबूद्री ब्राह्मण से होता है (वही IV. 84-85)।

भारतवर्ष के अनेक प्रदेशों में कृषक श्रेणी के ब्राह्मण हैं, जिनके विषय में अन्याय ब्राह्मणों का ख्याल है कि वे पहले किसान थे, बाद में ब्राह्मण हो गये। गुजरात के भाटेला, महाराष्ट्र के सेनवी, कर्नाटक के हैगा, उड़ीसा के महास्थान या मस्तान ब्राह्मण ऐसे ही हैं (wilson, I, 52)। उड़ीसा के काम ब्राह्मण भी इसी तरह के हैं (cens. Ind. VI. 559)। बिहार और युक्त प्रान्त के भुंइहार या भूमिहार ब्राह्मणों के सम्बन्ध में प्रसिद्ध है कि भूमि-कर्षण के कारण ही उनका स्थान नीचे हो गया। क्रुक का अनुमान है कि ये लोग पहले गौड़ ब्राह्मण थे (Crook, IV, P. 353 and I, XXII)।

काकण और मालावार के ब्राह्मणों की आंखें कभी कभी कोमल नील और धूसर

रंग की पाई जाती हैं, जो भारतवर्ष की और किसी जाति में तो नहीं पाई जाती, सिर्फ सीरियन ईसाइयों में देखी जाती हैं। इस साम्य को देखकर तरह तरह के अनुमान किये गये हैं और किये जा सकते हैं (Cens. Ind. Vol. I, 491)।

अब भी भारत के नाना प्रदेश की उच्चतर जातियों के चेहरों से ब्राह्मणों के चेहरे क्या भिन्न पाये जाते हैं ?

सारस्वत ब्राह्मणों की एक श्रेणी भोजक कहलाती है। ये लोग ज्वालामुखी-वासी हैं। उस प्रदेश के अन्यान्य ब्राह्मणों का कहना है कि भोजक लोग पहले खेती करते थे। मन्दिर में सेवक का कार्य करने के कारण क्रमश: ब्राह्मण हो गये हैं (पृ. 133)। मारवाड़ बीकानेर आदि में 'डाकोट' नामक एक ब्राह्मणों की शाखा है। ब्राह्मण पिता और आभीर (अहीर) माता से उनका जन्म है। ये लोग शनि की पूजा करते हैं और नीच दान ग्रहण करते हैं (पृ. 173)। इसी तरह गरुड़िया ब्राह्मण भी, जिनके विषय में कहा जाता है कि ब्राह्मण पिता और चमारी माता से इनकी उत्पत्ति है, शनि का दान ग्रहण करते हैं। ये राजपूताने में अजमेर और उसके आस-पास बसे हैं (पृ. 174)। बंगाल में जिस प्रकार अग्रदानी ब्राह्मण हैं, करीब करीब उसी तरह राजपूताने में आचारज या आचार्य ब्राह्मण हैं। इनका वेद क्या है, और उत्पत्ति कैसे हुई, इस बात को स्वयं भी नहीं जानते, और कोई भी जानता नहीं (पृ. 175)। व्यासोक्त ब्राह्मण पहले शूद्र थे, फिर व्यास के वचन से बाद में ब्राह्मण हुए (पृ. 275)। एक समय अस्पृश्य मादिगा जाति और वैश्य की जाति शायद एक ही थी (Thurs. III. 327)।

बंगाल के 'युगी' या नाथ लोग पहले तो वेद स्मृति शासित हिन्दू ही नहीं थे। नाथ धर्म एक स्वतंत्र और पुराना धर्म है। मध्य युग में इनमें के अधिकांश बाध्य होकर मुसलमान हो गये थे। ये ही जुलाहे हुए। ये स्वयं अपना पौरोहित्य किया करते थे। बाद में उन लोगों ने, जो पुरोहित का काम करते थे, जनेऊ पहनना शुरू किया। इससे समाज में एक बड़ा जबर्दस्त आन्दोलन हुआ। टिपरा जिले के कृष्णचन्द्र दलाल ने जनेऊ पहनने का आन्दोलन ज्यादा किया था। बंगाल में इस प्रकार की कहावत भी मशहूर है कि 'जुगी के पास जनेऊ कब था, उन्हें तो कृष्णचन्द्र दालाल ने जनेऊ पहनाया।' अब इनमें से कितने ही बाहर जाकर पंडित, शर्मा और शर्मा से उपाध्याय होकर बकायदा ब्राह्मण बन गये हैं। ऐसी कई घटनायें मैं व्यक्तिगत रूप से जानता हूँ।

तामिल और तंजोर प्रदेश में 'पत्लूनकरन्' तांतियों का स्थान है। ये गुजरात के आदिम अधिवासी हैं, इन्हें सौराष्ट्रक कहते हैं। ये लोग ब्राह्मणत्व का दावा करते हैं (Mysore, IV P. 474)। ये लोग उपवीत धारण करते हैं और अय्या और आयंगर आदि पदवी धारण करते हैं (P. 475)। पटवेगर जाति भी इसी प्रकार गुजरात से आई हुई वयनजीवी जाति है। कहते हैं, शिव की जिह्वा से उनका जन्म है। मनुष्य की लज्जा

बचाने के लिये वस्त्र-वयन का आदेश पाकर ये लोग आजकल यही कार्य कर रहे हैं। उनके आदि पुरुष ने ब्राह्मण से उपवीत और वेद पाया था (पृ. 476-477)। शाले जाति की भी यही कहानी है। ये भी वयनजीवी हैं। ये शास्त्री पदवी का व्यवहार भी करते हैं और ब्राह्मणों की भांति इनके वेद, शाखा और गोत्र भी हैं (वही P. 559-560)।

आसाम की 'करिया' जाति अपने को अब 'सूत' कहती है (Cens. Ind. 1921, III, Assam, I, 143)। यह पहले ही कहा जा चुका है कि कछारी लोग हिन्दू गुरु से मन्त्र लेकर शरणिया हुए थे। फिर छोटे कोच फिर बड़े कोच और फिर क्षत्रिय—यही सिलसिला है (Cens. Ind. 1931, III Part I, P. 221)। इस प्रकार इन प्रदेशों में आजकल क्षत्रियों की संख्या बढ़ रही है। कहते हैं 'आहोम' नामक मंगोलियन जाति और ब्राह्मण के संसर्ग से यहाँ के गणकों का जन्म है। ये गणक लोग ब्राह्मणत्व का दावा करते हैं (Cens. Ind. 1921, Assam, I, 144)।

सेंगर राजपूतों का कहना है कि वे श्रृंगी ऋषि की सन्तान हैं। संभवत: ये पहले ब्राह्मण थे और राजपूतों के साथ विवाहादि सम्बन्ध करके बाद में राजपूत हो गये हैं (Crook, IV 123-133)। अनन्तकृष्ण शास्त्री का कहना है कि दक्षिण भारत के भाट शायद पहले ब्राह्मण ही थे बाद में क्षत्रियों के साथ सम्बन्ध होने से पतित समझे गये (Mysor, II, 276)।

कहीं कहीं दक्षिण भारत में दरजी भी क्षत्रियत्व का दावा करते हैं। कहते हैं, परशुराम के भय से उन्होंने अपनी जाति और पेशा छिपा रखा था (वही III, 77)।

पंजाब की पुरानी कथाओं से मालूम होता है कि डोमों के आदि पुरुष ब्राह्मण थे। सबके कल्याणार्थ मृत गाय हटाने जाकर वे जाति दे बैठे (Crook, II. 315)। ऐसी ही एक और मनोरंजक कहानी है। एक राजा की दो लड़कियाँ थीं। एक का पुत्र वलिष्ठ था और दूसरे का दुर्बल। जो दुर्बल था वह स्वभावत: ही ईर्षापरायण था। एक दिन एक हाथी मर गया। बलिष्ठ पुत्र ने लोक कल्याण की भावना से मृत हस्ती को उठाकर अन्यत्र फेंक दिया। दुर्बल पुत्र को मौका मिला और उसने बलिष्ठ पुत्र के विरुद्ध इस अप-कर्म के कारण अभियोग शुरू किया और समाज ने भी बलिष्ठ भाई को पतित बनाया। उसी के वंशज चमार हैं, जो अब मृत पशु को हटाने का काम करते हैं (वही I, P. 22)।

'ढेड़' लोग भी गुजरात की अस्पृश्य जाति के हैं। इनका भी कहना है कि ये थे तो क्षत्रिय ही, किन्तु बाद में परशुराम के भय से अपनी जाति छिपा दी थी (Cens. Bar. XIV Part I, 479)। इनका चेहरा सुन्दर होता है और गोत्रादि भी ठीक राजपूतों ही जैसा होता है।

कृषि कार्य के कारण पंजाब के अनेक ब्राह्मणों को तगा लोगों की तरह पतित होना पड़ा है (Punjab Casets P. 6)। पहाड़ की थावी जाति उस दिन भी ब्राह्मण

थी किन्तु शिल्प-जीवी होने के कारण उसका पद गिर गया (वही)। दिल्ली प्रदेश के धारूकरागण अच्छे ब्राह्मण थे, समाज में विधवा-विवाह स्वीकार करने के कारण ही उनका पतन हुआ (वही)। उस प्रदेश में वृत्तिवश एक ही श्रेणी में कोई कावेथ या कायस्थ है, कोई बनिया और कृषि-जीवी होने के कारण कोई राजपूत है (वही पृ. 7)। कभी कभी राजा लोगों ने गिर्थ आदि हीन जातियों को प्रसन्न होकर क्षत्रिय बना दिया है (वही)। पंजाब के पहाड़ी प्रदेशों के अनेक राजपूत परिवार पहले ब्राह्मण थे। उन प्रदेशों में जाति अब भी बहुत लचीली चीज है। देश-काल-पात्र के अनुसार बदलती रहती है (वही)। दिल्ली के चौहान अच्छे राजपूत हैं पर विधवा-विवाह की स्वीकृति के कारण पतित समझे जाने लगे हैं (वही)। जो स्त्रियों को परदे में रख सकते हैं वे राजपूत हो जाते हैं और जो नहीं रख सकते वे जाट हो जाते हैं (पृ. 7-8)। एक दल राजपूत साग-सब्जी के उत्पन्न करने के कारण होशियारपुर में अति नीच अराइन जाति के हो गये हैं (वही पृ. 8)। रेवाड़ी के अहीर विधवा-विवाह का त्याग करके परदा प्रथा स्वीकार करके और अन्य अहीरों से सम्बन्ध त्याग करके एक स्वतन्त्र उच्चतर श्रेणी में बदल गये हैं (वही)। धीरे-धीरे ये राजपूत हो जायंगे।

राजपूताने में एक तरह के हुसेनी ब्राह्मण हैं, जो आधा हिन्दू आधा मुसलमान जैसी अनेक जातियों के गुरु हैं। अजमेर के मैनुद्दीन चिश्ती के समाधिस्थान पर इनमें से अनेक दिखाई दे जाते हैं (पृ. 29, 134)।

बहुत दिनों की बात नहीं है। राजा घोरिटनवर्ज के समय में मणिपुर में एक संन्यासी ने वहाँ वालों में वर्णाश्रम धर्म का प्रवर्तन किया। उस प्रदेश में जो कुछ बंगाली ब्राह्मण पहुंचे उन्होंने स्थानीय जातियों की कन्याओं से विवाह किया और उनसे जो सन्तति उत्पन्न हुई वह मणिपुर में ब्राह्मण हैं (Cens, Ind. Vol VI,349)। आसाम के काच्छारी और कोच जो निरन्तर हिन्दू धर्म में शामिल होते जा रहे हैं, यह बात पहले ही बताई गई है (E.R.E. II, 138-139)। मणिपुर के राजा और राजवंशीयगण क्षत्रिय हैं, बाकी में से कुछ शुदू हैं, कुछ ब्राह्मण। यह सब कुछ सिर्फ 150 वर्षों के भीतर हुआ है (Cens. Ind. Vol, VI, 221)। आजकल इन लोगों में वर्णाश्रम व्यवस्था की सारी जटिलता इतनी मात्रा में आ गई है कि भारतवर्ष का कोई भी सनातनी सम्प्रदाय उसके सामने हतबुद्धि हो सकता है—सब सिर्फ 150 वर्षों में !

सन् 1932 में डा. डी.आर. भाण्डारकर ने Indian Antiquary (P. 41-55, 61-72) में एक लेख लिख कर सिद्ध किया था कि बंगाल के कायस्थ और गुजरात के नागर ब्राह्मण मूलत: एक ही हैं। नागरों में भी वही सब गोत्र और उपाधि है, जैसे दत्त, घोष, नाग, मित्र इत्यादि। भूमि, दाम, दास, देव, पाल, पालित, सेन, सोम, वसु आदि उपाधि भी उनमें हैं (पृ. 43)। सिलहट के विधानपुर में एक ताम्रशासन पाया गया है, जिससे

इस बात की और भी पुष्टि हुई है (पृ. 43)। प्राचीन ताम्रशासन में ब्राह्मणों की पदवी में भी भूति, चन्द्र, दास, दाम, दत्त, देव, घोष, मित्र, नन्दी, सोम आदि उपाधियाँ हैं। उड़ीसा में कटक के नेउलपुर में प्राप्त ताम्रशासन में भी भूति, चन्द्र, देव, दत्त, घोष, कर, कुण्ड, नाग, रक्षित, शर्मन्, वर्धन आदि उपाधियाँ हैं। यह ताम्रशासन सन् 795 ई. के आस पास का है। सेन राजा गण भी ब्राह्मण वंश में उत्पन्न होकर क्षत्रिय वृत्ति भोगी हुए थे, इसलिये माधाई नगर के ताम्रशासन में लक्ष्मण सेन ने अपने को 'परम-ब्रह्म-क्षत्रिय' कहा है (पृ. 52)।

सिलहट में सर्वत्र 'दाश' लोगों की बस्ती है। इनका जल नहीं चलता था, पर अब हबीगंज के सिवा अन्यत्र इनका जल चलता है। पर आश्चर्य यह है कि इनके पुरोहित ब्राह्मणों का जल नहीं चलता। कहते हैं, किसी राजा ने माली के गले में जनेऊ डालकर इन्हें ब्राह्मण बनाया था। इसी ब्राह्मण वंश के लोग दाशों के पुरोहित हैं। इसी तरह कैवर्तों का जल चलता है पर उनके ब्राह्मणों का नहीं ! श्री लाल मोहन विद्यानिधि ने भी यह बात लिखी है (सम्बन्ध निर्णय पृ. 192)।

देवल ब्राह्मण अनेक स्थानों पर वृत्ति के कारण पतित माने गये हैं। काशी के गंगापुत्र गण यद्यपि तीर्थ गुरु (पण्डा) हैं तथपि अन्य ब्राह्मण उनको नहीं स्वीकार करना चाहते। गयावाल ब्राह्मणों की भी यही दशा है। बहुत लोगों का मत है कि ये अनार्यों के ब्राह्मण थे (e.R.E. III, 283)। फिर भी सभी हिन्दू, यहाँ तक कि ब्राह्मण भी इनकी चरणपूजा करते हैं। द्वारका के तीर्थगुरु गुगली या गोकुली ब्राह्मण भी इसी प्रकार तीर्थ गुरु होकर भी हीन माने जाते हैं (What Castes are II. 101)। मथुरा के चौबे लोगों के आचार व्यवहार और विवाहादि सम्बन्ध में कई लोगों ने सन्देह किया है कि वह आर्योचित् नहीं है।

बंगाल के आचार्य या गणक ब्राह्मण भी हीन समझे जाते हैं। अन्यान्य प्रदेशों में शाकद्वीपियों की भी यही दशा है। बंगाल के कई ब्राह्मणगण भी निम्न वर्ण के लोगों की यजमानी के कारण हीन समझे गये हैं। अग्रदानी लोग श्राद्ध में पहले (अग्र) दान लेने के कारण पतित हुए हैं (वही, 213)। भाट ब्राह्मणों का स्थान समाज में अति हीन है। किन्तु राजपूतों में, चारणों का खूब सम्मान है। पर ये लोग ब्राह्मण नहीं हैं। किसी किसी शाखा के राजपूतों और चारणों में विवाहादि सम्बन्ध चलता है (वही पृ. 181)। जान पड़ता है कि सिलहट के भट ऐसे ही हैं, अपने देश में वे क्षत्रिय कहलाते हैं।

जैसा कि पहले ही कहा गया है राजा वल्लाल सेन ने सुवर्ण वणिकों को पतित किया था। उन्होंने दंभ के साथ कहा था यदि दांभिक सुवर्ण वणिकों को शूद्र न बना दूँ, तो मुझे गोघात और ब्रह्मघात पाप हो—यदि दांभिकान् सुवर्णवणिजः शूद्रत्वे न पातयिष्यामि....गो ब्राह्मण घातेन यानि पातकानि तानि मे भविष्यन्ति (वल्लालचरित, 23

अध्याय)। इन्होंने ही कैवर्त, मालाकार, कुम्भकार, और लुहार (कामार) जाति का जल चलवाया था।

नम्बूद्री ब्राह्मणों की आचार निष्ठा और नायर कन्याओं के साथ 'सम्बन्धम्' की चर्चा पहले हो चुकी है। ये ही आचारनिष्ठ ब्राह्मण तो क्षत्रियों के हाथ का खाते हैं पर नायर स्त्रियाँ नहीं खातीं (What castes are P. 76)।

तुलुर या तुलव ब्राह्मण भी नम्बूद्रियों के समान ही सम्मानित हैं। वे अपने को ही उस प्रदेश का मालिक समझते हैं। उस देश की क्षत्रिय राज-कन्याओं के साथ सहवास करने का एक मात्र अधिकार उन्हीं को है। कुमली राज के कन्याओं के साथ तुलव ब्राह्मण के सहवास से जो पुत्र उत्पन्न होता है, वही राज्य का अधिकारी होता है। इच्छा हो तो राजकन्यायें ब्राह्मण बदल भी सकती हैं (वही P. 70)।

कहीं कहीं ब्राह्मणों में भी विधवा-विवाह प्रचलित है। औदीच्य ब्राह्मणों में श्रीमाली लोग विधवाओं का विवाह करते हैं (पृ. 98)। बगड़ औदीच्य भी विधवा-विवाह करते हैं, इसीलिये वे हीन माने जाते हैं। किन्तु इनके साथ हलवद् औदिच्यों का सम्बन्ध होता है। हलवद् लोगों के साथ कुलीन सिद्धपुरियों का सम्बन्ध होता है (Cens. Bar. 432)। गुजरात और काठियावाड़ के सिंधव सारस्वतों में विधवा-विवाह प्रचलित है। ये यजुर्वेदी ब्राह्मण हैं (वही 105)।

क्रुक कहते हैं कि राजपुत और ब्राह्मणों में बहुतेरी आर्यपूर्व जातियों का मिश्रण है (P. 201)। मध्य भारत में बहुत सी गोंड जातियाँ धीरे-धीरे राजपूत बन गई हैं। अवध में बहुत थोड़े दिन पहले बहुत सी जातियाँ राजपूत बन गई हैं (वही)। वैगा नामक भूत झाड़ने वाले ओझा पहले अनार्य थे। बाद में ब्राह्मण हो गये हैं (वही)।

गुरवों की खस जाति में ऊँची जातियाँ नीची जाति की कन्या से विवाह कर सकती हैं। इनसे उत्पन्न सन्तान एक सीढ़ी नीचे की जाति होती है (Camp. 318)।

पंजाब में किन्हीं किन्हीं ब्राह्मण-क्षत्रियों में विधवा-विवाह प्रचलित है (वही 403)। लोहाना लोगों में विधवा-विवाह प्रचलित है, ये लोग जनेऊ धारण करते हैं। इनके पुरोहित सारस्वत ब्राह्मण उनके साथ खाते हैं। भाटिया लोगों की भी बहुत कुछ ऐसी ही रीति है (Cens. Par. 449)। गुजरात के सारस्वतों में भी विधवा-विवाह चलता है (Crook, IV. 290)।

जातिभेद की प्रचण्डता और प्रसार

क्रमशः इस देश में जातिभेद ने ऐसा घर बनाया कि लोगों ने समझना शुरू किया कि देवताओं की भी जाति होती है। महाभारत में लिखा है कि यद्यपि इन्द्र भी ब्रह्मा के ही पुत्र हैं, तथपि कर्म के गुण से वे क्षत्रिय हुए (शान्ति. 22 । 11) । आज इस मज्जाव्यापी प्रथा को उखाड़ फेकनें का सामर्थ्य किसी में नहीं है। कोई भी इसके ऊपर हाथ उठाते समय दुस्साहस का ही कार्य करता है। राजा राममोहन राय ने जब आधुनिक युग के प्रत्यूष काल में समाज में सुधार लाना चाहा था, तो उन्होंने जातिभेद हटा कर एक अलग सम्प्रदाय नहीं खड़ा करना चाहा था। उनके सुयोग्य सहकारी महर्षि देवेन्द्रनाथ की भी इच्छा ऐसी नहीं थी। ये लोग वर्ण और जातियों में असमान व्यवहार और एक का दूसरे पर अत्याचार पसंद नहीं करते थे। बाद में जब केशवचन्द्र सेन आदि ने एक जातिवर्ण-हीन नवीन सम्प्रदाय स्थापित करने की सोची, तभी देश के साथ एक जबर्दस्त मुठभेड़ हुई। ऐसे ही समय में रामकृष्ण परमहंस की उदार वाणी सुनाई दी। लोगों का उधर झुकाव हुआ। स्वामी विवेकानन्द यद्यपि धर्मसाधना में परमहंस देव के शिष्य थे तथपि वे छुआछूत और जातिभेद के विरोधी थे। लोगों ने उनके इस विरोध को छोड़ कर ही आराम से उनके मत को स्वीकार किया। पश्चिमी भारत में स्वामी दयानन्द ने गुण कर्म के अनुसार वर्णव्यवस्था स्थापित करनी चाही, पर वह आन्दोलन ही असफल रहा। आज हालत यह है कि जाति-वर्ण की कल्पना को छोड़ने का अर्थ ही समझा जाता है हिन्दू धर्म को छोड़ना। इच्छा से या अनिच्छा से, भारतीय आर्यधर्म आज जाति भेद से इस प्रकार जकड़ गया है कि उससे उसे मुक्त करने की बात कोई सोच ही नहीं पाता।

बौद्ध लोग जाति भेद की प्रथा के विरुद्ध सैकड़ों वर्ष तक लड़कर अन्त में हार मानने को मजबूर हुए। जैनों ने भी इस प्रथा के साथ धीरे धीरे समझौता कर लिया और समझौते के बल पर ही अब तक टिके रहे। उनका श्वेताम्बर-दिगम्बर बंधन जातिभेद से भी दृढ़ है (Gloss. I. 105) । जैनों में भी ब्राह्मणादि जातियाँ हैं और उनमें नौ या सात वर्ष की उमर में ग्रहपूजा, शान्तिस्वस्त्ययन आदि के साथ बालकों का उपनयन भी होता है (Mysore. III. 421) । उनके विवाह में ब्राह्मण पुरोहित होम आदि करते हैं (वही 409) । वस्तुतः ब्राह्मण धर्म के विरुद्ध लड़ने से ही यद्यपि उनका

आरंभ हुआ था, पर वे अन्त तक चलकर उससे समझौता करके ही अपनी हस्ती बचा सके (वही 463)।

भागवत धर्म भक्ति और प्रेम का धर्म है। इसमें जातिभेद का स्थान न होना ही स्वाभाविक था। पर भागवत गण अपने आदर्श के रूप में भले ही जातपांत को स्थान न दें, समाज में उसे मानने को मजबूर हुए हैं। वे लोग भीतर ही भीतर मानते हैं कि "विप्राद्धिषड्गुणयुताम्—चण्डलोऽपि द्विजश्रेष्ठ हरिभक्तिपरायण:" किन्तु यह केवल धर्मसाधना के क्षेत्र में ही। समाज से यह बात वे नहीं चला सके। महाप्रभु चैतन्यदेव प्रेम भक्ति के अधिकार में यद्यपि जाति और सम्प्रदाय का भेद नहीं मानते तथापि खान पान और सामाजिक व्यवहार में वे इसे अस्वीकार नहीं कर सके थे।

अद्वैताचार्य महाप्रभु चैतन्य देव के दाहिने हाथ थे। ये श्रेष्ठ वारेन्द्र श्रेणी के ब्राह्मण थे। समाज त्याग करने का उत्साह उनमें नहीं था। इस विषय में नित्यानन्द ज्यादा साहसी थे। जातपांत हटा देने के प्रस्ताव पर नित्यानन्द तो राजी थे पर अद्वैताचार्य राजी नहीं थे। अकेले नित्यानन्द वैष्णव समाज से जातपांत को उखाड़ने में समर्थ नहीं थे। अद्वैताचार्य इस सामाजिक व्यवहार के सिवा अन्यत्र बहुत उदार थे। इसलिये वे यवन हरिदास को श्राद्धपात्र दे सके थे। उन दिनों यह मामूली बात नहीं थी। सुना जाता है कि श्री नित्यानन्द ने भक्त उद्धारणदत्त के हाथ का खाने में जूंठे का भी विचार नहीं किया था। इसीलिये चैतन्यचरितामृत ग्रंथ में लिखा है कि नित्यनन्द अवधूत थे, ऐसा करने से उनका कुछ बनता बिगड़ता नहीं (नान्यदोषेंण मस्करी)। बाद में यद्यपि इन्होंने विवाह किया था, पर सबने इन बातों को उनके अवधूतपन का कार्य ही मान लिया है। महाप्रभु चैतन्य देव ने एक बहुत बड़ा कार्य किया है, शूद्रादि हीन जातियों को ब्राह्मणादि को भी मंत्र-शिष्य बनाने का अधिकार देकर। यही कारण है कि आज भी वैष्णव समाज में अनेकानेक अब्राह्मण गुरु के निकट ब्राह्मण शिष्यों को मस्तक नत करते देखा जाता है।

कहा गया है कि महाराष्ट्र के नामदेव और तुकाराम आदि शूद्र थे। निवृत्तिनाथ, ज्ञानेश्वर, सोपान और मुक्ताबाई यद्यपि ब्राह्मणों की सन्तान हैं तथापि उनके पिता ने संन्यास आश्रम त्याग कर गृहस्थाश्रम में प्रवेश किया था। इसी लिये उनकी सन्तान शास्त्रीय मत से पतित हुई। ये लोग भी शूद्र भक्तों के प्रति भक्ति रखते थे। इन्होंने श्राद्ध के अवसर पर ब्राह्मणों से पहले अन्त्यजों को भोजन कराया था। महाराष्ट्र में शूद्र भक्तों के अनेक ब्राह्मण भक्त हैं (Gyure, P. 94-95)।

कबीर, दादू आदि भक्तों ने जातिभेद पर कठोर आक्रमण किया है। न करने से लोग इन्हीं का नेतृत्व क्यों स्वीकार करते ? किन्तु आजकल उनके ही सम्प्रदाय में जातिभेद बदस्तूर विद्यमान है। आचार विरोधी कबीर के ही सम्प्रदाय के ऊदापंथी

बाद में चलकर ऐसे कठोर आचारपरायण हुए हैं कि भारतवर्ष के नम्बूद्री ब्राह्मण भी शायद ही ऐसे हों। इस विषय में सिक्ख लोग ज्यादा सफल कहे जायेंगे। गुरु गोविन्द सिंह के खालसा धर्म में जाति-धर्म-निर्विशेष सभी सादर स्वीकृत हुए हैं। उनमें कलवार यानी मद्य-विक्रेता कलाल जाति भी क्रमश: अभिजात हो सकी है। तथापि इनमें भी मेहतर आदि श्रेणियाँ आज भी विच्छिन्न हैं। इन्हें 'मजहबी' कहते हैं। मोची और जुलाहे सिक्ख रामदासी कहलाते हैं। ये भी साधारण सिक्ख समाज से अलग हैं। सिक्खों में केशधारी और सहजधारी ये दो भाग हैं। फिर निरंजनी, निरंकारी, गंगूशाही, मीना, सेवापंथी, कूकापंथी, निर्मला, उदासी आदि श्रेणियाँ जातिभेद से कम नहीं हैं।

गोस्वामी तुलसीदास परम भागवत थे। उन्होंने स्वयं लिखा है कि लड़कपन में दारुण दारिद्र्यवश वे सब जाति के घर का टुकड़ा मांगकर खाने को मजबूर हुए थे। दर दर भटककर, उन्होंने दिन काटा था। यद्यपि वे स्वयं ब्राह्मण थे पर उनके परम आराध्य क्षत्रिय अवतार श्रीरामचन्द्र थे। यद्यपि उन्होंने स्वयं संसार त्याग कर विरक्त जीवन यापन किया है, फिर भी वर्ण भेद को वे अस्वीकार नहीं कर सके।

बारहवीं शताब्दी में द्रविड़ देश में भक्त बसव का जन्म हुआ था। शिवभक्ति प्रधान एक नया सम्प्रदाय उन्होंने खड़ा किया। यही वीर शैव या लिंगायत सम्प्रदाय है। बसव ने जातिभेद पर कठोर आक्रमण किया है। किन्तु बाद में उन्हीं के शिष्य-प्रशिष्य जंगम नाम ग्रहण करके ब्राह्मणों की भांति हो उठे। उनमें आराध्य नाम से प्रसिद्ध ब्राह्मणों की एक विशेष श्रेणी भी है। धीरे-धीरे इनमें भी शुद्ध-मार्ग-मिश्र-अण्डेवे ये चार वर्ग हो गये। वही ब्राह्मण, क्षत्रिय, वैश्य, शूद्र नया नाम लेकर यहाँ अवतीर्ण हुए। इनमें अन्त्यज श्रेणी भी है। इस प्रकार देखा जाता है कि इस देश में जो भी सुधारक जातिभेद को हटाने की कोशिश करते हैं, वे अगर कुछ काल के लिये सफल हो भी जाते हैं, तो बाद में उन्हीं का सम्प्रदाय असंख्य जातियों में एक जाति बन बैठता है। ऐसे ही बम्बई प्रान्त में विष्णोई, साधु, योगी, गोसाईं आदि जातियाँ बन गई हैं (Ghurye, P. 29, 95)।

जिसप्रकार विशेष विशेष धार्मिक सम्प्रदायों के कारण नई नई जातियाँ बनी हैं, उसी प्रकार विशेष विशेष अवस्था के कारण भी नवीन जातियाँ बनी हैं। उड़ीसा में अकाल के समय सरकारी सत्र में खाने से एक श्रेणी से लोग हीन समझ लिये गये और उनका नाम छत्रसिखा या (छत्तर में खाने वाले) पड़ गया। यह एक अलग ही जाति बन गई। सीलोन में बागों में कुली का काम करने वालों की एक अलग जाति 'चलिय' नाम से बन गई है (Sacred. Budh. II. 15)। उड़ीसा की सागर पेशा भी एक नई जाति है।

मुसलमान धर्म में किसी प्रकार का जातिभेद का नहीं होना ही स्वाभाविक है।

पर इनमें भी सेख, सैयद, मुगल, पठान भेद हैं। यद्यपि यह भेद धर्म के क्षेत्र में नहीं है तथपि इसका सामाजिक मूल्य है। इसलिये Cens. Bar. में मुसलमानी जातियाँ अलग गिनाई हुई हैं। इन जातियों में 'रोटी-बेटी' का विचार चलता है (Myssore, IV. 290)। महदवी लोग अन्य सम्प्रदायों से विवाह सम्बन्ध नहीं करते। बाहर से कन्या यदि ले आते हैं तो पहले उसे अपने संप्रदाय की दीक्षा दे लेते हैं तब ग्रहण करते हैं। ये औरों को अपनी कन्यायें नहीं देते (P. 342)। बोहरा लोग अपने को इतना श्रेष्ठ मानते हैं कि उनकी मस्जिद में अन्य श्रेणी के मुसलमान यदि नमाज पढ़े तो वे स्थान को धोकर शुद्ध करते हैं (पृ. 346)।

यहाँ के अधिकांश मुसलमान हिन्दुओं से ही हुए हैं। अनेक समय चुटिया कटाने और कलमा पढ़ने के सिवा बाकी सब हिन्दू आचार ज्यों-के-त्यों रह गये हैं। मुसलमान, राजपूत, गूजर और जाटों में विवाहादि सम्बन्धी विधि-निषेध हू-ब-हू वही हैं जो इन नामों की हिन्दू जातियों में हैं (Punj. 13-14 और Crook I, P. XVIII)। दक्षिण भारत के लब्बई मुसलमान निम्न श्रेणी के हिन्दुओं में से बने हैं। उनकी विवाह प्रथा ठीक वैसी ही है जैसी इस श्रेणी के हिन्दुओं की (Myssore. IV, 391)। सिंध और सीमा प्रान्त में देखा जाता है कि पीर मानों ब्राह्मण हैं, पठान और विलोक मानों क्षत्रिय हैं और जाट वैश्य हैं। इसके सिवा कारीगरों की श्रेणी शूद्र जैसी है और अन्त्यज जैसी श्रेणी भी है (Punj. 15)।

मुसलमान समाज में भी जुलाहे, धुनिया, कुलू, हजाम, दरजी, कुजड़ा, आदि सामाजिक स्तर हैं। निकारी और महिमाल वगैरह इस समाज में भी प्रायः अन्त्यजों के समान हैं। मोमिनों का दावा है कि वे मुसलमान समाज में आधे से अधिक हैं, फिर भी उन्हें कोई अधिकार प्राप्त नहीं है। हिन्दुओं की तरह ही मुसलमानों में भी वर्ण मुसलमान बहुत कम हैं फिर भी वे ही अधिकांश क्षेत्रों में जन नेता हैं।

तथापि इस समाज में सुविधा यह है कि पैसा होते ही निचली श्रेणी का आदमी उपरले स्तर पर आ जाता है। फारसी पद्य है—

पेशाइन कस्साव बूदेम बाद जान गस्तम शेख।
गल्ला चूं ऐ जान् शवद् इम्साल सैय्यद मेशवेम्॥

अर्थात् मैं पहले साल कसाई था, दूसरे साल शेख हुआ, यदि इस साल गल्ले का दाम चढ़ा तो मैं सैय्यद हो जाऊँगा (Crook, IV, 315)। इसी बात का समर्थन Punj. पृ. 10 में भी है। Cens. Ind, 1921, (Vol. I Part I, 227) में कहा गया है कि इस देश के अधिकांश मुसलमान धर्मान्तरित हिन्दू हैं उनमें जातिभेद जैसा बंधन बदस्तूर रह गया है। उनमें भी पठान, मुगल, सैयद, सेख आदि भाग हैं। वोहरा, खोजा, कुलू, मेमना, जुलाहा आदि श्रेणियों में जातिगत बंधन नितान्त कम नहीं हैं।

हिन्दुओं की छुआछूत भी उनमें घुसी है। वे भी मुसलमानों के सिवा और किसी के हाथ का छुआ जल नहीं ग्रहण करते। वीरभूमि जिले में मैंने देखा है (शायद अन्यत्र भी हो) कि मुसलमान लोग हिन्दुओं के घर 'पक्की' रसोई (अर्थात् पूड़ी आदि) के सिवा और कुछ नहीं खाते। दही और चूड़ा तो खा लेंगे पर भात-दाल नहीं खायेंगे। यह घृत-पक्क का विधान विशुद्ध हिन्दू स्मृति का विधान है—'आज्यपक्कं', 'पयःपक्कं', पक्कं केवलवाह्निना।" देखा जाता है कि इस विधान ने मुसलमानों को भी धर दबाया है। यह तो विश्वास नहीं होता कि कुरान या हदीस में भी यह व्यवस्था ऐसी ही पाई जाती होगी। इसलिये यही मान लेना सहज है कि इस व्यापार में काशी की व्यवस्था मक्का-मदीना की व्यवस्था पर हावी है। ये आज भी नहीं समझ सके कि हिन्दू व्यवस्था से लड़ाई करने जाकर वे स्वयं उसी के चक्कर में पड़ गये।

मुस्लिम जाति व्यवस्था के सम्बन्ध में Cens. Ind. (VI, 439-451) बहुत सी जानने योग्य बातें संगृहीत हैं।

पुराने जमाने में जो ईसाई इस देश में आकर दक्षिण भारत में बस गये थे उनमें भी जातिभेद है (Mysore I, P. VI.)। उत्तर भारत के ईसाई समाज में भी जातिभेद वर्तमान है। दक्षिण भारत में तो इसने ईसाई समाज में भी पूरा अधिकार जमा लिया है। वहाँ के बहुत से गिर्जों में अन्त्यज श्रेणी के ईसाई प्रवेश नहीं कर सकते। वहाँ के रोमन कैथोलिक ईसाइयों में भी ब्राह्मणादि श्रेणी हैं। पोप पन्द्रहवें ग्रेगरी ने यह व्यवस्था दी थी कि भारतीय चर्चों में जातिभेद माना जा सकता है (Ency. Brit. V, 468 और Ghurye, P. 164)। रोमन कैथोलिकों में हिन्दुओं की ही भंति बाल विधवा का विवाह नहीं होता (Myssore, III, 31) और बहुत से हिन्दू आचार ज्यों के त्यों होते हैं (पृ. 46)।

इस देश में आकर अंग्रेज लोग भी प्राचीन आर्यों की दशा में पड़ गये हैं। ये जातिभेद नहीं मानते फिर भी इस देश में ऊँच-नीच भेद इतना प्रबल है कि दूसरे को घृणा किये बिना अपनी उच्चता प्रमाणित की ही नहीं जा सकती ! ये लोग भी भारतीयों को भिन्न जाति का समझते हैं। इनकी दृष्टि में सभी भारतवासी शूद्र और अस्पृश्य हैं। जैसे प्राचीन आर्य अपने शूद्र भृत्यों का अन्न-जल ग्रहण कर लेते थे वैसे ही ये भी अपने भृत्य भारतीयों का अन्न और सेवा ग्रहण कर लेते हैं, नहीं तो बाकी भारतीय उनके लिये अस्पृश्य ही हैं।

आजकल के बहुत से तथाकथित शिक्षित और साम्यवादी भारतवासी प्राचीन जातिभेद को तो बहुत कुछ मानते ही हैं, नये सिरे से रुपये पैसे और नौकरियों के कारण एक नई तरह की जाति-प्रथा भी इन्होंने स्वीकार कर ली है। पहले एक एक जाति में एक प्रकार की समान व्यवहारिकता या Democracy थी। अब हाल यह है

कि एक ही जाति में आई.सी.एस. बालों की अलग जाती है, डिप्टी, मुन्सिफ, इन्जीनियर, डाक्टर, प्रोफेसर, टीचर, क्लर्क ये भिन्न-भिन्न जातियाँ हैं। व्यवसायियों में भी अर्थानुसार मर्यादा भेद है। मुफस्सिल के शहरों और कस्बों में प्राय: ही इन भिन्न-भिन्न श्रेणी के व्यक्तियों के क्लब वगैरह एक साथ नहीं चल सकते। इसीलिये शिक्षाप्रसार होने पर भी इस देश का सामाजिक जीवन क्रमश: हीन होता जा रहा है।

यद्यपि रेल, होटल, रेष्टोरां आदि के कारण जातिभेद की कट्टरता धीरे-धीरे कम होती जा रही है तथापि इस विषय के सम्बंध में तर्क करने की उग्रता अब भी पूरी मात्रा में वर्तमान है। बंगाल में एक मनोरंजक कहावत चल पड़ी है—

जाति मारलो तिन सेने
ष्टेसेने, विलसेने, केशवसेने।

अर्थत् तीन सेनों ने जाति मारी है—स्टेशन (अर्थात् रेलवे स्टेशन) विलसन (उन्नीसवीं शताब्दी में कलकत्ते के एक विख्यात होटल के मालिक) और केशवसेन (अर्थात् सुप्रसिद्ध ब्रह्म समाजी नेता केशवचन्द्र सेन)। पर इतनी चोटें खाकर भी जातिभेद इस देश में समूची ताकत के साथ जी रहा है !

प्राचीन समाज : व्यवहार और उद्देश्य

समाज-व्यवस्था के मूल में साधारणत: एक ऊँचा आदर्श रहा करता है। भारतीय समाज-व्यवस्था के मूल में भी निश्चय ही एक महान् उद्देश्य था। शास्त्रकारों ने स्त्रीत्व का अत्युच्च और महान् आदर्श स्थापित करना चाहा था, इस विषय में भी कोई सन्देह नहीं है। इसीलिये महाभारत में कहा गया है कि 'स्त्री मनुष्य का अद्र्धभाग है, स्त्री पति की श्रेष्ठ मित्र है, वह धर्म-अर्थ-काम इस त्रिवर्ग का मूल है (आदि 74 । 1)। संसार में यदि स्त्री का सम्मान न हो तो संसार व्यर्थ है (अनु. 46 । 5-6, उद्योग 38 । 11)। जिस जगह स्त्रियों के मन में दु:ख पहुंचता है वहाँ कल्याण नहीं (अनु. 46 । 7) इत्यादि।

पतिव्रता और शीलवती के माहात्म्य से सारा हिंदूशास्त्र भरा है। किन्तु स्त्री के प्रति पति के कर्तव्य का भी कम उल्लेख नहीं है। महाभारत से जान पड़ता है कि जब द्रौपदी थक जाती थीं तो उनके पति लोग उनका चरण भी दबा देते थे (वन. 144 । 20)। स्त्रियाँ युद्ध में योग देती थीं (सभा 14 । 51), सभा-समितियों में उनके लिये आसन निर्दिष्ट होते थे (आदि 134 । 11) और हस्तिनापुर के कोष की व्यवस्था का भार द्रौपदी पर था (आदि 159 । 11)। सिर्फ परिवार में ही नहीं तपश्चर्या में भी नारी का स्थान महत्वपूर्ण था। सत्यवती, गांधारी, कुन्ती, सत्यभामा आदि स्त्रियाँ वृद्धावस्था में वानप्रस्थ व्रत अवलम्बन करके तपोनिरत हुई थीं (आदि 122 । 12, आश्रम 15 । 2, 17 । 20, मुषल 7 । 14)।

परन्तु यद्यपि शास्त्रकारों का आदर्श बहुत ऊँचा था, पर नाना शास्त्रों और पुराणों में इस आदर्श के व्यवहार संबंधी जो कथाएं मिलती हैं वह सदा उत्तम ही नहीं होतीं। किसी समय आदर्श और व्यवहार में निश्चय ही बड़ा व्यवधान पड़ गया होगा, नहीं तो पुराणादि में ऐसी घटनायें झूठमूठ ही सन्निविष्ट न होतीं।

गीता में भगवान् से अर्जुन ने कहा है कि स्त्रियों में दोष आने से वर्णसंकर पैदा होते हैं जो सारे कुल को नरक में ले जाते हैं (गीता 1 । 41-42)। यह ठीक है और बहुत से लोगों का विश्वास है कि वर्णशुद्धि की रक्षा के लिये रोटी-बेटी का संयमन आवश्यक है और इसीलिये जातिभेद वर्णशुद्धि का पोषक है। परन्तु यह समझना कि केवल ऊँचा आदर्श रख देने से ही उस आदर्श का पालन हो जायगा, ठीक नहीं है।

आदर्श की मर्यादा नर-नारी के व्यक्तिगत चरित्र पर निर्भर करता है । पुराने ग्रन्थों के देखने से पता चलता है कि वर्णशुद्धि सुरक्षित रखने के व्यवहार में शायद कहीं छिद्र भी था ।

वैसे तो वैदिक युग में भी, उस समय चरित्रगत विशुद्धता की रक्षा का भरपूर प्रयत्न किया गया था, फिर भी कुछ कुछ नैतिक दुर्बलता का आभास मिल ही जाता है । उन दिनों के समाज में दुर्नीति-परायण पुरुषों और स्त्रियों का अभाव नहीं था । अनुमान किया गया है कि कभी-कभी भ्रातृहीना कन्याओं की दुर्गति यहाँ तक बढ़ जाती थी कि उन्हें वेश्यावृत्ति करनी पड़ती थी (Vedic Inded Vol. I, P. 395) अथर्ववेद के एक सूक्त (15 । 1 । 2) में 'पुंश्चली' शब्द का बारम्बार उल्लेख है । इस वेद में (14 । 1 । 36) 'महानघ्नी' या 'महानग्नी' शब्द का प्रयोग है । फिर बीसवें काण्ड के कुत्ताप सूत्र में इस शब्द का कई बार प्रयोग हुआ है । इसका अर्थ भी वेश्या ही है । वाजसनेयि-संहिता (30 । 6) में कुमारी-पुत्र शब्द पाया जाता है, जिसका अर्थ महीधरने 'कानीन' अर्थात् अविवाहिता का पुत्र किया है । तैतिरीय संहिता (3 । 4 । 2 । 1) में भी यह शब्द है और अथर्ववेद में तो लाक्षा के पिता को गाली देने के लिए ही 'कानीन' शब्द का व्यवहार हुआ है (5 । 5 । 8) ।

इसी प्रकार ऋग्वेद में इसी अर्थ में (4 । 19 । 9) 'अग्रवेय' शब्द का व्यवहार है । अग्र अर्थात् अविवाहिता कन्या । पर सायण ने इस शब्द को किसी व्यक्ति विशेष का नाम कहा है । ऋग्वेद में अन्यत्र (4 । 30 । 16) भी इस शब्द का प्रयोग है । दृष्टान्त के बहाने ऋग्वेद में 'रहसू' शब्द का प्रयोग है जिसका अर्थ करते समय सायण ने कहा है कि रहसू वह स्त्री है जो अज्ञात स्थान में गर्भपात करती है । वाजसनेयि संहिता (23 । 30) में आर्य की उपपत्नी शूद्रा और शूद्र की उपपत्नी आर्या (23 । 31) का भी उल्लेख है ।

समाज में इस प्रकार की दुर्गति शायद इसलिये अधिक आ गई थी कि बहुत सी कन्याओं का विवाह नहीं हो पाता था और घर में ही वे बूढ़ी हो जाती थीं । ऐसी कन्याओं को उन दिनों 'अमाजूर्' कहा करते थे । ऋग्वेद में (2 । 17 । 7) ऋषि गृत्समद कहते हैं—अमाजूरिव पित्रो: सचा सती । इस पर सायणाचार्य कहते हैं कि पति न पा सकने के कारण जिस प्रकार अमाजूर कन्या माँ बाप के पास रहकर जीर्ण हो जाती है । काण्व सोमारि ऋषि कहते हैं कि उसी प्रकार ऐसा न हो कि हमें भी अमाजूर का दुर्भाग्य भोगना पड़े (ऋग् 8 । 21 । 15) । कक्षीवान् ऋषि की कन्या घोषा चर्मरोगाक्रान्त होकर अविवाहित भाव से ही पति गृह में रहती थी, बाद में देवता के प्रसाद से अच्छी होकर पति लाभ करने में समर्थ हो सकी ।

उन दिनों ऐसी बहुत सी स्त्रियाँ थीं जो चंचल-स्वभावा थीं । वे उत्सवादि में भीड़ करती थीं, जहाँ गान, नृत्य, सुरा आदि के साथ नाना प्रकार की उच्छृखंलता चलती थी ।

ऋग्वेद (1 । 124 । 8) के 'समनगा इव व्रा:' इस मन्त्र से जान पड़ता है कि स्त्रियाँ समन या उत्सव में जाया करती थीं। इसी वेद में अन्यत्र (4 । 58 । 8) 'समनेव योषा:' से भी ऐसा ही अनुमान होता है। भरद्वाज-पुत्र परयु ऋषि ने कहा है कि धनु की दोनों कोटियाँ 'समनस्था' स्त्रियों की भांति निरन्तर उद्देश्य सिद्ध कर रही हैं (षक् 6 । 75 । 4)।

इस 'समन' के विषय में अथर्ववेद में और भी स्पष्ट कहा गया है। वहाँ ऋषि कहते हैं, हे अग्नि, हमारे सौभाग्य से कन्यार्थी पुरुष, इस कन्या के पास आयें। बरों के निकट यह कन्या रमणीया (पुष्टा) हो, समनों में यह कन्या बल्गु, (रुचिरा, हृद्या, मधुरा) हो और पति का सहवास पाने का सौभाग्य इसे हो (2 । 36 । 1)। ऋग्वेद में (10 । 168 । 2) 'समनं न योषा' इसका अर्थ करते समय सायण कहते हैं कि "धृष्ट पुरुष के पास कामिनियों की भाँति" (धृष्टं पुरुषं कामिन्य इव)।

ऐसा जान पड़ता है कि समाज के व्यवस्थापक उन दिनों इस प्रकार की दुर्नीति से विचलित हुए थे। वे जानते थे कि जिस पर विश्वास न किया जाय वह भी विश्वास के अयोग्य ही हो सकता है। इसीलिये उन्होंने नाना भाव से नारी की महिमा घोषित की। पर उससे उन्हें विशेष फल मिलता नहीं दिखा। समस्या बनी रही। फिर उन्होंने दूसरी नीति ग्रहण की। नारी-चरित्र के काले पहलू को उन्होंने वीभत्स और जुगुप्स-व्यंजक भाषा में प्रकट किया। ऐसी बातें लिखने में उन्हें सुख नहीं मिला होगा, यह तो मानी हुई बात है। निश्चय ही ऐसा करते समय उनकी मानसिक वेदना अत्यन्त चढ़ाव पर रही होगी। तभी तो मनु ने कहा था कि 'स्त्रियों में कुछ भी संमय नहीं होता, मोहित करके पुरुष को भ्रष्ट करना ही उनका काम है (2 । 123-124), इस विषय में उनमें अच्छे बुरे का विचार नहीं है (9 । 14), इनके स्वभाव में ही कुछ ऐसा चांचल्य है कि हजार तरह से रक्षा करने से भी कोई फल नहीं होता (9 । 15), श्रुति और स्मृति में इनकी चरित्रहीनता प्रसिद्ध है (9 । 19) इत्यादि। इसी नवम अध्यय में मनु भगवान् ने और भी कहा है कि स्त्रियाँ ऐसी हीन और अपदार्थ हैं कि वेद और मंत्र में भी उन्हें अधिकार नहीं है (9 । 18)। इसीलिये कभी भी स्त्री को स्वाधीन नहीं रहने देना चाहिये। सदैव वे पिता के, पुत्र के, या पति के अधीन रहें (9 । 3)। वशिष्ठसंहिता (5 म अ.) का भी यही मत है। हालांकि साथ ही मनु ने कहा है (9 । 15) कि किसी प्रकार के शासन से कोई फल नहीं मिलने का !

एक तरफ तो यह कहा गया है कि फिर दूसरी तरफ प्राचीन काल में जो शिक्षा-दीक्षा पाकर ये स्वयं पति वरण करती थीं उस प्रथा को उठाकर आठ नौ वर्ष की कच्ची उमर में विवाह देने की व्यवस्था की गई। यदि किसी प्रकार की रक्षा कारगर नहीं ही होती है तो क्यों उन्हें शिक्षित और सुसंस्कृत होने का अवसर नहीं दिया गया ? एक तरफ तो स्त्री की शुद्धि पर ही वर्णशुद्धि निर्भर बताई गई, दूसरी तरफ उन्हें वेद और मंत्र के अधिकार से वंचित करके उच्च आदर्श से अपरिचित रखा गया। मजा यह कि इस

प्रकार उच्चज्ञान से वंचित रखने का कारण बताया गया कामुकता और स्वभावगत असंयम जबकि संयमशिक्षा से उन्हें वंचित रखा गया ! इन परस्पर विरुद्ध बातों की संगति क्या है ?

गोत्र जाति आदि की जन्मगत विशुद्धि पर ही वर्णाश्रम धर्म प्रतिष्ठित है। अथच इस विशुद्धि की वाहिका नारियों के ऊपर विश्वास नहीं। यदि सब प्रकार की रक्षण-व्यवस्था बेकार ही है तब तो वर्णाश्रम व्यवस्था के मूल में ही घुन लगा हुआ है। गौतम पुत्र चिरकारी ने तो स्पष्ट ही कहा था—माता के सिवा और कौन जान सकता है कि गर्भ के बालक का असली पिता कौन है[1] ?

इसीलिये गरुड़ पुराण (पूर्व खण्ड 115 । 57) में कहा गया है कि नदी, अग्निहोत्र, भर्ता और कुलका अनुसंधान नहीं करना चाहिये, करने से दोष से वह हीन हो जाता है[2]।

समाज के व्यवस्थापकों ने वंश-रक्षा की इतनी बड़ी व्यवस्था इसलिये की थी कि आर्यों की संख्या कम न हो जाय। इसीलिये जरूरत पड़ने पर देवर से नियोग करके गर्भाधान कराने की व्यवस्था की गई थी। ऐसा जान पड़ता है कि यह प्रथा भी आगे चलकर आदर्श के विरुद्ध पड़ गई होगी। स्त्रियाँ पति के अभाव में देवर को पति रूप में स्वीकार कर लेती थीं[3]।

शायद इस आदर्शगत विरोध के कारण ही कलिकाल में देवर से पुत्रोत्पत्ति का निषेध किया गया था (पराशर.)।

सभी कारण तो मालूम नहीं, पर पौराणिक कथाओं से जान पड़ता है कि उस युग में आदर्श और व्यवहार का व्यवधान बहुत अधिक बढ़ गया था। शायद ही कोई पुराण हो जिससे हमारी बात का समर्थन न हो जाय। स्वयं महाभारत (अनु. 38-40 अध्याय) भी ऐसी भयंकर असंयम की बात कहता है। अवश्य ही ये बातें चरित्रहीना पंचचूड़ा की हैं। फिर भी महाभारत में उन्हें स्थान तो मिला ही है। शिवपुराण (धर्मसंहिता 43 अध्याय) में भी सनत्कुमार ने व्यास जी से पंचचूड़ा कथित स्त्री स्वभाव की बातें कहीं हैं। इन दोनों ग्रन्थों में कही हुई बातें ऐसी हैं कि उनका अनुवाद देना असंभव है। वराहपुराण (177 अध्याय) में भी श्रीकृष्ण नारद को यही बातें बताते हैं।

शिवपुराण में केवल पंचचूड़ा की बात कहकर ही स्त्री स्वभाव की दुष्टता का प्रसंग समाप्त नहीं कर दिया गया है। आगे 44वें अध्याय में स्त्री स्वभाव के सम्बन्ध

---

1. माता जानाति यद् गोत्रं माता जानाति यस्य सः।
(शान्तिपर्व, 265 । 35)
2. नदीनामग्निहोत्राणां भारतानां कुलस्य च।
मूलान्वेषो न कर्त्तव्यो मूलदोषेण हीयते॥
3. नारी तु पत्यभावे वै देवरं कुरुते पतिम्। (अनु. 8 । 22)

ं सती-शिरोमणि अरुंधती के मुख से भी वैसी ही बातें कहवाई गई हैं।

स्कंदपुराण (धर्मारण्य 3 । 81-87) में स्त्रियों को केवल पुरुष को मोहित करने वाली बताया गया है और नागर खण्ड (81, 32-37) में उनको चरित्र रक्षा करने में असमर्थ समझा गया है। महाभारत में भी कहीं-कहीं ऐसी उक्तियाँ मिलती हैं कि बहु पुरुष-युक्ता होना ही स्त्रियों की कामना है (आदि 202 । 8), वे कभी विश्वास योग्य नहीं है (उद्योग 37 । 57, द्रोण. 28 । 42, आदि 233 । 37)।

यदुवंश के ध्वंस होने के बाद शोकार्त यदु-रमणियों को लेकर अर्जुन जा रहे थे कि बीच में आभीर दस्युओं ने आक्रमण किया। यह आश्चर्य की बात है कि उस प्रकार शोकार्ता होने पर भी स्त्रियाँ कामार्ता होकर दस्युओं के साथ चली गई (मुषल 7 । 59)।

ब्रह्मवैवर्त पुराण के श्रीकृष्ण खण्ड में गोपियों के साथ भगवान् की लीलायें चाहे जैसी भी हों, भक्त लोग उसे लीला ही मान लेंगे पर वहीं स्त्रियों के सम्बन्ध में साधारण भाव से जो कुछ कहा गया है वह बहुत अश्लील है (172 श्लोक)[1]।

समाज की नैतिक अधोगति का अन्दाजा पद्मपुराण (उतर 213 । 8-13) की उस पत्नी-भक्त पति की व्यभिचारिणी पत्नी की कथा से चलता है जिसके जार-रति की निंदा सुनकर पति ने जहर खाकर प्राण दे दिये थे और उस पत्नी ने अपने मित्रों के परामर्श से अपने शिशु सन्तान को पालन करने के बहाने अपना प्राण धारण किया था। इसकी सखियाँ भी ऐसी ही थीं। इसका पुत्र बाद में उपनीत होकर परम नारायण भक्त हो गया था। इस पुराण में एक ऐसे ब्राह्मण की कथा भी है जो गर्भपात की दवा दिया करता था। भ्रूणहत्या उन दिनों खूब प्रचलित था। यही कारण है कि शास्त्रों में इस अपकर्म के प्रायश्चित्त का विधान है।

शायद कभी-कभी एक ऐसा समय आया था जब कि इस विषय में लोकमत भी बहुत ढीला हो गया था। स्कंदपुराण में एक विधवा के पुत्र-जन्म की कथा है। बताया गया है कि देवता के वर से अपने मृत पति का संग वह पा सकी थी (ब्रह्मखंड, उत्तरखंड 19 अध्याय)। देवता का वर चाहे जो कुछ भी रहा हो उसका पुत्र समाज में अचल नहीं रहा। यथासमय उसका उपनयन हुआ और वह समस्त विद्याओं में पारंगत तथा समस्त वेदों का ज्ञाता हुआ (वही 76-78)।

———

1. अनुसन्धित्सु पाठक पुराणों के निम्नलिखित अंशों को इस प्रसंग में देख सकते हैं। इसमें से कुछ तो इतने अधिक अश्लील हैं (जैसे पद्मपुराण के पाताल खंडवाला) कि कई निष्ठावान् सनातनी अनुवादकों ने भी उनको अनुनुवादित रहने देना ही उचित समझा है-नारी तप्तांगार और पुरुष घृतकुण्ड,- लिंगपुराण (पूर्वभाग 8 । 23), वृहद्धर्मपुराण (उत्तर खंड 5 । 3)। अश्लील आचरण, गरुड़पुराण (पूर्वखंड, 109 अध्याय), वामन पुराण 433 अध्याय, अग्नि पुराण 224 । 3, गरुड़पुराण (पाताल. 68 । 17-32 और 65 । 13-22), पद्मपुराण (उत्तरखंड 128 । 96-98, 105-106)।

जातिभेद और वंशशुद्धि

एक प्रकार के शिक्षित लोगों का कथन है कि जातिभेद से वंशशुद्धि या Ethnic purity ठीक रहती है। पर हिन्दू जाति को वंश (Ethnic) दृष्टि से जिन्होंने अध्ययन किया है उन पंडितों का मत इस विषय में बहुत आशाजनक नहीं है। उदाहरण के लिये बंगाल के द्विजों अर्थात् ब्राह्मण-क्षत्रिय-वैश्यों में आर्य, द्रविड़, मंगोल सभी प्रकार के रक्त हैं। जाति की विशुद्धि एक ऐसी प्राकृतिक अन्ध शक्ति पर निर्भर करती है जिसके निकट मनुष्य सदा हार मानता आया है।

पुराने जमाने में नौकरी और व्यवसाय के सिलसिले में पुरुष बाहर जाया करते थे। स्त्रियों को साथ ले जाना सब समय सुरक्षित भी नहीं था और प्रचलित भी नहीं था। यातायात के साधन भी नहीं थे। फलतः पुरुषों का चरित्र सदा शुद्ध नहीं रहता था। स्त्रियाँ जो घर पर रहा करती थीं, वियोगावस्था में दिन काटती थीं। ऐसी प्रोषित पतिकाओं की विरह-कथा से भारतीय साहित्य भरा है। ये पुरुषों की अपेक्षा निश्चय ही अधिक पवित्र रहती थीं पर इस बात के प्रमाण विरल नहीं हैं जिनसे स्त्रियों के ऊपर भी अनिश्चित प्रतीक्षा की प्रतिक्रिया का पड़ना सिद्ध होता है।

गुजरात के खोड़ावाड़ ब्राह्मणों का काम दोना पत्तल आदि बनाना है। ये कार्यवश विदेश में रहते हैं पर इनमें अब भी परिवार का साथ ले जाना उतना प्रचलित नहीं हुआ। सिंध के भाई-बंद सम्प्रदाय वाले सारी दुनिया में व्यवसाय करते हैं पर साथ में स्त्रियों को नहीं ले जा सकते। हाल ही में सिंध में जो ओउम् मण्डली की दुःखद घटना हो गई उसके लिये, कौन कह सकता है कि, इस प्रकार परिवार को साथ न ले जाने देने का सामाजिक नियम उत्तरदायी नहीं है ? भारतवर्ष के सभी प्रदेशों में इस प्रकार अपरिवृत भाव से प्रवास करने के नियम किसी-न-किसी मात्रा में मौजूद हैं ही। बंगाल में जो कौलीन्य प्रथाप्रचलित थी उसके कारण एक ही कुलीन पुरुष के कई कई विवाह होते थे जब कि अधिकांश वंशज (अकुलीन) पुरुष अविवाहित ही रह जाते थे। इसका परिणाम जो विषमय नहीं ही हुआ था, उसका कोई सबूत है ? जहाँ ऐसे और ऐसे अन्य अनेक सामाजिक नियम चलते हों वहाँ जाति-गत शुद्धि की आशा बहुत अधिक नहीं हो सकती।

आज कल समाज के मुखिया लोग ऐसे नियमों के कारण घटी हुई दुर्घटनाओं

के लिये अधिकांशत: स्त्रियों को ही जवाबदेह बनाते हैं। पुरुष प्राय: ही छूट पा जाते हैं। बल्कि पुराने जमाने में शास्त्रकार लोग स्त्रियों को दोषी नहीं ठहराते थे। उन्होंने यह तो मान ही लिया था कि यदि स्त्री स्वेच्छा से कुपथ गामी नहीं होती, बलात्कार से होती है तब तो वह निर्दोष है ही। वह त्याज्य तो एकदम नहीं है। अत्रि मुनि ने कहा है कि यदि स्त्री गलती से, प्रवंचित होकर बलात्कार द्वारा या प्रच्छन्न भाव से दूषित हो तो मान लेना होगा कि वह स्वेच्छा से कुपथगामिनी नहीं हुई। ऐसी अवस्था में वह त्याज्य नहीं है। ऋतुकालीन स्राव से ही वह शुद्ध हो जाती है (अत्रिसंहिता, 197-198) विधर्मी द्वारा एक बार परिभ्रष्ट स्त्री प्रजापत्य व्रत से और ऋतु स्नान से शुद्ध हो जाती है (वही 201-202)। देवलस्मृति वलात्कृता स्त्री को तभी अशुद्ध मानती है जबकि उसे गर्भ रह जाय अन्यथा वह तीन रात में शुद्ध हो जाती है (47)। किन्तु इच्छापूर्वक या अनिच्छा पूर्वक विधर्मी से गर्भ रह ही जाये तो भी कृच्छ्र सान्तपन और घृत सेक से स्त्री की शुद्धि हो ही जाती है (48-49)। सान्तपन व्रत की बात मनु में (10 213) भी है। अनिच्छा पूर्वक दूषिता स्त्री की निर्दोषिता के विषय में तो अत्रि, वसिष्ठ, पराशर, देवल सबका एक ही मत है। इस विषय में मत्स्यपुराण का कथन है अनिच्दा पूर्वक दूषिता नारी दण्डार्ह नहीं है, दूषक पुरुष दण्डार्ह है (221 । 128)। अग्निपुराण का भी यही मत है। यही नहीं, अग्निपुराण का कहना है कि ऋतुमती होते ही स्त्री शुद्धि हो जाती है (165 । 6-7), स्त्री की सभी शारीरिक दुर्नीति ऋतुस्नान से शुद्ध हो जाती है। स्कंदपुराण में भी कहा है कि स्रोत से नदी और ऋतुस्राव से स्त्री शुद्ध होती है। निरपराधा अन्योपभुक्ता स्त्री को त्यागना नहीं चाहिये (काशी. 40 । 37-48)। ब्रह्मवैवर्त पुराण का भी यहीं मत है (2 । 45 । 109, 4 । 51 । 53) पर साथ ही यह भी कहा गया है कि स्त्री की भी सम्मति हो तो वह भी दोषी होती है (4 । 47 । 40)। इस विषय में शास्त्रकारों का कथन युक्तियुक्त ही है किन्तु वंशगत विशुद्धि की रक्षा इससे नहीं हो सकती।

महाभारत के शान्तिपर्व में गौतम के पुत्र चिरकारी की कथा है। एक बार अपनी पत्नी को व्यभिचारलिप्तास देखकर उन्होंने पुत्र से उसको मार डालने को कहा। पुत्र ने यह सोचकर कि पति ही जब स्त्री का रक्षक है तो उसके चरित्र भ्रंश का दोष भी रक्षक का ही है, स्त्री का नहीं (265 । 40), माता को मार नहीं डाला। बाद में गौतम को अपनी "साध्वी" पत्नी को इस प्रकार मार डालने के आदेश से बड़ा कष्ट हुआ। पर तप:स्थान से लौटकर जब देखा कि पत्नी मार नहीं डाली गई तो सन्तुष्ट ही हुए। गौतम की पत्नी ही अहल्या थीं। अहल्या की कहानी नाना स्थानों में नाना भाव से वर्णित है। पर यहाँ (महाभारत में) जिस प्रकार कही गयी है वही अधिक संगत जान

पड़ती है। यहाँ न तो अहल्या के पत्थर होने का अभिशाप है न राम के चरणस्पर्श से पुनर्जीवन-लाभ। गौतम ने यहाँ बाद में ठीक ही समझा है कि राग, दर्प, मान, द्रोह, पाप और अप्रिय कार्य में देर से (धैर्यपूर्वक) काम करने वाला (=चिरकारी) ही प्रशस्त है और बंधु, सुहृद, भृत्य और स्त्री के अव्यक्त अपराध के मामलों में (सोच समझकर धैर्य पूर्वक) देर से करने वाला ही प्रशस्त है[1]–चिरकारी यहाँ कहते हैं कि स्त्री अपराध नहीं करती, अपराध पुरुष करता है (वही 40)। फिर सन्तान के लिये माता ही गुरु है, पिता नहीं, क्योंकि असल में तो माता ही जानती है कि सन्तान का असली पिता कौन है और उसका गोत्र क्या है (वही 35)।

उन दिनों भी समाज में असत्पुरुषों की कमी नहीं थी जो पतिहीना स्त्रियों पर गिद्ध की भांति आँख लगाये रहते थे।[2] समाज में गुण्डों की भी कमी नहीं थी। उनसे स्त्रियों को बचाना जरूरी समझा जाता था[3]। फिर कन्या दूषक राक्षस वर्ग के लोग तो थे ही। उनसे कन्याओं की रक्षा करना उन दिनों की एक समस्या थी।

इस प्रकार उन दिनों में युवक-युवती समस्या कम नहीं थी। तथापि सभी क्षेत्रों में चतुराश्रम-स्थापन, सदाचार, तप, शील, धर्म आदि की महिमा का कीर्तन, आदि के द्वारा समाज के नेता उसे उच्चतर आदर्श की ओर ले जाने का प्रयत्न करते रहे। किन्तु यह तो स्पष्ट ही समझ में आ जाता है कि जातिगत विशुद्धता की रक्षा काफी कठिन थी।

———

1. रागे दर्पे च माने च द्रोहे पापे च कर्मणि।
अप्रिये चैव कर्त्तव्ये चिरकारी प्रशस्यते।
बंधूनां सुहृदां चेव मृत्यानां स्त्रीजनस्य च।
अव्यक्तेष्वपराधेषु चिरकारी प्रशस्यते।
(शान्ति. 265। 70-71)

2. उत्सृष्टमामिषं भूमौ प्रार्थयन्ति यथा खगाः।
प्रार्थयन्ति जनाः सर्वे पतिहीनां तथा स्त्रियम्॥
(आदि. 158। 12)

3. अहंकारावलिप्तैश्च प्रार्थ्यमानामिमां सुतां।
अयुक्तैस्तव सम्बन्धे कथं शक्ष्यामि रक्षितुम्॥
(आदि. 158। 11)

वर्णसंकरता

समाज का प्रत्येक व्यक्ति यदि चरित्रवान् और शील-युक्त हो तभी जाति-शुद्धि और वर्णशुद्धि बचाई जा सकती है। हिन्दू समाज के सुदीर्घ इतिहास से पता चलता है कि यह शुद्धि अव्यावहृत नहीं रही। समाज में नैतिक दुर्बलता थी और वर्णसंकरता भी इसीलिये बढ़ती गई। ज्यों ज्यों परवर्ती काल की स्मृतियों और पुराणों में हम आते जाते हैं त्यों त्यों वर्ण संकर जातियों की तालिका बढ़ती जाती है।फिर सांकर्य को उत्पन्न करने वाला ऐसा कोई पाप नहीं है जिसका प्रायश्चित धर्मग्रन्थों में न बताया गया हो। ये बातें सिद्ध करती हैं कि प्राचीन समाज इतना विशुद्ध नहीं था जितना हम आज श्रद्धातिरेक के कारण समझने लगते हैं।

चरित्रगत शिथिलता में भी यदि उच्च वर्ण के साथ नीच वर्ण की स्त्री का संबंध होता था तो दण्ड हल्का होता था पर नीच वर्ण के साथ उच्च वर्ण की स्त्री के संबंध में दण्डविकराल हुआ करता था। (संवर्त संहिता, 152-154, 166-168) ब्राह्मणी के साथ गमन करने वाले शूद्र को आग में फेंक देने का विधान है। ब्राह्मणी को दिया जाने वाला दण्ड कम भयंकर नहीं है (वसिष्ठसंहिता 21 अध्याय)। अत्रि और संवर्त दोनों के ही मत से उच्चवर्ण के पुरुष् और नीच वर्ण की स्त्री के ससर्ग में पुरुष को अशुचिता और प्रायश्चित्त का ही विधान करते हैं। ऐसा मालूम ही नहीं होता कि नीचवर्णा स्त्री का कुछ नुकसान हुआ हो ! वृद्ध हारीत ने ऐसे पुरुषों के प्रायश्यचित्त की लम्बी तालिका दी है (नवम अध्याय)। वृहद् यमस्मृति में निम्न वर्णा स्त्री और सवर्णा स्त्री के साथ व्यभिचार में कम और उच्च वर्ण की स्त्री के साथ व्यभिचार करने में कठोर प्रायश्चित्त की बात है (4-36-48)। इसी प्रकार याज्ञवल्क्यसंहिता में सवर्ण और निम्न वर्ण के साथ गमन करने की अपेक्षा उच्च वर्ण स्त्री के साथ गमन करने के लिये कठोर दंड विहित है अर्थात् पुरुष के प्राणदंड का विधान है। ऐसे मौकों पर स्त्री को अवध्य समझ कर केवल नाक-कान काटने का ही विधान है (2 । 289-293)। शातातप स्मृति में अविवाहिता कन्या के साथ गमन को उपपातकों में गिना है (21)।

परपुरुष के द्वारा नारी के गर्भ से जो सन्तान उत्पन्न होती है, यदि उसका उत्पादनकारी निर्णीत न हो तो सन्तान को 'गूढ़ोत्पन्न' कहते हैं। मनु ने ऐसी सन्तानों के पितृत्व का अधिकारी उस स्त्री के पति को ही माना है, अन्ततः सामाजिक कानून

में वही उसका पिता माना जायगा (9 । 170)। अवैध भाव से जितनी प्रकार की सन्ततियाँ उत्पन्न हो सकती हैं सबकी व्यवस्था मनु ने की है (9 । 171-181)। कुमारी और विधवाओं की सनतानों के विषय में भी स्मृतिकारों को सोचना पड़ा है।

विष्णुसंहिता में पौनर्भव, गूढ़ोत्पन्न और सहोढ़ आदि सन्तानों की व्यवस्था कही हुई है। कन्या अर्थात् अविवाहित लड़कियों की सन्तान 'कानीन' कहलाती थी। यह कन्या जिस पुरुष के साथ विवाह करेगी वही इस कानीन सन्तति का भी पिता होगा। जिस सन्तान को साथ लेकर उसकी मां किसी और पुरुष से विवाह करती है उसे सहोढ़ कहते हैं। इस सन्तान का पिता भी यही विवाहित पुरुष ही समझा जायगा। विवाहिता विधवा के पुत्र को पौनर्भव कहते हैं। गूढ़ोत्पन्न का पिता भी जन्मदात्री का विवाहित पति ही होता है (15 । 1-17)। जो सन्तान पिता माता द्वारा परित्यक्त होता है उसे अपविद्ध कहते हैं। पालन करने वाला ही उसका पिता होता है। धमशास्त्रों में उनके उत्तराधिकार और भरणपोषण की भी व्यवस्था है। याज्ञावल्क्य संहिता (2 । 132-133) तथा वसिष्ठ संहिता (17 अध्याय) में भी उक्त चार प्रकार की सन्तानों की बात है। वसिष्ठ ने 'पुनर्भू' उस विधवा को कहा है जो पुनर्विवाह करती है (वही)।

वौधायन मूढ़ज और अपविद्ध पुत्र को भी रिक्थभाक् या उत्तराधिकारी माना है। कानीन, सहोढ़ और पौनर्भव तथा शूद्रा स्त्री से उत्पन्न सन्तान को निषाद गोत्रभाक् कहा है (2 । 3 । 36-37)। बौधायन ने इनके नाम संज्ञा आदि के बारे में भी आलोचना की है (2 । 3 । 26-34)।

इन सब बातों से जान पड़ता है कि इन दिनों समाज में बहुत शैथिल्य था। फिर एक एक प्रदेश भी चरित्रगत शैथिल्य के कारण विख्यात थे।

कर्णपर्व के 45वें अध्याय में कर्ण मद्रनराधिप शल्य को फटकारते हुए कहते हैं कि एक ब्राह्मण नाना देश पर्यटन करके वाहीक देश में आकर क्या देखता है कि वहाँ का ब्राह्मण पहले क्षत्रिय फिर वैश्य, फिर शूद्र और अन्त में नाई हो जाता है। नाई होकर वह फिर ब्राह्मण हो जाता है और फिर दास (45 । 6-7)। क्षत्रिय का मल है भिक्षा, ब्राह्मण का मल व्रतहीनता, पृथ्वी मल वाहीक और स्त्री जाति का मल हैं मद्रदेश की नारियां (23)। इस देश में जन्म का ठीक ठिकाना नहीं होने से, पुत्र उत्तराधिकारी न होकर भांजे उत्तराधिकारी होते हैं (45 । 13)। यह सुनकर मद्रनरेश ने कहा कि इसमें मद्र का कोई विशेष दोष नहीं है, सभी जगह के पुरुष कामासक्त होते हैं (3)।

इसके पूर्ववर्ती 44वें अध्याय में मद्रदेश की बातें और भी साफ भाषा में कही गई हैं। धृतराष्ट्र की सभा में किसी परिब्राजक ब्राह्मण के मुख से कर्ण ने सुना था कि सिंधु और पंचनद प्रदेश के मध्यवर्ती धर्म-बाह्य वाहीक हैं जो त्याज्य और हेय हैं। शाकल नामक नगर में और आपगा नदी के देश में जो वाहीक हैं वे अत्यन्त हीन

चरित्र के हैं। वहाँ नगरागार में, ब्रज में और प्रकाश्य स्थानों में मदभाव से माल्य-चंदन धारण करके विवस्त्र होकर हास्य और नृत्य करती हैं (44 । 12)। वे कामचारी, स्वैरिणी हैं और प्रकाश्य भाव से कामाचरण करती हैं और अश्लील विनोद-वचन उच्चारण करती हैं (44 । 22)। इस धर्महीन देश में नहीं जाना चाहिये। धर्महीन दासमीयों (= दशम देशोद्‌भव, या शूद्र दासों से उत्पन्न कामिनियों की सन्तानों—नीलकंठी) के या यज्ञहीन वाहीकों के दान को देवता, ब्राह्मण और पितृगण नहीं स्वीकार करते (33)। वही आरट्ट देश है, उसी का नाम वाहीक है, वहाँ के ब्राह्मण भी चरित्रहीन हैं (44)।

कैम्पवेल ने भी लिखा है कि पंजाब के गांधार ब्राह्मणों की रीति-नीति की बहुत निन्दा की बात पाई जाती है। वहाँ के पुरुष अगम्यागम्रमी हैं, और स्त्रियों द्वारा असत्यकार्य द्वारा उपार्जित धन से पोषित हैं, नारियाँ लज्जाहीना हैं, वहाँ के ब्राह्मणों और खत्रियों की कन्यायें भी वैधव्य व्रत पालन करना नहीं चाहती इत्यादि (Camp. Vol, 403, I 371)।

लेकिन सिर्फ़ वाहीकों की ऐसी दशा रही हो सो बात नहीं है। ऐसा एक युग भी बीता है जिसमें मनुष्यों में वैसी संस्कृति नहीं आ पाई थी। पांडु ने कहा था कि पुराने जमाने में स्त्रियाँ अनियन्त्रित, कामचारिणी, स्वैरिणी और स्वतंत्र थीं। कुमारावस्था से ही एक पुरुष से दूसरे की ओर आसक्त होती थीं। उन्हें कोई पाप नहीं होता था (आदि 122 । 4-5)। यही नहीं, पाण्डु जिस समय यह बात कह रहे थे उन दिनों में भी उत्तर कुरु में यही हाल था (122 । 1)।

इसी अध्याय में उद्दालक ऋषि की कथा है। उनके पुत्र श्वेत केतु के सामने ही उनकी पत्नी को कोई ब्राह्मण हाथ पकड़ कर उठा ले गया। श्वेतकेतु के क्रुद्ध होने पर पिता ने समझाया कि इसमें क्रुद्ध होने की कोई बात नहीं है। (122 । 9-14) पृथ्वी में सभी स्त्रियाँ अनावृता अर्थात् सर्वजननभोग्या और स्वेच्छा विहारिणी हैं, यही 'सनातन' धर्म है। पर पुत्र ने ऐसे सनातन धर्म को न मानकर नियम कर दिया कि स्त्री पति को अतिक्रम करेगी और जो पति कौमार ब्रह्मचारिणी भार्या को अतिक्रम करेगा, उन दोनों को भ्रूणहत्या का पाप होगा (122 । 17-18)। इन सब अगणित घटनाओं से जाना जाता है कि प्राचीन काल का सब कुछ अच्छा नहीं था। व्यासादि मुनियों, धतृराष्ट्र पाण्डु आदि तथा युधिष्ठिर भीम अर्जुन आदि की जन्म जैसी घटनायें आज के समाज में बहुत निन्दित होंगी। पुरातत्व काल में निश्चय ही बहुत ही श्रद्धेय चरित्रबल, तपोबल, ज्ञान-निष्ठा आदि थीं, पर सभी बातें अच्छी ही थीं ऐसा नहीं कहा जा सकता। कालिदास ने ठीक ही कहा था—पुराणमित्येव न साधु सर्व न चापि सर्व नवमित्यवद्यम्।

उन दिनों समाज के व्यवस्थापकों को तीन समस्याओं का सामना करना था। चतुर्दिक् का सामाजिक नीति-शैथिल्य, उच्चतर आदर्श और जातिभेद पर प्रतिष्ठित

वंशशुद्धि। इस वात्या-विलोड़ित तीन नदियों की आवर्त संकुल त्रिवेणी में से समाज की नौका को सुचारु रूप से खे ले जाना बड़ा कठिन व्यापार था। जाति निर्णीत होती है जन्म से, जन्मशुद्धि के लिये स्त्रियों की पवित्रता नितान्त आवश्यक है और पारिपश्र्विक अवस्थाओं को देखते हुए 'तिरिया-चरित्र विश्वास-योग्य नहीं ठहरता। ऐसा विषम अवस्था में पड़कर शास्त्रकारों को अनेक बार परस्परविरोधी उक्तियाँ कहनी पड़ी हैं। उपाय नहीं था। आज भी परम बुद्धिमान वयोवृद्ध पंडितों को ऐसी परस्परविरुद्ध उक्तियों का आश्रय लेना पड़ता है। आठ वर्ष की कन्या का विवाह देने के पक्ष में कहा जाता है कि ऐसा न करने से कन्याओं का धर्म नहीं रहता। वे स्वभावत: ही चंचला और असंयत हैं इत्यादि। फिर बाल-विधवा का विवाह न करने के समय वे कहते हैं—हमारे देश की स्त्रियाँ सती साध्वी पतिपरायण होती हैं, उनमें स्वप्न में भी चांचल्य नहीं आता, वे कामुकता से परे हैं इत्यादि।

हमारे इस युग में भी विचार किया जाये तो समाज के नियमों में बहुत सी असंगतियाँ हैं। जिस समाज में पान से चूना खिसकने पर भी जाति जाती है उसी दक्षिण भारतीय हिंदू समाज में—जो परम सनातनी होने का दावा करता है—कोई स्त्री यदि देवदासी हो जाय तो वह सदा शुद्ध है। ये देवदासियाँ सात प्रकार की होती हैं—(1) दत्ता जो अपने को देवता को समर्पण करे, (2) विक्रीता, जो देवता के निकट आत्म-विक्रय करती है, (3) भृत्या, जो कुल के कल्याणार्थ देवता को निवेदित की गई है, (4) भक्ता, जो भक्तिवश संसार बंधन तोड़कर देवता के चरणों में अपने को उत्सर्ग करती है, (5) हृता, जिसे फुसला-भुलाकर देवता को समर्पण किया गया हो, (6) अलंकारा, जिसे राजा लोग नृत्यादि से सुशिक्षिता बनाकर मंदिर को समर्पण करते हैं, (7) रुद्रगणिका या गोपिका, जो वेतन लेकर देवता के निकट नाच गान करती हैं (Thurston. II, 125, 153) ये स्त्रियां समाज में खूब सम्मानित हैं। युद्ध के समय सैनिकों को खाद्य पहुंचाने के लिये उनकी पत्नियाँ नहीं जा सकती थीं। ये लोग वह काम करती थीं (पृ. 133)। इसीलिये समय समय पर नाना उपायों से देवदासियों की संख्या बढ़ानी पड़ती थी। रथयात्रा के समय रास्ते में यदि कहीं रथ अटक जाता है तो रथ के सेवक वहाँ से लौट नहीं सकते हैं। ऐसे अवसरों पर देवदासियाँ ही उन्हें आहार पहुँचाती हैं (वही)। विवाह के समय ये चिर सौभाग्यवतियाँ ही कन्या के कंठ में सूत्र बाँध सकती हैं (वही 139)। इसी कारण से जिन मांगल्य अनुष्ठानों में विधवायें नहीं योग दे सकतीं उनमें वेश्या को अधिकार है। बंगाल में भी दुर्गापूजा आदि के अवसर पर वेश्या के द्वार कि मिट्टी आवश्यक होती है। इस तरह भारतवर्ष में अन्यत्र भी जो वेश्या का सम्मान नहीं है, ऐसी बात नहीं कही जा सकती।

कैकोलान जाति में प्रति परिवार एक कन्या को देवदासी करके दान करने का

नियम है (thurston. III, 37)। कर्नाटक में देवदासियाँ अपने को वेश्या या 'नाइकानी' कहती हैं। देवदासी होने से ही सब दोष खण्डित हो जाता है। वेश्याओं को 'नायिका' कहते हैं इसलिये उनकी हाव-भाव-भंगी को नाइकानी कहते हैं।

इस प्रकार मंगल कर्म में वेश्यायें विहित हैं पर विधवायें नहीं। ऐसी असंगतियाँ हमारे समाज में बहुत हैं। इस असंगति का समाधान करते समय शास्त्रकारों ने स्त्री में अशेष प्रकार के दोष गिना कर भी यह कहा है कि देवताओं ने स्त्री को ऐसा पवित्र बनाया है कि वे किसी प्रकार भी अपवित्र नहीं होने की। कहते हैं, पहले स्त्रियों को देवता भोग करते हैं बाद में मनुष्य, इसमें दोष कहाँ है। इसीलिये स्त्री उपपति के संसर्ग से दूषित नहीं होती—न स्त्री दुष्यति जारेण (अत्रिसंहिता, 193)। सवर्ण की तो कोई बात ही नहीं यदि किसी असवर्ण परपुरुष से भी स्त्री गर्भवती हो तो प्रसव के बाद शुद्ध हो जाती है (वही 195)। पुनर्वार रज:प्रवृत्ति होते ही स्त्री विमल काञ्चन के समान शुद्ध हो जाती है (वही 196)। देवल स्मृति का यही मत है (50-51)।

अत्रि कहते हैं कि सोम, अग्नि और गन्धर्व देवता स्त्री का उपभोग करते हैं (194)। सोम उन्हें पवित्रता, गंधर्व शिक्षित सुन्दर वाणी, और अग्नि सर्वभक्ष्यता देते हैं। इसलिये स्त्रियाँ सदा पवित्र हैं (बौधायनस्मृति 2 । 2 । 63 अत्रि 140, यज्ञावल्क्य 1 । 70)। स्त्रियों की पवित्रता अतुलनीय है। कोई उन्हें अपवित्र नहीं कर सकता। प्रति मास का ऋतुस्राव उनका सारा दुरित (पाप) धो देता है (बौधायन 2 । 2 । 63)।

स्त्रियों के सम्बन्ध में ये मत केवल ग्रन्थों में लिख कर ही नहीं रख दिये गये हैं। पुराने आख्यानों से इनका पूर्ण समर्थन होता है। ऐसे अनेक आख्यान पहले ही उद्धृत कर दिये गये हैं। इस प्रसंग में गौतम और उनकी पत्नी की कथा फिर से स्मरण की जा सकती है। गौतम अहल्या के अपराध को क्षमा कर सके थे और इसके लिये समाज के निकट उन्हें कैफियत भी नहीं देनी पड़ी था।

पद्मपुराण के उत्तर खण्ड के 215 अध्याय में औशीनर शिवि ने एक मुनि के स्वैरिणी गर्भ से उत्पन्न होने का कारण पूछा। नारद ने बताया कि बृहस्पति की स्त्री तारा के साथ चन्द्रमा का समागम हुआ उसी से बुध उत्पन्न हुए। पहले तो चन्द्रमा ने किसी भी प्रकार से तारा को छोड़ना नहीं चाहा, पर बाद में बृहस्पति ने युद्ध में चन्द्र को परास्त करके गर्भवती तारा का उद्धार किया। बृहस्पति ने उस गर्भ के आधाता का नाम पूछा पर लज्जित तारा निरुत्तर रही। पर बाद में बुध ने उत्पन्न होकर जब अपने पिता का नाम पूछा तब उस "साध्वी" ने चन्द्रमा का नाम बताया। इसी बुध का अनादर करने के कारण मुनि को स्वैरिणी-गर्भ-संभव होने के अभिशाप का भागी होना पड़ा था। यह कथा स्कंद पुराण, आवंत्यखण्ड (28 । 82 । 95), शिवपुराण, ज्ञानसंहिता (45 अध्याय) और ब्रह्मवैवर्त पुराण, प्रकृति खण्ड (48 अध्याय) में है।

अन्तिम पुराण में वर्णन को रसीला बनाने का प्रयत्न किया गया है।

स्वयं बृहस्पति भी इसी अपराध के अपराधी थे। उन्होंने अपने कनिष्ठ भाई उतथ्य की पत्नी के साथ सहवास किया था[1]। भरद्वाज जन्म इसी प्रकार हुआ, पर समाज में वृहस्पति भी पूजित रहे, भरद्वाज और चन्द्रमा तथा बुध भी।

केवल पुराणों में ही नहीं बंगाल आदि प्रदेशों की कौलीन्य प्रथा का इतिहास भी सामाजिक सहिष्णुता की कहानियों से भरा है। संन्यासी यदि फिर से विवाह करे तो वह शास्त्र दृष्टि से पतित होता है। पहले ही बताया गया है कि महाप्रभु चैतन्य देव के प्रधान शिष्य नित्यानन्द—जिन्हें अवधूत कहा गया है—बाद में महाप्रभु की आज्ञा से संसारी हुए थे। उन्होंने नीच जाति की स्त्री से विवाह किया था। उसी के गर्भ से गंगा और वीरभद्र का जन्म हुआ (लाल मोहन विद्यानिधि का सम्बन्ध निर्णय पृ. 449)। नित्यानन्द की तीन पत्नियों का उल्लेख मिलता है—वसुधा, जान्ह्वी और ठाकुरानी। पहली विवाहिता थी, दूसरी वाग्दत्ता और तीसरी दहेज में प्राप्त। अर्थात् पहली को छोड़कर बाकी दोनों विवाहिता नहीं थीं। अस्तु। जान्ह्वी से ही वीरभद्र का जन्म हुआ था (वही)। इनकी धारा अब भी समाज में गुरु रूप से पूजित है। इनके साथ सम्बन्ध नैतिक दृष्टि से अनुचित नहीं था पर सामाजिक दृष्टि से अपराध था। किन्तु समाज तो नैतिक अपराध की अपेक्षा सामाजिक अपराध को ही अधिक महत्व देता है। वल्लाल सेन ने नीच जातीय पद्मिनी से विवाह किया था (वही 105)। पर उन्हीं की प्रवर्तित कौलीन्य प्रथा को समाज बहुत दिनों से सिर पर ढो रहा है।

महाराष्ट्र के ज्ञानेश्वर आदि भक्त संन्यासी पिता के पुत्र थे, यह बात पहले ही कही गई है। संन्यासी पुत्र होने के कारण महाराष्ट्र में वे निन्दित रहें, पर बंगाल में नित्यानन्द का वंश प्रतिष्ठित हो गया। जान पड़ता है यहाँ के समाज में फिर भी कुछ प्राणशक्ति बची थी। एक और उत्तम उदाहरण भाटपाड़ा के पंडित लोग हैं। भाटपाड़ा बंगाल की काशी है। जिन पंडितों की विद्या और ज्ञान गरिमा से समूचे बंगाल और भारतवर्ष के मुख उज्जवल है उनके बंश के प्रतिष्ठाता आदि पुरुष भी संन्यासी से गृहस्थ हुए थे। उन दिनों कोई कोई उन्हें संसारी बनाने के विरोधी थे और बहुत से लोग उनके पूर्व परिवार में भी आस्था नहीं रखते थे। किन्तु संदेहवादियों का मुंह काला करके उक्त संन्यासी के वंशज आज देश के गौरव स्वरूप हो गये हैं।

भावाल के संन्यासी वाला मामला आज भारत-प्रसिद्ध हैं। पर सच पूछा जाय

1. यह आख्यान थोड़े अन्तर के साथ वायुपुराण में दिया हुआ है। वहाँ उतथ्य की पत्नी बृहस्पति के बड़े भाई की पत्नी है। बृहस्पति के समागम काल में वे गर्भवती थीं। वे समागम भिलाषिणी भी नहीं थीं। उक्त पुराण में इस प्रसंग की ऐसी बहुत सी घटना है जिन्हें लिखने में संकोच हो रहा है।

तो इनका पूर्ववर्ती वंशेतिहास कम रहस्यजनक नहीं है। एक कृती पुरुष ने आकर अपने को ब्राह्मण बताया और घटकों (अर्थात् व्याह सम्बन्ध कराने वाले अगुओं) को पैसे का लोभ देकर कुलपंजी में अपना स्थान करा लिया। कहा गया कि वज्रयोगिनी ग्राम के पुनीलाल का एक चार वर्ष का बालक खो गया था। यह वही हैं। इसीलिये बंगाल में एक कहावत अब भी इस आशय की प्रचलित है कि 'था तांती, हुआ कायथ और ढाका में जाकर बन गया, मुंशी नन्दलाल। वही बज्रयोगिनी का पुनीलाल होकर भावाल में उदित हुआ।'

बंगाल के कुल शास्त्रों को देखने से स्पष्ट हो जाता है कि कुलीन कहाने वालों के वंश में भी कहीं न कहीं खोट रह गई है। एक उदाहरण लिया जाय। फुलिया मेल के इतिहास से स्पष्ट है कि श्रीनाथ चाटुति की दो अदत्ता कन्यायें थीं। ये घाटपर जल लाने गई थीं। हंसाई खां नामक कोई मुसलमान आकर उनका जात मार गया। बाद में इनमें से एक का विवाह हुआ परमानन्द पूति से और दूसरी का गंगाधर गंगोपाध्याय से (वही 439-440)। कोई-कोई कहते हैं कि यह बात वंश के शत्रुओं ने उड़ाई है। पर अगर यह सच भी हो तो कन्याओं का इसमें क्या दोष था ? दोष तो समाज का था।

इसी प्रकार रोहिला पटी, कुतुबखानी, आलियाखानी आदि मुसलिम संसर्गज कुलों की कहानी भी इन ग्रन्थों में मिलता है।

पंडित रत्नी मेल में भी यवन दोष है (पृ. 487)। कुलीनों के 36 मेलों में ही यवनादि अपवाद हैं (पृ. 595)। पंडित रत्नी मेल में कुण्ड दोष और गोलक दोष भी हैं। पति के रहते ही जो जारज सन्तान होती है उसे कुण्ड कहते हैं और मरने पर जो जारज सन्तान होती है उसे गोलक कहते हैं (मनु. 3 । 174)। वाली मेल में भी यवन संसर्ग है और शुराजखानी में यवननीता कन्या ग्रहण का प्रायश्चित्त है। इसी प्रकार पारिहाल और शुकों सर्बानंदी मेलों में भी दोष है (499)। वारेन्द्रों में पुरन्दर मैत्र के कुल में, जोताली और चाण्डाली दोष हैं। पूर्व बंगाल के रमाकान्त वंश में भी दोष है जो बलात्कार कृत होने के कारण उपेक्षित हुआ है (पृ. 562, 435)। कांटादि के दासू वंश में बनिया की कन्या ग्रहण करने का दोष बताया जाता है। इत्यादि।

इन दोषों में जहाँ दुर्बल के ऊपर प्रबल का अत्याचार हुआ है वह सचमुच ही उपेक्षणीय हैं क्योंकि वे असल में समाज की असमर्थता के कारण हुए हैं। पर आश्चर्य होता है तब जब इन्हीं वंशों के वंशधर दूसरों के ऐसे ही या बिल्कुल ही कल्पित अपराधों को तिल का ताड़ बना देते हैं और जातिच्युत करते हैं।

बंगाल के राढ़ीय ब्राह्मणों में एक-एक पुरुष कई-कई विवाह किया करते थे। अनेक समय नोटबुक में ससुराल और श्वसुर का नाम देख कर ही वे विवाह सम्बन्ध

याद कर पाते थे ! दूसरी तरफ वंशज ब्राह्मण ब्याह ही नहीं कर पाते थे। इनके लिये कन्यायें दुर्लभ थीं। लोग नावों में भर भरकर कन्यायें बेंचने को लाते थे। ये कन्यायें अधिकतर विधवा और नीचवंशीया होती थीं। सभी ब्राह्मणकुमारी कहकर बेंची जाती थीं और लोग गरज के मारे विशेष अनुसंधान किये बिना ही उन्हें स्वीकार कर लेते थे। पूर्वी बंगाल में इन्हें "भरार मेये" कहते हैं। पूर्व बंगाल में, विशेष करके विक्रमपुर की तरफ इन "भरार मेये" ओं की बहुत खबर मिलती है। अनेक समय बाद में 'भरार मेये' के असली कुल का पता चलता था। शत्रु पक्ष तो काफी होहल्ला करता था पर अपने पक्ष के लोग इन घटनाओं को दवा देते थे। फिर ऐसे विशुद्ध कुल भी कम ही होते थे जो साहस पूर्वक होहल्ला कर सकें। क्योंकि अपनों में भी कहीं-न-कहीं वैसी बात हुई ही रहती थी। अनेक बार इन कन्याओं के वंशधर प्रचण्ड समाजपति हो जाते थे जो अन्यों को दोष देकर जातिच्युत करने में पूरा उत्साह दिखाते थे। यह प्रथा अब भी लोप नहीं हो गई है।

सिर्फ बंगाल में ही नहीं, अन्यान्य प्रदेशों में भी जहाँ ब्राह्मणों क्षत्रियों में बहुतेरे युवक नाना कारणों से अविवाहित रह जाते हैं नाना स्थानों से कन्यायें बिक्री के लिये आ जाती हैं और कई बार वे नीचवंशोत्पन्ना भी होती हैं। युक्तप्रान्त के पूर्वी जिलों की ऐसी घटनायें हमें मालूम हैं। अधिकांश मामलों में स्वपक्ष वाले इन बातों को दबा देने में सफल हो जाते हैं। कभी कभी सफलता नहीं मिलती और विवाहित और उसके सम्बन्धी जातिच्युत भी किये जाते हैं। कुछ दिनों के बाद कुछ प्रायश्चित के बाद वे जातिच्युत उठते भी देखे गये हैं।

पंजाब, राजपूताना, आदि में भी यह दुर्गति नाना आकारों में विद्यमान है। पंजाब में तो कन्या संग्रह और विक्रय का वाकायदा व्यवसाय चलता है। प्रकट हो जाने पर भी प्रायः कोई भी इनके लिये जवाब तलब करने की हिम्मत नहीं करता।

यह सब देखकर गरुड़ पुराण की बात ही ठीक जान पड़ती है—

नदीनामग्निहोत्राणां भारतस्य कुलस्य च।
मूलान्वेषोनकर्त्तव्यो मूलोदोषेण हीयते॥

(मतलब के लिये देखिये पृ. 163)

इसके साथ ही नैषधीय चरित का एक श्लोकाद्र्ध याद आता है जो यद्यपि चार्वाक के मुँह से कहवाया गया है पर है गंभीर युक्तिपूर्ण। टीकाकार श्रीनारायण ने इसके समर्थन में नाना शास्त्रों के वाक्य संग्रह किये हैं। श्लोकार्द्ध यों है—

तदनन्तकुलादोषाददोषा जातिरस्ति का। (17-40)।

अर्थात् अनन्त परम्परा के भीतर से कुल और जाति चल रही है। इसीलिये जाति और कुल में कितने ही दोष हो सकते हैं। निर्दोष जाति कहाँ है ? जातिगत निर्दोषता की आशा करना ही बेकार है।

इस पर नैषध के टीकाकार नारायण ने एक प्राचीन वचन उद्धृत किया है–

अप्येकपंक्त्यां नाश्नीयात् संयतैः स्वजनैरपि।
को हि जानाति किं कस्य प्रच्छन्नं पातकं भवेत्॥

अर्थात् अपने संयत स्वजनों के साथ भी एक पंक्ति में भोजन नहीं करना चाहिये। कौन जानता है, किसमें कौन सा पाप छिपा हुआ है।

पर क्या इतने से झंझट छूट गई। न हुआ औरों के संसर्ग से बच लिया गया पर अपने कुल-परम्परा के प्रच्छन्न पातक क्या उत्तराधिकार सूत्र से नहीं मिलते ? कितने युग से यह अनादि संस्कार प्रवाह चलता आ रहा है। इसीलिये इस कुल की विशुद्धि के लिये प्रत्येक नारी को काममोहादि के अतीत होना चाहिये। और काम तृष्णा दुर्बार है। जातिविशुद्धि सम्पूर्णतः कामिनियों की इच्छा के अधीन है ऐसी हालत में जाति परिकल्पना का कोई मतलब ही नहीं होता–

अनादाविह संसारे दूर्वा रे मकरध्वजे।
कुलेच कामिनीमूले, काजातिपरिकल्पना॥

(नैषध 17-40 की टीका में उद्धृत)

जातिभेद का परिणाम

जैसा कि शुरू में ही कहा गया है, मनुष्य समाज में ऊँच नीच-भेद सर्वत्र ही है किन्तु हमारे देश के जातिभेद जैसा भेद संसार में और कहीं भी नहीं है। अन्यान्य देशों में समस्त भेदों के भीतर भी ऐक्य स्थापना करता है धर्म, जबकि हमारे देश के जातिभेद की दीवार ही धर्म पर खड़ी हुई है। इस भेद के मूल में ही धर्म है। कभी-कभी सहजबुद्धि इस भेद को स्वीकर नहीं भी कर सकती। पर धर्म में ही इस भेद का मूल रहने से इस देश में उन कुफलों का प्रतीकार करना असंभव-सा है जो इस भेद से पैदा होते हैं।

देह के भीतर स्वास्थ्य का अर्थ है सामंजस्य। व्याधि से सामंजस्य नष्ट होता है। किन्तु हमारा पाकयंत्र, रक्त चलाचल और स्नायुमण्डली आदि यंत्र निरन्तर सारी विषमताओं के भीतर साम्य लाने का प्रयत्न करते रहते हैं। यदि कभी सामंजस्य नष्ट होता है तो हमारे पाकयंत्र, हृत्पिण्ड, श्वासयंत्र आदि के द्वारा यह दोष दूर होता है। किन्तु जब चिकित्सक देखता है कि साम्य लाने में सहायक ये यंत्र ही बेकार हो गये या बिगड़ गये हैं तो ऐसे सन्निपातादि रोग में वह हताश हो जाता है। इसीलिये जब हम देखते हैं कि धर्म ही इस वैषम्य के मूल में है तो प्रतीकार की आशा कहाँ से करें।

अब विचारणीय यह है कि जातिभेद के रहते इस देश में क्या लाभ या हानि हुई है।

जब तक जातिभेद प्रथा खूब दृढ़ भाव से इस देश में प्रतिष्ठित नहीं हुई थी तब तक पूर्वकाल में भारतवर्ष के बाहर से आने वाले लोग इस देश के समाज में गृहीत हो जाते थे। सन् ईसवी पूर्व की दूसरी शताब्दी में वेसनागर में प्राप्त शिलालेख से जान पड़ता है कि तक्षशिला वासी दियस के पुत्र ग्रीक नरपति हेलियोडोरस परम भागवत हो के गरुड़ध्वज बनवा रहे हैं। कनिष्क कुविष्क आदि शक्तिशाली राजा, जो विदेशी थे, भारतीय समाज में अनायास ही गृहीत हो गये। काडवाइसस परम माहेश्वर (शैव) हो गये थे। राजतरंगिणी से मालूम होता है कि तुरुष्क वंशीय ये पुण्य नरपतिगण शुषूल आदि देशों में मठ-चैत्यादि की प्रतिष्ठा कराते थे (1 । 170)। नहपान के जामाता उषवदात सन् ईसवी की दूसरी शताब्दी के प्रथमार्ध में एक बड़े धार्मिक

पुरुष हो गये हैं। श्रीनगर के राजा मिहिर कुल ने मिहिरेश्वर महादेव की स्थापना की थी (1 । 306)। इस प्रकार नाना युगों में नाना स्थानों से आये हुए शक, हूण, यवन, कौची, मीना प्रभृति वीरों के दल भारतीय समाज की पंक्ति संजीवित रखते रहे हैं। जिन राजपूतों की वीरगाथाओं के लिये हम इतने गर्वित हैं वे भी एक समय बाहर से ही आये हुए हैं। अभी उस दिन भी जयन्तिया, काछारी, मणिपुरी आदि जातियों ने हिन्दू समाज का अंग पुष्ट किया है। किसी किसी प्रत्यन्त सीमा पर अब भी यह काम धीरे धीरे हो रहा है। किन्तु इस कार्य में वह प्रबल शक्ति अब नहीं है जो कुछ शताब्दी पहले तक थी। अब इस प्रक्रिया का जोर वैसा नहीं रहा। कभी नाथपंथी योगी आदि जातियों का एक स्वतन्त्र मत था। वे वर्णाश्रम नहीं मानते थे, मृतक का दाह नहीं करते थे, बल्कि पृथ्वी में गाड़ दिया करते थे, पर अब वे धीरे-धीरे हिन्दू समाज में प्रविष्ट हो गये हैं। इन्होंने वर्णाश्रम धर्म भी स्वीकार कर लिया है, और वैष्णव धर्म स्वीकार कर परम वैष्णव हो गये हैं। गुरु, मंत्र, तीर्थ, पूजा, प्रार्थना आदि स्वीकार कर रहे हैं। यद्यपि अब भी इनमें अपना विशिष्ट परिचय कुछ-न-कुछ है ही तथापि ये विशेषतायें धीरे-धीरे ह्रास हो रही हैं। फिर भी इसको अपनाना नहीं कह सकते और यदि अपनाना इसे कहा भी जाय तो वह पूर्ववर्ती वेग इसमें एकदम नहीं है जो पहले था। अन्यान्य धर्मावलम्बीगण नाना उपायों से अपनी संख्या बढ़ा रहे हैं, उसकी तुलना में यह कुछ भी नहीं है। वरन् छोटे-छोटे कारणों से व्यर्थ ही बहुत से आदमियों को अकारण समाज से निकाल बाहर करने की प्रवृत्ति ही जोरों पर है। कहना व्यर्थ है कि हिन्दू समाज ने इस प्रकार आत्महत्या का रास्ता पकड़ा है।

बंगाल के टिपरा जिले के माहीमाल या माई फ़रोश मुसलमान पहले हिन्दू कैवर्त थे। बिना दोष के ही उन्हें समाज से निकाल दिया गया। सुना है, एक बार इनके पास के गांव में हैजे की बीमारी हुई थी। उस गांव के वाशिन्दे मुसलमान थे। हैजे के प्रकोप से सभी समाप्त हो गये। एक बच्चा बचा रह गया। कैवर्तों को दया आई। उनकी एक स्त्री ने उसे दूध पिलाया और बड़ा किया। बाद में तर्क उठा कि यह लड़का तो हिन्दू नहीं है, उसे पालन करने वाली की जात नहीं रही और उसके साथ खान पान का सम्बन्ध रखने वाले सभी मुसलमान हो गये, इस प्रकार उन्हें जबर्दस्ती हिन्दू धर्म से बाहर निकाल दिया गया। बहुत दिनों तक वे समाज की कृपा की प्रतीक्षा में रहे पर समाज के नेताओं का हृदय नहीं पसीजा। अब वे पक्के मुसलमान हैं।

इस प्रकार हिन्दुओं ने अनेक अपनों को पराया बनाया है। मलकाने राजपूत अपने देश और गो-ब्राह्मण की रक्षा के नाम पर जीतोड़ लड़ाई कर रहे थे। इसी समय किसी ने गलत अफवाह उड़ा दी कि शत्रुओं ने उनके कुएं में गोमांस डाल दिया है। यह अफवाह उन्हें समाज-च्युत करने के लिये पर्याप्त सिद्ध हुई। वे बिना किसी अपराध

के स्वधर्म त्यागने को बाध्य किये गये। बहुत दिनों तक वे धर्म छोड़ने को तैयार नहीं हुए। अब भी उनके आचार विचार में क्षत्रियत्व का प्रचुर स्थान है। फिर भी 'पवित्र' हिन्दू समाज अपने इन सपूतों को दण्ड देने में पीछे नहीं है। आज ये लोग 'मलकाने मुसलमान' कहाते हैं ! किमाश्चर्मंमतः परम् ! !

काशी के पास योगी भर्थरी या भर्तृहरि का गान करते हैं। इन्हें भी हिन्दू समाज में रखना संभव नहीं हुआ है। आज भी वे कंथा-धारी होकर योगी के वेश में घूमते हुए गाते और भीख मांगते फिरते हैं। हिन्दू ही इनका भरण-पोषण करते हैं, इनसे गंडे ताबीज भी लेते हैं, इनकी पूजा भी करते हैं फिर भी आज ये नाम के मुसलमान हैं और अपने को मुसलमान कहकर परिचय देने को बाध्य हैं। पटुआ और चितेरों के नाम, रहन-सहन और व्यवहार सब हिन्दू के हैं, देव देवियों का पट और चित्र बनाना ही उनका व्यवसाय है, फिर भी वे मुसलमान हैं ! इसी प्रकार दक्षिण के मापिल्ला भी मुसलमान हुए हैं।

इस प्रकार हिन्दू समाज से जबर्दस्ती बहिष्कृत आधे हिन्दू आधे मुसलमान बहुतेरी जातियाँ अब भी इस देश में हैं। मौल-इस्लामों को किसी समय जबर्दस्ती राजपूतों में से निकाल कर बहिष्कृत किया गया है, आज भी ये लोग काजी और मुल्ला को बुलाते जरूर हैं पर पुराने गुरु और पुरोहितों को भी नहीं छोड़ा है। पूर्वकाल में उनके जिस प्रकार विवाहादि अनुष्ठान में आचार पालन किये जाते थे, भाट-चारण बुलाये जाते थे, वह रूप अब भी है (cens. Bar. I.P. 432)।

गुजरात और सिंध में ऐसी बहुत सी श्रेणियाँ हैं। मतिया, मोमना, शेख, मौल-इस्लाम, संघर आदि को बिना कारण मुसलमान कहकर मनुष्य गणना के रिपोर्ट में गिनती की गई है। सिंध के संयोगी लोग किसी भी प्रकार अपने को मनुष्य गणना के समय 'मुसलमान' लिखाने पर राजी नहीं हुए। अगत्या रिपोर्ट के लेखकों ने उन्हें 'अन्यान्य जाति' लिख मारा (Cens. Ind. 1921 Voo. 1 Part, I, 115-116)। ऐसे ही मेव राजपूत भी हिन्दू से मुसलमान हो गये हैं ! (Gloss III P. 82) मीराशी लोगों का भी यही दास्तान है (वही 105-119)। ये लोग देवी के भक्त हैं और देवी के गान गाते हैं (पृ. 115)। इनके अनेक गोत्र हैं। लावाना लोगों के विषय में भी खोज किया जाय तो ऐसी ही बात निकल आयेगी (पृ. 1)। इसी तरह सखी सरवर के उपासक भी न-हिन्दू-न-मुसलमान हैं (पृ. 235, 436)। शमसी सम्प्रदाय वाले पीर शम्स तवरेज के उपासक थे। ये पहले हिन्दू थे। गीता मानते थे और हिन्दू आचार से रहते थे परन्तु साथ ही मुसलमान गुरुओं के प्रति भी भक्तिशील थे। पहले तो मुसलमान गुरुओं ने कुछ नहीं कहा। बाद में बोले कि तुम्हारे पुरुखे गुप्त रूप से मुसलमान धर्म को मानते थे। इसीलिये हिन्दुओं ने उन्हें समाज से निकाल बाहर किया (पृ. 402-403)।

रसूलशाही एक तरफ तांत्रिक और योगी हैं दूसरी तरफ मुसलमान हैं। इनको किस श्रेणी में रखा जाय यह कहना कठिन है (वही पृ. 324)। गंजाम में उड़ीसा से आई हुई आरूवा जाति आचार विचार में सर्वथा हिन्दू है, केवल विवाह के समय मुल्लों को बुलाती है (Thurston I, 59)। इसी तरह मद्रास की दुदेकुल जाति न-हिन्दू-न-मुसलमान है। इन्हें भी ब्याह शादी के अवसर पर ही मौलवी बुलाना पड़ता है यद्यपि इनके वैवाहिक अनुष्ठान हिन्दुओं के ही हैं और देवमन्दिर में पूजा-अर्चना भी ये करते हैं (वही, II-195)। तिलंगाने के काटिक भी जबर्दस्ती हिन्दूसमाज के बहिष्कृत हैं। (वही III, 259) माराकय्या पहले हिन्दू थे और अब भी इनके वैवाहिक अनुष्ठानों में हिन्दू आचार वर्तमान हैं (वही V, 105)। मोपला लोग अब भी हिन्दू देवी-देवताओं की पूजा करते हैं। ओरतिया लोग भोपलो के मस्जिद में मानत मानते हैं (वही VII, 105)। अनेक स्थानों पर अब भी हिन्दू और मुसलमान दोनों ही एक ही देवमन्दिर में उपासना करते हैं और मानत रखते हैं। दक्षिण की कोई कोई मुसलमान श्रेणी अपने को महादेव कहकर परिचय देती है (वही IV, 326)। सुक्कुझ् समुद्री मल्लाह हैं। इनमें किसी प्रकार मुसलमान संसर्ग हो तो, ऐसे संसर्ग से उत्पन्न संतान को मुसलमान के हाथ में ही सौंप देते हैं। ऐसे बच्चों से बनी हुई एक अलग श्रेणी ही है जिसे पुटिया या 'नया इस्लाम' कहते हैं (वही Vol, V. P. 111)। पंजाब और युक्त प्रान्त के भाट भी ऐसे ही जबर्दस्ती मुसलमान बने हुए हैं। उनके सब आचार अब भी हिन्दुओं के ही हैं। विवाह में पहले वे पुरोहित बुलाकर कन्यादान कराते हैं तब बाद में काजी बुलाते हैं (Crook II P. 25)। बोहरा मुसलमानों के विषय में प्रसिद्ध है कि वे पहले ब्राह्मण थे। कोई कोई वंश पालीबाल गौड़वंश से उत्पन्न है। राजपूत वोरा भी हैं (पृ. 140)। डफाली भी कुछ हिंदू आचार और कुछ मुसलमान आचार पालन करते हैं (वही पृ.। 241)। घोसियों के पूर्व पुरुष मुसलमानों से प्रभावित थे। फिर भी उनके वंश में बहुत से हिन्दू आचार और संस्कार अब भी प्रचलित हैं (वही पृ. 420)। इसी तरह हुसेनी ब्राह्मण लोग न हिन्दू न मुसलमान हैं (पृ. 499)। ऊपर बताई गई आधा हिन्दू आधा मुसलमान जैसी बहुतेरी श्रेणियों का पौरोहित्य ये लोग करते हैं। रांकी यद्यपि मुसलमान रूप में ही परिचित हैं परन्तु वे भवानी आदि देवियों के पूजक हैं (वही Vol, III, पृ. 7)। किंगानियों की भी यही बात है (पृ. 282)। लालखानी भी नये मुसलमान हैं। अब भी इनमें बहुत हिन्दू संस्कार बचे हुए हैं (वही पृ. 363)। ऐसी आधा-हिन्दू-आधा-मुसलमान श्रेणियाँ बहुत हैं। हिन्दू लोग उन्हें स्वीकार नहीं करते और मुसलमानों में उनका आदर है। इसलिये ये लोग धीरे धीरे मुसलमान धर्म की ओर ही अधिकाक झुकते जा रहे हैं। इससे हिन्दू समाज क्रमशः क्षय होता जा रहा है। सिर्फ डोंगरा दासरी लोगों में मुसलमान भी गृहीत हुए हैं, ऐसा जाना जाता है (Thurston II P. 192)। लेकिन अत्यन्त निम्न श्रेणी के सिर्फ दो एक

व्यक्ति ही ।

एक नया आधा-हिन्दू-आधा-मुसलमान दल भी है । प्रसंग आ गया है तो इनकी भी चर्चा की जाय । ये अलीगढ़ के प्रसिद्ध सर सैय्यद अहमद खां के अन्तरंग हैं । ये लोग सिर्फ दार्शनिक ढंग के उदार मुसलमान धर्म को मानते हैं और साम्प्रदायिकता वर्जित सहज सत्य को स्वीकार करते हैं । प्रकृति या नेचर (Nature) को स्वीकार करने के कारण ये लोग नेचरी कहलाते हैं । इनमें अनेक हिन्दू भी हैं (Gloss. III, 166) ।

जो ऐसी आधी-हिन्दू-आधी-मुसलमान जातियाँ हैं उनकी अवस्था के अनुसार उचित यही था कि कुछ इधर आ जातीं कुछ उधर जातीं । पर हिन्दू समाज में बाहर से आने का रास्ता बन्द है । घर का आदमी भी यदि एक बार बाहर चला गया तो फिर उसका घर में आना असम्भव है । अभिमन्यु चक्रव्यूह के भीतर घुस सकते थे, बाहर नहीं निकल सकते थे पर यहाँ आदमी बाहर तो निकल सकता है, भीतर नहीं आ सकता ।

भीतर आने में प्रधान बाधा जातिभेद है । जिस जाति से कोई बाहर जाता है वह जाति अपनी प्रतिज्ञा बचा रखने के लिये उसे फिर से अपने दल में स्थान नहीं दे सकती । फिर जो बाहर जाकर जात-पांत ठीक नहीं रख सके उन्हें किस जाति में भरती किया जाय ? बाहर जाने से वर्णाश्रम तो विशुद्ध रह नहीं जाता । यदि वह लौटना चाहे तो उसे बैठाने का कोठा खोजे भी नहीं मिलता । इस दुर्गति के कारण हिन्दुओं ने निरन्तर ही अपनों को पराया बनाया है । अपना जब एक बार पराया हो जाता है तो उसका आघात बड़ा ही कठोर और निर्मम होता है । कर्ण का आघात अर्जुन के लिये सर्वाधिक सांघातिक था । जिसे अपमानित करके जाति-बहिष्कृत किया गया है, वह इस अपमान को कभी नहीं भूलता । गोस्वामी तुलसीदास ने ठीक ही कहा है—'सबसे कठिन जाति अपमाना' ।

यदि बाहर वालों को भीतर बुलाया भी जा सके तो समस्या यह होती है कि उन्हें रखा जाय किस जाति में ? इसलिये हिन्दुओं के भीतर ले आने की प्रथा की बला ही नहीं है ।

जब हिन्दू समाज में जातिभेद की प्रथा इतनी जटिल और कठोर नहीं हो गई थी तब हिन्दुओं ने नाना देशों में जाकर नये नये उपनिवेश स्थापित किये थे । उन दिनों भारतीय संस्कृति ब्रह्म देश, श्याम, कंबोडिया, जावा, सुमात्रा बाली आदि द्वीपों तक फैल सका था । यह ध्यान देने की बात है कि इन सब देशों की ओर से भारतवर्ष पर न तो कभी कोई आक्रमण हुआ है न इन्होंने किसी और तरह से आघात किया है । जब इस देश में छुआछूत का विचार प्रबल हुआ तभी समुद्र यात्रा निषिद्ध हुई

और साथ ही साथ पृथ्वी के अन्यान्य स्थानों से भारतीय समाज का सम्बन्ध टूट गया। ऐसे ही समय में पश्चिम की ओर से उस पर अनेक आघात हुए। पहले तो मध्य-एशिया भारतीय संस्कृति का एक जबर्दस्त केन्द्र था। वहीं से कुमारजीव आदि पण्डितों ने चीन में जाकर भारतीय धर्म का प्रचार किया था। आज जान पड़ता है कि भारतवर्ष की इस प्राणशक्ति का विकास असम्भव है।

जिस व्यक्ति को कालकोठरी में बन्द किया जाता है उसकी तन्दुरुस्ती तो जाती ही है, विद्या-बुद्धि और विचार शक्ति भी लुप्त हो जाती है। शुरू में शायद बाहर की विपत्ति से आत्म रक्षा के लिये सीमा की लकीर खींची गई थी। आज यह लकीर ही मृत्यु का कारण हो गई है। अब बाहर की भीतिजनक वस्तु भीतर आकर बैठी है फिर उस व्यर्थ की सीमा रेखा से अब क्या फायदा है ?

वर्णाश्रम व्यवस्था में ब्राह्मण को जो ऊँचा स्थान दिया गया था सो ब्राह्मण ने भी एक दिन अपने सरल अनाडम्बर ज्ञान-पूत जीवन-यात्रा से और ज्ञान-ध्यान कर्म की साधना और तपस्या से समाज को पवित्र और आदर्श-प्रवण बनाया था। पर जो सम्मान सहज में ही मिलता है उसे पाकर कितने महापुरुष हैं जो अपना कर्तव्य निभाते रहे और तपस्या और साधना में अटल रह सकें ? समाज में ब्राह्मणों को बाद में चलकर बिना तपस्या और साधना के ही सम्मान और श्रद्धा मिलने लगी। इससे तामसिकता आती है और अन्त में पतन होता है। ब्राह्मण का यह पतन समस्त जाति को दुर्गति की ओर ले गया है।

पद्मपुराण कहता है कि आपात्काल में भी ब्राह्मण को नौकरी नहीं करनी चाहिये और न राजसेवा ही करनी चाहिये (पाताल खण्ड, 4। 160-168)। फिर भी आज ब्राह्मण लोग वह सब करने को बाध्य हुए हैं। फल यह हुआ कि समाज के ऊपर आज उनका वह प्रभाव नहीं है। अवश्य ही निरुपाय होकर ही उन्होंने यह रास्ता लिया है पर जो कल्याण समाज उनसे पाता था, अब वह नहीं पा रहा है। और जिस समाज में तपोनिष्ठ नेता का अभाव होता है वह समाज दिन दिन नष्ट होता है।

पहले जाति भेद और वृत्ति भेद के कारण अन्नोपार्जन के क्षेत्र में अन्यायमूलक चढ़ा ऊपरी नहीं थी। जब वे राजा भी नहीं रहे, वह समाज व्यवस्था भी नहीं रही फिर वह वृत्तिभेद सुरक्षित रहे तो कैसे रहे ?

जिन देशों में जातिभेद नहीं है वहाँ देश पर बाहरी शत्रु के आक्रमण होने के समय सभी देशवासी लड़ते हैं। इस देश में युद्ध करना एक श्रेणी विशेष का कार्य माना जाता है। यह श्रेणी जब नष्ट या विपन्न हो जाती है तो बाकी लोग असहाय होकर कर्तव्य-मूढ़ हो जाते हैं। इससे आक्रमणकारी को सुविधा होती है। ऐसा तो नहीं है कि अ-क्षत्रियों ने जिस देश में बीच बीच में शत्रु को बाधा पहुंचाई ही न हो,

पर वह साधारण नियम का अपवाद ही था। कभी-कभी कहीं कहीं निम्नतर श्रेणी के लोगों ने इस प्रकार क्षत्रियत्व भी प्राप्त किया है। और कुछ काल तक देश रक्षा के कार्य में नई शक्ति और वीरता भी जुटाई है। पर सब मिलाकर देखा जाय तो देश रक्षा के मामले में जातिभेद से नुकसान ही हुआ है।

जातिभेद के कारण जो एक बड़ा ही निष्ठुर काण्ड आजकल चल रहा है वह यह है कि बहुत से हिन्दू बर्मा आदि में जाकर वहाँ की स्त्रियों से विवाह करते हैं। वे उन्हें लेकर घर नहीं लौट सकते। जात-पांत का भय रहता है। देश को लौटते समय इन स्त्रियों और सन्तानों को ये जबर्दस्ती मुसलमान या ईसाई बनाकर लौट आते हैं। वैसे तो हिन्दू समाज की दृष्टि से यह क्षतिकर है ही, मनुष्यता की दृष्टि से भी अत्यन्त गर्हित है। इस प्रकार की उत्पन्न सन्तान पुराने युग में हिन्दू ही होती। पर जातिभेद की कठोरता के कारण आज यह सम्भव नहीं है। इस प्रकार हिन्दू समाज निरन्तर क्षय की ओर धावमान है।

हमने पहले ही देखा है कि सिंध देश की देवल-स्मृति में इस सामाजिक क्षय को रोकने के लिये ही विधर्मी द्वारा या अन्यान्य भाव से लांछित स्त्री को समाज में ले लेने की व्यवस्था है। अत्रि आदि स्मृतियों के अध्ययन से हम देख चुके हैं कि असल में वे ही लोग निन्दनीय और प्रायश्चिती हैं जो अन्यान्यपूर्वक लांच्छिता स्त्रियों की रक्षा में समर्थ नहीं हैं।

जो लोग बाहर से हिन्दू धर्म के प्रति आस्था और विश्वास लेकर आते हैं उन्हें हिन्दू लोग अपना भी नहीं सकते। ये भगिनी निवेदिता जैसी साध्वी नारियों और मैक्समूलर जैसे महाचेता पुरुषों को संन्यासी बनाये बिना ग्रहण ही नहीं कर सकते। गृहस्थ रूप में अगर इन्हें स्वीकार किया जाय तो किस जाति में रखा जायगा ? यदि इन्हें ब्राह्मण क्षत्रिय बना लें तो महापण्डित ब्रजेन्द्रशील को किस मुँह से तांती कहते रहेंगे ? बाहर से आये हुए लोगों को यदि हम ब्राह्मण मानें तो मेघनाद साहा जैसे कृती हिन्दुओं को 'साहा' कहते रहना कहाँ का योग्य विचार है ? महात्मा गांधी महात्मा होने के कारण सबके पूज्य हो सकते हैं पर गृहस्थ गान्धी सदा गान्धी ही रहेंगे, यद्यपि उनके पुत्र को ब्राह्मण राजगोपालाचार्य ने कन्या दी है। संन्यासी विवेकानन्द जितने भी पूज्य हों गृहस्थ के रूप में अब्राह्मण ही हैं। राजा राजेन्द्र लाल जैसे लोग कितने बड़े भी पण्डित क्यों न हों ब्राह्मण हर्गिज नहीं हो सकते।

———

जीवन संघर्ष में बाधा

एक तो यों ही कलिकाल में समुद्रयात्रा निषिद्ध है,फिर इस काल में नियमों की कठोरता भी बहुत अधिक है इसीलिये आजकल जातिभेद और वर्णाश्रम व्यवस्था के आचार-विचारों को विशुद्ध रखकर उपनिवेश स्थापित करना हिन्दुओं के लिये असम्भव ही है। इस देश की जनसंख्या इतनी बढ़ गई है कि तिल धारने की जगह नहीं है, बेकारी की समस्या अत्यन्त उग्र है और बाहर जाने का कोई उपाय नहीं है। जो लोग फिजी, ट्रिनीडाड आदि में गये हैं वे जात-पांत की शुद्धि नहीं रख सके हैं, इसलिये उनका इस देश में लौट आना भी सम्भव नहीं और इस प्रकार मातृभूमि के साथ उनका सम्बन्ध सदा के लिये छिन्न ही हो गया है। हमने पहले ही कहा है कि वर्मा, श्याम आदि में गये हुए हिन्दू किस अमानुषिक ढंग से अपनी स्त्रियों और बच्चों को स्वयं विधर्मी बना देते हैं। उन स्त्रियों ओर सन्तानों को पति और पिता के धर्म में रहने का कोई उपाय नहीं है।

देश-विदेश में जाति बचाकर रहना असम्भव है। इसीलिये विदेश में नौयुद्ध विभाग में या जहाज की परिचालना के कार्य में खलासी और सारंग आदि के कार्य का रास्ता भी हिन्दुओं के लिये रुद्ध है। अगर यह मार्ग खुला होता तो बेकारी समस्या का बहुत कुछ समाधान हो सकता। चटगांव, नेआखाली आदि के बहुसंख्यक मुसलमान इन कार्यों से जीविका उपार्जन करके सुख पूर्वक गुजर कर रहे हैं। पहले चटगांव के हिन्दू पाटनी समुद्र के बड़े होशियार नाविक थे पर अब वहाँ के सभी नाविक मुसलमान हैं। समुद्रयात्रा हिन्दू के लिये निषिद्ध था अतएव कालिकट के जमोरिन ने अपने हिन्दू नौजीवी प्रजाओं को उनकी इच्छा के विरुद्ध मुसलमान बनाकर शास्त्र की मर्यादा बचायी थी।

इस प्रथा से सर्वापेक्षा अधिक क्षति स्त्री जाति का हुआ है। हमने देखा है कि पहले कन्यायें शिक्षा पाकर यौवन में स्वयं अपना पति चुन लिया करती थीं। वेद में कन्या के ब्रह्मचर्य व्रत की भी बात है–

ब्रह्मचर्येणा कन्या युवानं विन्दते पतिम्।

(अथर्व. 11 । 7 । 18)

पराशर-माधव के आचार काण्ड, विवाह प्रकरण में यम का वचन उद्धृत करके दिखाया गया है कि पुरा काल में कन्याओं का मौंजीबन्धन और उपनयन होता था, तथा वेद भी उन्हें पढ़ाये जाते थे (तर्कालंकार संस्करण पृ. 485)। वहीं हारीत का वचन उद्धःत करके कहा गया है कि स्त्रियों में दो श्रेणियाँ हैं, ब्रह्मवादिनी और सद्योवधू।

उपनयन के बाद गुरुगृह पर कन्यायें यथा-रीति शास्त्र अध्ययन करती थीं। उत्तर रामचरित नाटक में भवभूति ने इसका एक सुन्दर चित्र उपस्थित किया है। भवभूति को परवर्तीकाल का कहकर उनकी बात को प्रमाण नहीं मानने की दलील उपस्थित की जा सकती है किन्तु कन्याओं का ब्रह्मचर्य वास अन्य उल्लेख योग्य प्राचीन ग्रन्थों से निस्सन्देह प्रमाणित किया जा सकता है। कुरुक्षेत्र के एक आश्रम में ब्रह्मचारिणी शाण्डिल्यदुहिता ने तप: सिद्धि प्राप्त की थी (शल्य. 54 । 6)। महाभारत में एक ऋषिकन्या की कथा है जो ब्रह्मचर्य पालन करती हुई तपोनिरत अवस्था में वृद्धा हो गई थीं। बाद में गृहस्थाश्रम में प्रवेश करने का उपदेश पाकर उन्होंने वृद्धावस्था में विवाह किया (शल्य. 52 । 20)। इसी प्रकार सुलभा नामक मुनिव्रतधारिणी (शान्ति. 320 । 183)। कन्या का और ब्राह्मण कन्या सिद्धा के वेदाध्ययन की कथा (उद्योग 109 । 19) भी महाभारत में है। ब्रह्मवैवर्त पुराण में पतिव्रता स्त्री का साम-मन्त्र से पूजा करने का विधान है (श्रीकृष्ण जन्म खण्ड, 83 । 130)। अन्यत्र बताया गया है कि नारद मुनि को हरिभक्तिमय गान सीखने के लिये जाम्बवती, सत्यभामा, रुक्मिणी और यहाँ तक कि, उनकी सहचरियों का शिष्यत्व ग्रहण करना पड़ा था (लिंग पुराण, उत्तर. 3 । 89-100)।

वेद और शास्त्रीय ज्ञान से वंचित किये जाने पर स्त्रियाँ सचमुच ही शूद्रा हो उठीं। जब शिक्षा ही नहीं दी जायगी तो शूद्रतादूर कैसे होगी ?

प्राचीन काल में कन्यायें बड़ी होकर स्वयं वर चुना करती थीं। वरण किया जाता है इसीलिये वर को 'वर' कहते हैं। अनेक अवसरों पर कन्यायें वर पसन्द करके गान्धर्व मत से ही विवाह करती थीं। यह गान्धर्व विवाह मनु (3 । 21) तथा अन्य शास्त्रकारों द्वारा समर्थित है (पराशर माधव. पृ. 485-489)। पराशर माधव में बौधायन देवल आदि ऋषियों के भी इसके समर्थक मत उद्धृत हैं। अग्नि पुराण (154 अध्याय) में भी इसकी वैधता स्वीकार की गई है। महाभारतादि प्राचीन इतिहासों में इस प्रथा का भूरि-भूरि उल्लेख पाया जाता है।

क्रमश: जब जात-पाँत का बखेड़ा बढ़ गया तो समाज के व्यवस्थापकों के मन में यह उद्वेग उपस्थित हुआ कि बड़ी होकर कन्या जिस वर को वरण करेगी उसके जाति कुल सब समय अनुकूल ही कैसे रह सकते हैं। इसीलिये पसन्द नापसंद का टंटा उठाकर कच्ची उमर में ही व्याह देने की व्यवस्था हुई। वरण तक भी होता रहा पर अब वह एक प्रथा मात्र रह गयी। भाई या पिता ही इस कार्य को करने लगे। अब नये सिरे से गौरीदान की प्रथा प्रवर्तित हुई। ऊपर बताये हुए कारण से ही स्मृतियों में अल्पवयस्क कन्याओं का विवाह करने के लिये इतनी व्यस्तता दिखाई गई है।

कहा गया है कि कन्या यदि व्याह के पहले पितृगृह में ऋतुमती हो जाय तो पिता माता के पाप का अन्त नहीं (शंख 15-8, यम 22-23)। ऐसी कन्या वृषली होती है और इस 'वृषली' या शूद्रा से विवाह करने वाला ब्राह्मण पतित होता है (यम. 24 । 28) इत्यादि।

इस तरह स्त्रियाँ सब प्रकार की स्वाधीनता से वंचित हुई (मनु. 5-147-149) वशिष्ठ संहिता 5 अध्याय, बौधायन 2 । 2 । 50 इत्यादि) ।

पिछले अध्यायों में हम देख चुके हैं कि स्त्रियों के सम्बन्ध में किस प्रकार के अविश्वास का एक युग गया है । विश्वास नहीं करने वाला भी क्षतिग्रस्त होता है और जिस पर विश्वास नहीं किया जाता वह तो होता ही है ।

स्त्रियों की स्वाधीनता के अपहरण से बड़ा नुकसान यह हुआ कि उनका बाहर आकर जीवित का उपार्जन बन्द हो गया । वे पुरुषों की सहायक नहीं रहीं । घर में बैठकर जो कुछ किया जा सकता है उससे अधिक वे कुछ भी नहीं कर सकीं । हिन्दू समाज का आधा हिस्सा पंगु हो गया । समाज जीवन के संघर्ष में अन्यान्य जातियों की अपेक्षा शक्तिहीन हो गया । यूरोप, अमेरिका, जापान आदि देशों की स्त्रियों की कर्मशक्ति को देखकर यह बात विशेष रूप से याद आती है ।

अपना वर स्वयं चुनने में यह भय था कि जाति-कुल की विशुद्धता सुरक्षित नहीं रहेगी, पर स्त्री-स्वाधीनता के चले जाने पर भी वह भय पूरी तरह से दूर नहीं हुआ । बीच बीच में दुर्घटनायें होती ही रहती थीं । लड़कियों को जब स्वयं वर चुनने का अधिकार नहीं रहा तो उत्तम वर खोजने की जवाबदेही पिता पर पड़ी । हर प्रकार से सद्‌वंशजात और सुशिक्षित वर के लिये पिताओं में प्रतियोगिता भी बढ़ी और इसी से तिलक और दहेज की प्रथा की उत्पत्ति हुई । कभी कभी इतनी सावधानी होने पर भी दुर्घटनायें होती रहीं । पद्मपुराण में एक उपाख्यान इस प्रकार है कि एक श्वपच सुन्दर वेश-भूषा धारण करके अपने को ब्राह्मण कहकर एक ब्राह्मण कन्या का प्रार्थी हुआ । ब्राह्मण ने उसे कन्या देने का वाग्दान किया । इसी बीच उन्हें उसकी असल जाति मालूम हुई । ब्राह्मण बड़े चक्कर में पड़े । कन्या देते हैं तो जाति जाती है, नहीं देते तो प्रतिज्ञा भंग होती है । तब श्रीकृष्ण आकर उस कन्या को और युवक को वैकुंठ में ले गये । वहाँ जातिभेद नहीं है इसीलिये दोनों वहाँ सुखपूर्वक मिलित हुए (स्वर्ग खड्ड, 49 अध्याय) । शायद दोनों में पहले से ही प्रेम था ।

आजकल कन्या को विवाह देना एक इतनी बड़ी समस्या हो गई है कि कभी कभी अच्छा पात्र दिखते ही लोग धीर भाव से उसके जाति कुल का विचार तक करना भूल जाते हैं । फलस्वरूप कितने ही धूर्त समय समय पर विवाह के व्यवसाय से लोगों को ठगा करते हैं । हाल ही में बंगाल में एक ऐसे ही विवाह विशारद पर पुलिस ने मुकदमा चलाया था । जिसने लोगों को धोखा देकर दर्जनों विवाह किये थे । समाचार के पाठकों को ऐसी घटनायें पढ़ने को प्राय: मिलती रहती हैं ।

इधर आर्थिक कारणों से बहुत सी कन्यायें अविवाहित ही रह जाती हैं । कभी-कभी ये लड़कियाँ स्वयं अपना वर वरण भी कर लेती हैं । इससे अच्छा और बुरा दोनों फल हो सकते हैं । इसीलिये इस ओर से जातिभेद की प्रथा पर प्रचण्ड आघात होता जा रहा है जो निष्ठावान् समाज नेताओं को काफी परेशान कर सकता है ।

जाति कुल की ओर देखकर आत्मसम्मान की रक्षा करने के लिये अनेक बार

राजपूत लोग अपनी कन्याओं को सौर में ही मार डालते थे। गुजरात के पाटीदार या पटेल लोग उन्हें दूध में डुबोकर समाप्त कर देते थे। इसे 'दूधीपीधी' कहते थे। कन्या एक दुर्भाग्य समझी जाती है। ऐसा पिता इस देश में विरला ही होगा जो कन्या के जन्म के दिन ही तिलक और दहेज की चिन्ता से कातर न हो उठता हो।

महाभारत के युग में कभी कभी देखा गया है कि कन्या प्रार्थनीय मानी जाती थी। यद्यपि ब्राह्मण ग्रन्थों में कहा गया है कि 'दारिका हृदय दारिका पितुः' अर्थात् लड़की पिता के हृदय को विदीर्ण करने वाली होती है, पर प्राचीन काल में ऐसा भी देखा जाता है कि लोग कन्या को दत्तक पुत्र के समान दूसरे से लेकर पालते थे। यदि वह दुर्भाग्य समझी जाती तो ऐसा न होता। यदुश्रेष्ठ शूर की कन्या थीं पृथा (कुन्ती)। शूर ने अपने फुफेरे भाई कुन्तिभोज को यह कन्या पालनार्थ दी थी। कुन्तिभोज के नाम पर ही पृथा का नाम आगे चलकर कुन्ती हुआ (आदि 111-3)। किन्तु धीरे-धीरे कन्यायें दुर्भाग्य समझी जाने लगीं और इस अभागे देश में कन्यावध भी संभव हो सका। भारतवर्ष ने इस कन्यावध का महापाप भी स्वीकार कर लिया।

ज्ञान से वंचित स्त्रियाँ समाज में एक ऐसा अन्धकार स्थान बन गई हैं कि वहाँ से मानसिक जगत् के सब रोग समाज में संक्रमित हो सकते हैं। यही कारण है कि आज कोई भी भला काम शुरू होता है—यहाँ तक कि वह काम यदि स्त्रियों की स्वाधीनता के लिये या कल्याणक कामना के लिये भी किया जा रहा हो तो सर्वाधिक बाधा स्त्रियों की ओर से ही प्राप्त होती है। जिसे कुसंस्कार कहते हैं उसका प्रधान आश्रय आज स्त्रियाँ ही बनी हुई हैं। इस परिमण्डल में जन्म लेने के कारण इस देश के पुरुषों की चित्तवृत्ति में भी कुसंस्कारों ने कम घर नहीं बनाया है।

जहाँ स्त्रियों की प्रतिष्ठा नहीं है वहाँ मातायें भी सन्तान के चित्त पर आधिपत्य नहीं कर सकतीं। इनकी मर्यादा के नष्ट होने से सारे समाज की मर्यादा नष्ट होती है।

अकेला मनुष्य शक्तिहीन है। समाज की सहायता से ही उसमें शक्ति आती है। पर जातिभेद से क्या भारतीय समाज किसी प्रकार की शक्ति प्राप्त कर सका है ? अहमदाबाद की लेडी विद्यागौरी रमनभाई ने इस विषय में जो कुछ कहा है वह विचार योग्य है। उन्होंने कहा है कि समाज-सेवक के लिये जातिभेद एक जबर्दस्त बाधा है। कन्या को शिक्षा दो, जाति इसका विरोध करेगी। विधवा विवाह की बात चलाओ, जाति इसका विरोध करेगी। विदेश में शिक्षा के लिये जाओ, निम्न वर्ण के साथ मानुषोचित व्यवहार करो—सर्वत्र जाति विरोध करेगी (Ghurye, 161)।

———

सामाजिक संहति

एक साथ रहने से ही परस्पर एक प्रकार का योग हो जाता है। सामाजिकता मनुष्य के स्वभाव की एक बड़ी सम्पत्ति है। गांवों में हिन्दू, मुसलमान, ब्राह्मण, शूद्र ऊँच नीच सभी में एक तरह का मामा-काका-दादा सम्बन्ध रहता है। जिन लोगों में जातिभेद का विष ज्यादा तीव्र हो गया है वे इसमें भी दोष देखते हैं। इस दोष दर्शन के प्रमाण शास्त्रों में भी हैं (वृहद्धर्म पुराण, उत्तर 4 । 48)। वहाँ शूद्र को काका, मामा आदि कहना भी निषिद्ध है !

जातिभेद ने हिन्दुओं की संहति इस बुरी तरह से नष्ट किया है कि एक जाति वाला दूसरी जाति वाले को पराया समझता है। डेरा इस्माइल खां आदि सीमान्त के जिलों में दुर्वृत्त विधर्मी प्राय: ही हिन्दू घरों में लूटते हैं और हिन्दू कन्याओं का अपहरण कर ले जाते हैं। एक मेरे मित्र ने ऐसी एक घटना सुनाई जो एक ही साथ हृदय-विदारक भी है और शिक्षाप्रद भी है। एक बार दुर्वृत्त एक लड़की को उठा ले जा रहे थे। संख्या में वे ज्यादा नहीं थे। लड़की चिल्ला चिल्ला कर बचाओ बचाओं की पुकार कर रही थी। मुहल्ले के लोग लाठी सोंटा लेकर निकले पर उन्होंने जब देखा कि लड़की उनकी जाति की नहीं है, बल्कि बनिया की है, तो लौट गये। कहने लगे—यह तो बनिये की लड़की है। दुर्वृत्त दस्यु स्वच्छन्दतापूर्वक लड़की को ले गये।

विदेशी और विधर्मी राजा के लिये प्रजा की संहति का नष्ट होना सुविधा की ही बात है। खाद्य आदि आकार में बड़ा हो तो टुकड़े करके खाने में ही बुद्धिमानी है। इसी तरह बड़े देश को शासन करने के लिये उसको नाना भाव से विच्छिन्न और असंहत कर देना ही ग्रास करने में सुविधाजनक है। यहाँ जातिभेद ने पहले से ही इस बात की सुविधा कर रखी है। इसलिये पुराने जमाने में छोटी जाति के आदमियों का ऊँची जाति में बदल जाना जितना सरल था, मुसलमानी जमाने में उतना सहज नहीं रहा और आजकल तो और भी कठिन है। इसमें आज नाना प्रकार की बाधायें विद्यमान हैं। किसी एक देश को दबा रखने के लिये उस देश के जितने प्रकार के जातिगत और धर्मगत भेद हैं सबको जगा रखने में ही सुभीता है। विशेष रूप से विदेशी और विधर्मी के लिये तो यह भेद-प्रथा दैवदत्त आशीर्वाद ही है।

इन दिनों विदेशी गवर्नमेंट जो मनुष्य गणना कराती है उसे देखकर एक बात

जो जी में उठती है उसे कहे बिना नहीं रहा जाता। मनुष्य की स्वाभाविक वृत्ति है भेदभाव भूल जाना। किन्तु गवर्नमेण्ट जिस प्रकार जोकर देकर हर दसवें साल जाति लिखने के लिये लोगों को मजबूर करती है उससे वे लोग भी जिनमें यह भेद भाव ज्यादा नहीं है, या जो भूलने बैठे हैं, बार-बार भेद भाव को खोंच-खोंच कर जीवित रखने के लिये मजबूर किये जाते हैं। गवर्नमेंट के रजिस्ट्री विभाग में जाति लिखाने पर इतना जोर दिया जाता है कि जो लोग जाति नहीं लिखना चाहते उनको भी मजबूरन जातिभेद को याद रखना पड़ता है। मेरे एक चक्रवर्ती ब्राह्मण मित्र को रजिस्ट्रार के आफिस में केवल इसीलिये घंटों हैरान किया गया कि वे जाति नहीं लिखाना चाहते थे। मजा यह था कि रजिस्ट्रार से लेकर क्लर्क तक सभी उनको भलीभांति पहचानते थे। तब भी गवर्नमेंट जाति लिखाने के मामले में इतनी बद्धपरिकर है ! सन् 1921 के सेन्सस रिपोर्ट में लिखा है कि पंजाब की निम्नतर श्रेणियों में जातिभेद बहुत कम उग्र है। किन्तु मनुष्य गणना का खाना भराने पर बार-बार जोर देकर उनमें की भेद-बुद्धि को प्रतिदिन जागृत किया जाता है (Cens. Ind. 1921, Vol I, Pat I, P. 223 टिप्पणी)। सिक्ख लोक जातिभेद नहीं मानते पर सेन्सस वाले उनसे जातिभेद लिखाकर ही छोड़ेंगे। इस बात को लेकर इतना झमेला बढ़ा कि अन्त में मजबूर होकर गवर्नमेंट को यह हुक्मनामा जारी करना पड़ा कि यदि पंजाब और उत्तर पश्चिम सीमान्त के सिक्ख लोग जाति न लिखना चाहें तो उन्हें मजबूर न किया जाय (वही पृ. 226 Para 197)।

कहते हैं इंग्लैण्ड के राजा धर्म के रक्षक (Defender of Faith) हैं। वहीं यहाँ के भी सम्राट हैं तो धर्म और जातपाँत और सम्प्रदाय के प्रधान रक्षक अंग्रेज सरकार ही है। जो भेदभाव युगधर्म और काल के प्रभाव से नाश होने को जा रहा है उसे यत्न पूर्वक जीवित रखना और उसे परिवदि्र्धत और पोषित करने का भार भी सरकार ने स्वयं उठा लिया है। किन्तु आश्चर्य तब होता है जबकि उन्हीं लोगों की ओर से हमारी आयोग्यता के प्रमाण स्वरूप यह कहा जाता है कि हममें जात-पांत और सम्प्रदाय का भेद विभेद है। फिर क्यों इन भेद विभेदों को जिला रखने के लिये वे इतने व्याकुल हैं ?

सेन्सस रिपोर्ट में एक मजेदार रिमार्क यह भी है कि समय समय पर सेन्सस के कर्मचारी अपनी जाति और सम्प्रदाय की प्रतिष्ठावश जान बूझकर मनुष्य गणना में गलत बात लिखा देते हैं ! (वही पृ. 119 । 120)।

———

सामाजिक अविचार के भीतर से भी व्यक्ति महिमा की जीत

जिस समाज में चरित्र, गुण, मनीषा, साधना और तपस्या की अपेक्षा जन्मगत जाति का आदर ही अधिक है, वह समाज किसी प्रकार अग्रसर नहीं हो सकता। नारद, विदुर, व्यास आदि महापुरुषों का जन्म तो बहु दोषयुक्त है किन्तु साधना और तपस्या के बल पर समाज में उन्हें कितना उच्च पद मिला था। हीन वंश में जन्म होने से कोई हीन नहीं हो जाता। अनेक समय हीन कही जाने वाली जातियों में ऐसे महापुरुषों का जन्म होता है जिनके चरित्र की किसी से तुलना नहीं की जा सकती। महाभारत में एक द्विज और व्याध की कथा है। उस व्याध का ज्ञान और साधना देखकर विस्मित होना पड़ता है। (वन. 206 । 115)। शूद्र पैजवन के दान और उदारता की सीमा नहीं है (शान्ति 60 अध्याय)। ऐंद्राग्नि विधान में उन्होंने दान दिया था। वैश्य तुलाधार के साथ जाजालिका संवाद भी ज्ञान गर्भित है (शान्ति. 263 अध्याय)। तुलाधार वृहद्धर्म पुराण के अनुसार व्याध थे। उपदेश देकर उन्होंने ब्राह्मण जाजालि के अन्तर का संशय दूर किया था। हम इसके पहले ही देख चुके हैं कि प्राचीन काल में शूद्रों में कैसे-कैसे तपस्वी हो गये हैं।

किन्तु स्मृति ग्रन्थों में लिखा है कि शूद्र यदि किसी ब्राह्मण को उपदेश दे तो राजा को चाहिये कि उसके मुख में और कान में खौलता हुआ तेल डाल दे (मनु. 8 । 272)। मनुस्मृति के आठवें अध्याय (श्लोक 267-286) में जो विधान बताया गया है, वह द्रष्टव्य है।

भगवान् बुद्धदेव के बाद ही बौद्ध संघ में जिनका सर्वाधिक सम्मान था वे उपालि जाति के नाई थे। सुनीत पुक्कस थे, फिर भी थेरगाथा में उनके श्लोक उद्धृत हैं। साति मछुए थे और नन्द थे जाति के ग्वाले। ये दोनों ही पंठक अभिजात वंशीय कन्या के गर्भ से उत्पन्न जारज सन्तान थे। तपस्विनियों में चम्पा मृगयाजीवी व्याध की कन्या थीं। पुन्ना और पुन्निका दास की पुत्री थीं। सुमंगल माता जातिकी वेण थीं। सुभा लुहार की लड़की थीं (Sacreb. Bud. II, 102)। इस प्रकार और कहाँ तक गिनाया जाय।

दक्षिण भारत के तामिल भक्तों में अनेक शूद्र थे। थायु मानुवर, सिद्धियर,

पात्तिनातु पिल्लेयर, अमृतसकैनर प्रभृति भक्त शूद्र थे। अरुण गिरि, नाथर, अरुमुण्ड नाथर, आदि भी ब्राह्मण नहीं थे। नाम्मालवर या मुनिवाहन अस्पृश्य जाति के थे। कुराल नामक अपूर्व भक्तिशास्त्र रचयिता तिरुवल्लुवर अति नीच जाति के थे। कण्ठप्प नयन् व्याध थे। पंहति सित्तार शूद्र से भी नीची जाति के हैं। थिसमल नायनार अन्त्यज थे और भक्त नन्दनार अस्पृश्य परिया थे। अलवार भक्तों में से अनेक जाति में नीच थे पर भक्ति में अपूर्व थे। उनकी वाणी और भजन कितने मधुर हैं। आजकल ब्राह्मणों के घर में भी किसी भी पवित्र अनुष्ठान का होना असम्भव है यदि ये गान न गाये जायें। पहले ही कह चुका हूँ कि चिदांवरम् के मन्दिर में इसी अस्पृश्य परिया की मूर्ति है। आचार्य रामानुज इन भक्तों को पूर्व भागवतों में स्थान देकर भारतवर्ष का बड़ा उपकार कर गये हैं। महाराष्ट्र के तुकाराम नामदेव आदि भक्तगण शूद्र होकर भी ब्राह्मणों के गुरु हो गये हैं। बंगाल में चैतन्य देव की कृपा से बहुत से ब्राह्मणों ने निम्नतर वर्णों के गुरुओं के निकट दीक्षा ली है। आज भी यह रीति समान भाव से ही चली आ रही है। आज भी दक्षिण भारत के विख्यात नारायण गुरु थिया जाति में पैदा हुए हैं।

आसाम के शंकरदेव जाति के शूद्र थे। महापुरुषिया सम्प्रदाय के प्रवर्तक यही हैं। बाद में इन्हीं की धारा में दामोदर ने एक नया सम्प्रदाय प्रवर्तित किया। दामोदर ब्राह्मण थे, इसलिये इस सम्प्रदाय को 'बामुनिया' (ब्राह्मणीय) कहते हैं। बाद में चलकर बामुनिया वालों ने अपने पुराने शूद्र गुरु का नाम मिटा दिया, और आसाम के भक्तों को नये सिरे से वर्णाश्रम के बन्धन में बाँधा।

असल में जिन भक्तों ने भक्ति धर्म को भारतवर्ष में फैलाया है उनमें द्रविड भक्त ही अतिशय प्राचीन हैं। इसीलिये पद्मपुराण में स्वयं भक्ति कहती है कि "मैं द्रविड़ देश में जन्मी, कर्नाटक में बढ़ी, महाराष्ट्र में कुछ दिन वास किया और गुजरात में आकर जीर्णावस्था को प्राप्त हुई (उत्तर. 193 । 51)।

मध्ययुग में उत्तर भारत के कबीर, रैदास, सेना, रुदना, छन्ना, दादू, नाभा आदि सन्त भक्तों का जन्म अत्यन्त नीच कुल में हुआ था। बंगाल में आउल बाउलों में कोई नमःशूद्र, कोई कपाली, कोई जेलेकैवर्त, कोई भुंइमाली आदि अति हीन समझे जाने वाले कुल में पैदा हुए थे। और आज भी ब्रजेन्द्र शील, महेन्द्र सरकार, महात्मा गांधी, मेघनाद साहा आदि का स्थान क्या किसी ब्राह्मण से नीचे दिया जाना चाहिये ? अथवा यदि शास्त्र मानकर इनके ज्ञान ध्यान और साधना की उपेक्षा की जाय तो भारतवर्ष में रह क्या जाता है ? आज हिन्दू लोग महात्मा गांधी के उपदेश को वेद वाक्य जैसा समझते हैं। किन्तु देशाचार और लोकाचार क्या ऐसा करने की सम्मति देता है। ?

से और निम्नतम स्तर चमारों से बना है। ये आर्य और द्रविड़ जातियों के मिश्रण से बने हैं। (5) मंगोल-द्रविड़ टाइप, जिसमें बंगाल-उड़ीसा के ब्राह्मण और कायस्थ तथा पूर्वी बंगाल और आसाम के मुसलमान हैं शायद मंगोल-द्रविड़ और आर्य रक्त के मिश्रण से बना है। (6) मंगोल टाइप, जिसमें नेपाल, आसाम, बर्मा की जातियाँ हैं (7) द्रविड़ टाइप, जिसमें गंगा की घाटी से लेकर सिंहल तक मद्रास, हैदराबद मध्य प्रदेश आदि की जातियाँ शामिल हैं (रिजली := पीपुल ऑफ इण्डिया पृ. 31-33)। अब यह स्पष्ट है कि यद्यपि हिन्दुओं के धर्मशास्त्र के नाम पर सिर्फ आर्यों के संस्कृत ग्रंथ ही पाये जाते हैं तथापि समूची भारतीय जनता उन ग्रंथें के प्रतिपाद्य से अधिक विस्तृत है। पहले वैदिक साहित्य से शुरू किया जाय।

न जाने कब से भारतवर्ष में यह प्रथा रूढ़ हो गई है कि किसी भी विषय का मूल वेदों में खोज निकालने का प्रयत्न किया जाता है। आधुनिक शोधों से इस प्रथा को और भी बल मिल गया है। भारतीय समाज की सबसे जटिल और महत्वपूर्ण विशेषता—इस जाति-भेद को भी वेदों में से खोज निकालने का प्रयत्न किया गया है। पर इस विषय में बड़ा भारी मतभेद है। भारतीय पण्डितों में तो इस विषय में काफी मतभेद होना स्वाभाविक ही है, क्योंकि जाति-भेदवाली प्रथा उनके लिये केवल पांडित्य-प्रदर्शी वाद-विवाद या समाज-शास्त्रीय कुतूहल का विषय नहीं है, बल्कि एक ऐसी बात है जिसकी अच्छाई या बुराई उसके राष्ट्रीय जीवन-मरण का प्रश्न है, किन्तु विदेशी पंडित भी इस विषय में एकमत नहीं हैं। किसी-किसी के मत से इस प्रथा का कोई भी उल्लेख समूचे वैदिक साहित्य में नहीं हैं। पर दूसरों के मत से जातिभेद का मूल बीज वैदिक साहित्य में वर्तमान है। वस्तुत: जाति-प्रथा का कोई एक मूल नहीं है। इसीलिये उसके भिन्न-भिन्न पहलुओं के मूल भिन्न-भिन्न स्थानों पर खोजने चाहिये। जहाँ तक वर्तमान लेखक ने अपने साहित्य को समझा है, वहाँ तक उसे यह कहने में संकोच नहीं कि वैदिक साहित्य में इस प्रथा के कुछ मूल बीज जरूर वर्तमान हैं, परन्तु उस युग में यह प्रथा धर्म और समाज का इतना जबर्दस्त अंग निश्चय ही नहीं थी। समस्त वेदों, ब्राह्मणों, उपनिषदों और धर्म-गृह्य-श्रौत सूत्रों में शायद ही कहीं जाति शब्द का व्यावहार आधुनिक अर्थ में हुआ हो। यहाँ यह इशारा भी नहीं किया जा रहा है कि वैदिक साहित्य में बराबर आने वाले चार वर्णों के नाम को ही जाति-प्रथा का मूल रूप माना जाय, क्योंकि वर्ण और जाति को समानार्थक शब्द नहीं माना जा सकता। परन्तु यह कहने में कोई संकोच नहीं कि वर्ण-व्यवस्था जातिभेद के बहुत से लक्षणों के जटिल होने के लिये उत्तरदायी जरूर है। मूल संहिताओं, ब्राह्मणों और उपनिषदों में ब्राह्मण, क्षत्रिय या राजन्य, विश् या वैश्य या शूद्र इन चार वर्णों का भूरिश: उल्लेख है। इनके अतिरिक्त अन्य जातियों की चर्चा तो नहीं है, पर प्रसंग-क्रम से

चाण्डाल, पौल्कस, निषाद, दास, शबर, भिषज्, रथकार और वृषल शब्दों का प्रयोग इस प्रकार किया गया है जिससे जान पड़ता है कि ये चार वर्णों से बाहर हैं।

अगर हम जाति भेद के आधुनिक रूप का विश्लेषण करें, तो तीन प्रधान लक्षण स्पष्ट ही जान पड़ेंगे। (1) जन्म की प्रधानता, (2) छुआछूत, (3) अन्य जाति में विवाह-सम्बन्ध का निषेध। वस्तुत: इन तीनों बातों का कोई-न-कोई रूप वैदिक साहित्य में मिल जाता है। जन्म की प्रधानता को हम फिलहाल छोड़ते हैं, क्योंकि वह विवाह के प्रश्न से अत्यधिक सम्बद्ध है। यहाँ बाकी दो लक्षणों के विषय में चर्चा की जायेगी।

छुआछूत का विश्लेषण किया जाय तो स्पष्ट ही जान पड़ेगा कि उनके चार मोटे-मोटे तह हैं, इन तहों के और भी कई परत हैं। चार मोटे तह ये हैं–(1) वे जातियाँ जिनके देखने से ऊँची जाति के आदमी का अन्न और शरीर दोषयुक्त हो जाते हैं, (2) वे जातियाँ जिनके छूने से ऊँची जाति के आदमी का शरीर अपवित्र हो जाता है, (3) वे जातियाँ जिनके छूने से ऊँची जाति के आदमी का शरीर तो नहीं पर पानी या घृतपक्क अन्न दोषयुक्त हो जाते हैं और (4) वे जातियाँ जिनके छूने से पानी या घृतपक्क अन्न तो नहीं, परन्तु कच्ची रसोई दोषयुक्त हो जाती है। ये उत्तरोत्तर श्रेष्ठ होती हैं। विशेष ध्यान देने की बात यह है कि ऐसा प्राय: देखा गया है कि एक ही जाति जो बंगाल में तीसरे तह में हैं, मद्रास में दूसरे में और राजपूताने में चौथे में। इस पर से यह अनुमान करना बिल्कुल उचित ही है कि यद्यपि हिन्दू-शास्त्रों की प्रवृत्ति-तत्ज्जातियों के तबके को हमेशा के लिये स्थिर कर देना रही है, तथापि व्यवहार में कारणवश यह कठोरता कम या अधिक भी होती रही है। इस तरह के उदाहरणों को मूल में अन्यत्र दिखाने का प्रयास किया गया है। यहाँ प्रकृत बात है, वैदिक साहित्य में वर्णित छुआछूत।

यह प्राय: सर्ववादि-सम्मत मत है कि समूची संहिताओं और ब्राह्मणों तथा उपनिषदों में इस प्रकार की छुआछूत का कोई उल्लेख नहीं मिलता। धर्म-सूत्रों में संसर्ग-दुष्ट, काल-दुष्ट और आश्रय-दुष्ट इन तीन प्रकार के दोषयुक्त अन्न को अभोज्य बताया गया है। इनमें आश्रय-दुष्टता में छुआछूत का कुछ आभास मिलता है। गौतम धर्मसूत्र में संसर्ग-दुष्ट और काल-दुष्ट अन्न का वर्णन करने के बाद सूत्रकार ने दो और सूत्र लिखे हैं, जिनमें उन आश्रयों का उल्लेख है जिनके यहाँ अन्न अभोज्य हो जाता है (गौतम धर्मसूत्र 17 । 15-16)।

वशिष्ठ धर्मशास्त्र (14 । 1-4) में भी अभोज्यान्नों की एक लम्बी सूची दी हुई हैं। परन्तु उसी अध्याय में शास्त्रकार ने ऐसे अनेक ऐतिहासिक उदाहरण दिये हैं (जैसे अगस्त्य मुनि का मृगया करने पर भी अपवित्र न होना) जिनसे स्पष्ट हो जाता है कि प्राचीन काल में इन नियमों के पालन में काफी शिथिलता थी। इसी प्रकार आपस्तंब

धर्मसूत्र में भी ऐसे बहुत से कर्म और जीविकायें हैं, जिनके करने वालों का अन्न अभोज्य बतलाया गया है। उक्त सूत्र में एक मनोरंजक बात यह है कि एक स्थान पर (2 । 6 । 18-9) ब्राह्मण के लिये क्षत्रियादि तीनों वर्णों का अन्न अभोज्य बताया गया है, फिर आगे चलकर दो बातें उद्धृत की गयी हैं। पहले में कहा गया है कि—सर्ववर्णानां स्वधर्मे वर्तमानानां भोक्तव्यं शूद्रवर्ज्यमित्येके (2 । 6 । 12) अर्थात् किसी-किसी आचार्य के मत से शूद्र को छोड़कर स्वधर्म में वर्तमान सभी वर्णों का अन्न ग्रहण किया जा सकता है और दूसरे में (2 । 6 । 13) कहा गया है कि 'तस्यापि धर्मोपनतस्य' अर्थात् दूसरे आचार्यों का मत है कि शूद्र भी अगर अपना धर्म पालन करता हो तो उसका अन्न ग्रहणीय है। इन सूत्रों पर अगर ऐतिहासिक दृष्टि से विचार करें तो स्पष्ट ही जान पड़ेगा कि सूत्र-काल में छुआछूत से अपवित्र होने की भावना दृढ़ होती जा रही थी, पर उसके विषय में नाना प्रकार के मतभेद तब भी वर्तमान थे। यह ध्यान देने की बात है कि इन सूत्रों में केवल अन्न के दुष्ट होने का ही उल्लेख है, अन्यान्य प्रकार के स्पर्शदोष जिनका ऊपर उल्लेख हो चुका है, उन दिनों उद्‌भावित न हुए थे। ऐसा जान पड़ता है कि स्पर्शदोष शुरू में नहीं माना जाता था। बाद में माना जाने लगा। परन्तु वैदिक साहित्य के अन्तिम भाग जब बन रहे थे उन दिनों स्पर्शदोष की भावना जटिल नहीं हुई थी।

अब इसके दूसरे प्रधान लक्षण—अन्तर्जातीय विवाह के विषय में विचार किया जाय। वस्तुत: जातिभेद बताने वाले प्राचीन दृष्टिकोण को समझने के लिये यह विषय सर्वाधिक महत्वपूर्ण है। मनुस्मृति में लगभग 6 दर्जन जातियों और ब्रह्म-वैवर्त पुराणों आदि में शताधिक जातियों की उत्पत्ति वर्णों के अन्तर्जातीय रक्त-सम्मिश्रण से ही बतायी गयी है। किसी-किसी आधुनिक नृतत्त्व-विज्ञानी ने भी कहा है कि भारतवर्ष की जातियों का मूल रक्त के सम्मिश्रण से ही हुआ है। प्रसिद्ध नृतत्त्वविद् रेजली का भी यही मत है। इन्होंने इसी सिद्धान्त के आधार पर यह स्थित किया है कि जो जाति जितनी ही ऊँची समझी जाती है, उसमें आर्य-रक्त का उतना ही आधिक्य है और जो जितनी ही छोटी समझी जाती है, उसमें उतना ही कम।

मनुस्मृति और उसके बाद के धर्मशास्त्र में जातियों को भिन्न-भिन्न वर्णों के प्रस्तार या परम्युटेशन-कम्बिनेशन से उत्पन्न बताया गया है। इसका अगर विश्लेषण करें, तों मन्वादि-शास्त्रों के मत से निम्नलिखित पाँच प्रकार से जातियाँ बनी हैं—

(1) वर्णों के अनुलोम-विवाह जन्य जातियाँ।

(2) वर्णों के प्रतिलोम-विवाह-जन्य जातियाँ।

(3) वर्णों की संस्कार-भ्रंशता-जन्य जातियाँ।

(4) वर्णों में से निकाले हुए व्यक्तियों की सन्तानें।

सिर्फ 'जाति' शब्द का व्यवहार किया जा सकता है] ।

(5) सगोत्र जाति और साधारण जाति दोनों ही अन्तर्विवाह, वहिर्विवाह और अनुलोम विवाह वाले उपविभागों में विभक्त पाये जाते हैं। [अन्तर्विवाह जहाँ एक जाति का व्यक्ति उसी जाति के व्यक्ति से व्याह करने को बाध्य है, वहिर्विवाह जहां एक जाति का व्यक्ति अपनी जाति से बाहर विवाह करने को बाध्य है और अनुलोम विवाह जहां एक जाति की स्त्री केवल अपने समान या उच्च वर्ण के पुरुष से विवाह को बाध्य है, निम्नतर वर्ण से नहीं ।]

(6) वहिर्विवाह वाली जातियों में की अधिकांश जातियाँ 'टोटेमिस्ट' हैं [टोटेम शब्द की व्याख्या के लिये आचार्य सेन की पुस्तक का पृ. 105 देखिये] ।

(7) जातियों का वर्गकरण केवल सामाजिक श्रेष्ठता के आधार पर किया जा सकता है पर समूचे भारतवर्ष की जातियों के वर्गीकरण की कोई एक योजना नहीं बनाई जा सकती ।

(8) जातियों के सम्बन्ध में स्मृतियों और पुराणों में जो सिद्धान्त प्रतिपादित किये गये हैं, अर्थात् जातियाँ संकरतावश या भिन्न-भिन्न जातियों के अन्तर्जातीय विवाह के कारण बनी हैं, वे शायद ईरान से लिये गये हैं। यद्यपि इसका वस्तुस्थिति से कोई अधिक सम्बन्ध नहीं है तथापि भारतवर्ष में यह सिद्धान्त सर्वत्र माना जाता है ।

(9) जातिभेद का मूल-अनुसंधान एक ऐसी समस्या है जिसका समाधान कठिन है। हम लक्ष्य किये तथ्यों की आंशिक समानता पर से सिर्फ ऐसे अनुमान भिड़ा सकते हैं जो कम या ज्याद सम्भव जान पड़ते हैं। जो सिद्धान्त प्रतिपादित किये गये हैं वे इन तीन बातों पर अवलम्बित हैं—(क) कुछ विशेष-विशेष जातियों के श्रेणी-विभाग और विशेष-विशेष शारीरिक विशेषताओं (जिनके द्वारा मानवमण्डलियों की वैज्ञानिक परख की जाती है) के सम्बन्ध पर से (ख) भिन्न भिन्न रंगों की मिश्रित जातियों के विकास पर से, और (ग) परम्परा-प्राप्त दन्त कथाओं पर से ।

किन्तु भारतीय जन-समूह का नृतत्व विज्ञान की दृष्टि से किया गया अध्ययन जितना भी महत्वपूर्ण और मनोरंजक क्यों न हो वह है एकांगी ही। इस विशाल जन-समूह के बनने में यहाँ के धर्म, आचार, रीति-नीति और सबके ऊपर इसके श्रेष्ठ व्यक्तियों द्वारा रचित साहित्य का जबर्दस्त प्रभाव है। भारतीय जनता का अध्ययन करना हो तो उसके विराट् साहित्य, निरवच्छिन्न लोकगाथायें, कला-कौशल, इतिहास-पुरातत्व आदि के साथ ही उसकी वासभूमि और भाषाओं का अध्ययन अत्यन्त आवश्यक है। श्री क्षितिमोहन सेन की पुस्तक से पाठकों को पता चलेगा कि जातिभेद की प्रथा को रूप देने में यहाँ की पारिवार्श्विक अवस्थायें भी उसे किस प्रकार प्रभावित कर रही हैं ।

जबसे भारतवर्ष का आधुनिक यूरोप से घनिष्ठ सम्बन्ध हुआ है तभी से यूरोपीय जातियों के श्रेष्ठ पुरुषों ने यहाँ के धर्म, साहित्य, आचार-विचार आदि को समझने की चेष्टा की है। सब समय उनके प्रयत्न सफल या निर्दोष हुए हों, ऐसा नहीं है, पर उनकी ज्ञान-पिपासा बढ़ती ही गई है। ज्यों ज्यों इस देश के साथ उनका सम्बन्ध बढ़ता गया है त्यों त्यों उन्होंने अनुभव किया है कि भारतीय ज्ञान-सम्पत्ति आतुलनीय है। सन् 1897 में सुप्रसिद्ध पण्डित जार्ज बुलर ने अनुभव किया कि भारतीय विद्याओं का अध्ययन किसी एक पण्डित के बूते का काम नहीं है। उन्होंने ही पहले पहल एक योजना बनाई जिसमें भिन्न भिन्न विषयों के विशेषज्ञों द्वारा भारतीय विधाओं का एक विश्वकोष तैयार करने की बात थी। इस कोष का नाम उन्होंने ही (Grundriss de Indi-arischen Philologic and Altertumskunde (Encyclopaedia of Indo-Aryan Philology and Archeology) दिया। जर्मनी, आस्ट्रिया, इंगलैण्ड, हालैण्ड, भारतवर्ष और अमेरिका के तीस विद्वानों के सहयोग से यह कार्य शुरू किया गया। पहले पहल जार्ज बूलर ने ही इसके सम्पादन का कार्य भार भी लिया। उनके बाद फ्रैंज कीलहार्न और अब एच. लूडर्स और जे. बैकरनेगेल के सम्पादन में कार्य हो रहा है। इसी विश्वकोष के जातिभेदवाले अंश के अध्ययन का भार सर आथेन्स्टेन वेन्स को दिया गया था। सर आथेन्स्टेल बेन्स ने बड़ी योग्यतापूर्वक उनके पूर्व के अध्ययनों और सेन्सस रिपोट्रो के आधार पर नये सिरे से इस समस्या की जाँच की। उन्होंने सेन्सस के तीन हजार से ऊपर जाने वाली जातियों को लगभग 500 मोटे विभागों में बाँटा है। बेन्स के इस विभाजन में एक विशेषता यह है कि उसे साधारण पाठक बिना किसी वैज्ञानिक विवाद में पड़े आसानी से समझ सकता है। बेन्स ने चेहरों के भाव आदि की वैज्ञानिक विवेचना भी की है। यहाँ पाठकों की सुविधा के लिये बेन्स द्वारा विभाजित जातिसूची दी जा रही है। जातियों की जनसंख्या 1901 की मर्दुमशुमारी से दी गई है। अब वह संख्या बढ़कर सवायी हो गई है। पाठक इसका ध्यान रखें।

सर आथेन्स्टेन ने समूची भारतीय जनता को सात बड़े-बड़े विभागों में बाँटा है। ये सात भाग इस प्रकार हैं—

1. विशेष श्रेणी [इनके नाम आगे की तालिका में 1 से 43 तक दिये गये हैं।]
2. ग्राम-समाज [इनके नाम आगे की तालिका में 44 से 263 तक दिये गये हैं।]
3. गौण पेशा वाले [इनके नाम की तालिका 263 से 296 तक दी गयी है।]
4. शहरी जातियाँ [इनके नाम की तालिका 297 से 342 तक दी गयी है।]
5. खानाबदोश जातियाँ [इनके नाम 343 से 397 तक दिये गये हैं।]
6. पहाड़ी जातियाँ [इनके नाम 398 से 494 तक दिये गये हैं]

7. मुस्लिम जातियों की उपाधियाँ [इनके नाम सूची में छोड़ दिये गये हैं। इनमें अरब, शेख, सैय्यद, तुर्क, मुगल, पठान, बलूच और ब्राहुई हैं।]

सर आथेन्स्टेन की कई तालिकाओं के आधार पर आगे वाली तालिका बनायी गयी है। पर स्थान-स्थान पर आधुनिक जानकारी और व्यक्ति अभिज्ञता के बल पर कुछ थोड़ा-थोड़ा परिवर्तन भी कर दिया गया है। फिर भी यथासम्भव सर आथेन्स्टेन के विचारों को ही प्रधान स्थान दिया गया है।

श्रेणी का नाम	क्रम संख्या	जाति का नाम	उसका प्रदेश	जनसंख्या
ब्राह्मण	1.			14693300
राजपूत	2.			10040800
व्यवसायी	3.	बनिया (साधारण)	दक्षिण के सिवा	3163300
	4.	अग्रवाल	युक्तप्रान्त	557600
	5.	अग्रहारी	आगरा	92000
	6.	श्रीमाली	पश्चिम भारत	227400
	7.	पोरवाल	राजस्थान	75000
	8.	ओसवाल	पश्चिम	382700
	9.	हूम्बड	पश्चिम	60700
	10.	खत्री	पंजाब	585000
	11.	अरोरा	पश्चिम पंजाब	732100
	12.	भाटिया	पश्चिम भारत	60600
	13.	लोहाना	सिन्ध	572800
	14.	सुवर्ण वणिक्	बंगाल	154800
	15.	बलिज	तिलंगाना	534700
	16.	कोमटी	”	656300
	17.	बजिंग	कर्नाटक	173400
	18.	बडुग	तिलंगाना	95900
	19.	चेट्टी	तमिल	320000
	20.	खोजा	पश्चिम भारत	1553000
	21.	मेमान	”	1121000
	22.	बोहरा	”	177300
	23.	लब्बई	दक्षिण पूर्व किनारा	426300
	24.	माप्पिल	मालावार	925200
	25.	जोनक्कन	”	
लेखक	26.	खत्री	पंजाब	138000

	27.	कायस्थ	उत्तर भारत-बंगाल	2149300
	28.	प्रभु	पश्चिम	28800
	29.	ब्रह्म क्षत्रिय	गुजरात	4200
	30.	करन महन्त	उड़ीसा	195000
	31.	कणक्कन	तामिल	63000
	32.	करणम्	तिलंगाना	42800
	33.	विधूर	मध्य प्रदेश, दक्षिण	39200
	34.	वैद्य	बंगाल	90000
धामिक, साधु	35.	गोसाईं	सर्वत्र (दक्षिण के सिवा)	152600
	36.	बैरागी	सर्वत्र	765200
	37.	अतीत	उत्तर भारत	151800
	38.	साधु	पश्चिम	67800
	39.	जोगी	उत्तर भारत	212500
	40.	फकीर	”	1212600
	41.	आण्डी	तमिल	101400
	42.	दासरी	तिलंगाना	48300
	43.	पानिसवन	तामिल	13700
जमींदार, सैनिक आदि	44.	ज़ाट	पंजाब, आगरा, राजपूताना	7086100
	45.	गूजर	”	2103100
	46.	अवान	पंजाब	386000
	47.	खोख्खर	पंजाब	117500
	48.	गक्खड़	”	30000
	49.	काठी	पश्चिम	27400
	50.	सुमरो	सिन्ध	124100
	51.	सम्भो	”	793800
	52.	तागा	आगरा	165300
	53.	बाभन भुइंहार	उत्तर भारत, बिहार	1353300
	54.	राजवंशी-क्रोच	आसाम, बंगाल	2408700
	55.	आहोम	आसाम	178000
	56.	खण्डाइत	उड़ीसा	720300
	57.	मराठा	महाराष्ट्र	5029300
	58.	राजू	तिलंगाना	113500
	59.	बेल्लम	”	519900
	60.	कल्लन	तामिल	494600

	61.	मारवान	मालावार	3500000
	62.	आगमुडय्यन	तामिल	318600
	63.	नायर	मालावार	1046700
	64.	कोडगु	कुर्ग	36200
किसान	65.	कम्बो	पंजाब	183600
	66.	मेव	राजपूताना, पंजाब	395000
	67.	ठाकर	पंजाब की पहाड़ी	102200
	68.	राठी	"	39300
	69.	राउत	"	81900
	70.	गिरत्थ	"	170100
	71.	कनैत	"	389900
	72.	कुरमी	उत्तर भारत	3873600
	73.	कोइरी	युक्त प्रान्त, बिहार	178400
	74.	लोधा	उत्तर भारत	1663400
	75.	किसान	युक्त प्रान्त, मध्य प्रान्त	442700
	76.	कावर	मध्य प्रान्त	186100
	77.	कोलता	"	127400
	78.	किरार	उत्तर भारत	166700
	79.	कलिता	आसाम	203400
	80.	हलवाई-दास	आसाम	29200
	81.	कैवर्त	बंगाल	2665100
	82.	सद्गोप	"	579400
	83.	चासा	बंगाल, उड़ीसा	870500
	84.	गंगौता	बिहार	82600
	85.	पोद	बंगाल	464900
	86.	नमः शूद्र	बंगाल	2031700
	87.	कुनबी	दक्षिण, पश्चिम	2700000
	88.	कणाबी	पश्चिम भारत	1350600
	89.	कोली	"	2477300
	90.	वक्कलिग	कर्नाटक	1392400
	91.	लिंगायत	"	2612300
	92.	पंचमशाले	"	431100
	93.	चतुर्थ	"	111600
	94.	बण्ट	"	120600

	95.	गौड	कर्नाटक	162500
	96.	काप्पु-रेड्डी	तिलंगाना	3110200
	97.	कम्म	"	974400
	98.	तेलग	"	644200
	99.	कालिंगी	"	126900
	100.	तोत्तियन	कर्नाटक	151000
	101.	वेल्लालन	तामिल	2464900
	102.	नत्तमान	तामिल	151300
माली आदि	103.	बरई	सर्वत्र (दक्षिण के सिवा)	544900
	104.	सेनाइ कुड्डुय्यान	तामिल	39300
	105.	कोडिक्कल	"	60000
	106.	अराइन	पंजाब	1029500
	107.	मालियर	"	159900
	108.	माली	सर्वत्र (दक्षिण के सिवा)	1948600
	109.	काछी	उत्तर और मध्य भारत	1260200
	110.	मुराव	उत्तर भारत	662900
	111.	सैनी	पंजाब	200600
	112.	तिगल	दाक्षिणात्य	64800
पशुपाल	113.	अहीर	उत्तर और मध्य भारत	9841900
	114.	गोआला-गोल्ला	उत्तर भारत बंगाल	1357400
	115.	गौर	बंगाल	431600
	116.	रबारी	राजपूताना	253900
	117.	घोसी	उत्तर भारत	58500
	118.	कन्नाडियान	तामिल	22500
कला-कौशल वाले	119.	कम्मालन्	"	644600
	120.	कम्साल	तिलंगाना	295500
	121.	पंचाल	कर्नाटक	323800
	122.	सोनार	सर्वत्र (दक्षिण भिन्न)	1271800
	123.	नियारिया	उत्तर पश्चिम	18700
	124.	तरखाणा	पंजाब	754500
	125.	बढ़ई	उत्तर भारत	1133100
	126.	सुतार-छुतोर	बंगाल	581100
	127.	खाटी	उत्तर भारत	219400
	128.	लोहार	सर्वत्र (दक्षिण भिन्न)	1605100

	129.	कामार	बंगाल	757200
	130.	राज-मीमार	उत्तर भारत	26000
	131.	थावी	पंजाब पहाड़ियाँ	2300
	132.	गोण्डी	दाक्षिणात्य	8700
	133.	काडीओ	पश्चिम	14400
	134.	कसेरा	सर्वत्र (दक्षिण के सिवा)	138600
	135.	ठठेरा	उत्तर भारत	57800
	136.	ताम्बट	पश्चिम	10400
बुनने वाले	137.	पटनूली	"	90500
	138.	पटवे	उत्तर मध्य भारत	72000
	139.	खत्री	पश्चिम भारत	56200
	140.	तांती	बंगाल	772300
	141.	तँतवा	बिहार	197900
	142.	पेरिके	तामिल	63000
	143.	जणप्पन	"	83000
	144.	कपाली	बंगाल	144700
	145.	धोर	दाक्षिणात्य	24400
	146.	पांका	मध्य भारत	726700
	147.	गांडा	पूर्व, मध्य भारत	277800
	148.	डोम्बा	बिहार	76400
	149.	कोरी	उत्तर भारत	1204700
	150.	जुलाहा	"	2907900
	151.	बलाही	राजपूताना उ.भा.	585100
	152.	कैकोलन	तामिल	354700
	153.	साले	दाक्षिणात्य	639300
	154.	तोगट	कर्नाटक	64500
	155.	देवांग	"	288900
	156.	नेयिगे	कर्नाटक	97000
	157.	जुग्गी	बंगाल	536600
	158.	कोष्टी	दक्षिण, मध्य भारत	277400
तेल निकालने वाले	159.	तेली-घानची	सर्वत्र (दक्षिण के सिवा)	4060300
	160.	कलु	बंगाल	154900
	161.	वाणियन	तामिल	187500
	162.	गाणिग	कर्नाटक	114909

पात्र-निर्माता	163.	कुम्हार	उत्तर भारत	3379300
	164.	कुशवन्	तामिल	145500
नाई	165.	नाई-न्हावी	सर्वत्र (दक्षिण के सिवा)	2458400
	166.	हजाम (मुस्लिम)	,,	534300
	167.	अम्बहन	तमिल	219700
	168.	मारयान	मालावार	8800
	169.	मंगल	तिलंगाना	277600
	170.	भंडारी	उड़ीसा	120300
कपड़े धोने वाले	171.	धोबी-परीत	सर्वत्र (दक्षिण के सिवा)	2016900
	172.	वराणान	तामिल	253200
	173.	वेलुत्तेडन	मालावार	24500
	174.	आगस	कर्नाटक	122200
	175.	चाकल	तिलंगाना470800	
मछुए-माझी आदि	176.	मल्लाह (सा.)	बंगाल-बिहार	721600
	177.	पाटनी	बंगाल	63700
	178.	तिथर	बंगाल	270900
	179.	मालो	,,	246600
	180.	केवट	उत्तर भारत	1110800
	181.	कहार	,,	1970800
	182.	धीमर	उत्तर मध्य भारत	291200
	183.	झीनवर	पंजाब	477700
	184.	माछी	,,	288600
	185.	मोहानो	सिंध	113100
	186.	भोई	दक्षिण, पश्चिम	169800
	187.	बोया	तिलंगाना	530400
	188.	पल्ले	,,	150000
	189.	बेस्ता	,,	230400
	190.	कब्बेर अम्बिडा	तिलंगाना	76500
	191.	मोगेर	कनाड़ा	38200
	192.	मुक्कुवन	मालावार	20400
	193.	शेम्बडवन	तामिल	54700
चूना, पत्थर, नमक	194.	बिन्द	बिहार, अवध	219700
के कार्यकर्ता	195.	चैन	,,	158600
	196.	गोंढही	,,	165200

	197.	लूनिया, बूनिया	उत्तर भारत	807400
	198.	खारोल	राजपूताना12700	
	199.	रेघार	”	14400
	200.	खारवी	पश्चिम	50000
	201.	आग्रिया	आगरा, पश्चिमी किनारा	270400
	202.	उप्पार	कर्नाटक	260000
	203.	उप्पिलियन	मालावार	43700
	204.	पाथरवट	दक्षिण	23400
	205.	बैती-चूनारी	बंगाल	18100
ताड़ी वाले	206.	पासी	युक्तप्रान्त, बिहार	1408400
	207.	भंडारी	पश्चिम घाट	176000
	208.	पाइक	कनाड़ा	809000
	209.	बिल्लव	”	145600
	210.	तियाँ	मालावार	580000
	211.	तण्डान	”	19000
	212.	ईलवन	मालावार	791100
	213.	शाणन	तामिल	759300
	214.	ईडिग	तिलंगाना	337400
	215.	गौण्डल	”	391500
	216.	सेगिडि	उड़ीसा	43700
	217.	यात	”	52700
खेत, मजूर	218.	धानुक	आगरा, राजपूताना	804200
	219.	अरख	”	76400
	220.	धुंडिया-धोडिया	पश्चिम	110200
	221.	दुबला-तलाबिया	”	141800
	222.	बागदी	बंगाल	1042500
	223.	बउरी	”	70560
	224.	रजवार	बंगाल	166400
	225.	मुसहर	युक्त प्रान्त, बिहार	664700
	226.	भर	बिहार	458500
	227.	धाकर	राजपूताना	125700
	228.	पल्लि	तामिल	2572300
	229.	पल्लन	मालावार	836500
	230.	पुलयन	”	

	231.	चेरुमन	मालावार	524500
	232.	पराइयन	तामिल	2258600
	233.	माल	तिलंगाना	1863900
	234.	होलेया	कर्नाटक	866200
	235.	महार	महाराष्ट्र	2561600
	236.	ढेड़	पश्चिम	378800
चमड़े के काम वाले	237.	चमार	सर्वत्र (दक्षिण के सिवा)	11176700
	238.	मेघ	पंजाब पहाड़ियाँ	140500
	239.	दागी	”	154700
	240.	मादिग	तिलंगाना	1281200
	241.	मांग	दाक्षिणात्य	579900
	242.	शक्किलियन	तामिल	487500
	243.	मोची	सर्वत्र (दक्षिण के सिवा)	1007800
	244.	बांभी	राजपूताना	200000
चौकीदार	245.	बरवाला	पंजाब	101700
	246.	घटवाल	बंगाल, बिहार	88800
	247.	कंड्रा	उड़ीसा	151500
	246.	अम्बलक्कारन	तामिल	132500
	249.	मुत्राच	तिलंगाना	329100
	250.	खंगार	मध्य भारत	113700
	251.	मीना	राजपूताना	581900
	252.	दुसाध	युक्त प्रान्त, बिहार	1258200
	253.	माल	बंगाल	145700
	254.	बेरड-बेडर	कर्नाटक	646000
	255.	रामोशी	दाक्षिणत्य	60800
सफाई करने वाले	256.	भंगी मेहतर	सर्वत्र (दक्षिण के सिवा)	839200
	257.	चुहड़ा	पंजाब	1329400
	258.	मज़्बी	”	38000
	259.	भुइमाली	बंगाल-आसाम	131600
	260.	हांड़ी, काओरा	बंगाल	306500
	261.	हड्डी	उड़ीसा	28100
	262.	डोम	उत्तर, मध्य भारत	858600
	263.	घासिया	गंगा की घाटी	119300
	264	भाट	उत्तर और पश्चिम भारत	377700

बन्दी, भाट आदि	265.	भाट राजू	तिलंगाना	28000
	266.	राजभाट	बंगाल	11200
	267.	चारण	पश्चिम	74000
	268.	मीरासी-डूम	पंजाब	291600
ज्योतिष के	269.	जोशी	सर्वत्र (दक्षिण-भिन्न)	83700
व्यवसायी	270.	डाकौट	युक्तप्रान्त	15600
	271.	गणक	आसाम	20500
	272.	काणिशन्	मालावार	15700
	273.	पाणन्	”	33300
	274.	बेलन्	”	27700
	275.	गरपगारी	मध्य प्रान्त	8800
मन्दिर-पुजारी	276.	पुजारी	पंजाब	880
	277.	भोजकी	”	1070
	278.	भोजक	राजपूताना	1200
	279.	सेवक	”	6800
	280.	पंडारम	तामिल	68600
	281.	वल्लुवन्	”	85300
	282.	तंबल	तिलंगाना	3800
	283.	जंगम	कर्नाटक	405000
	284.	गारुडा	पश्चिम	20600
	285.	भराई	पंजाब	66000
	286.	उलम	”	36200
मन्दिर सेवक	287.	फुलारी	दाक्षिणात्य	
	288.	हूगार	दाक्षिणात्य	15700
	289.	गुराव	दाक्षिणात्य	94000
	290.	बारी	उ. भारत	89600
	291.	सातानी	तिलंगाना	77400
	292.	देवादिग	”	23800
नृत्य-गीत के	293.	बेसिया-कंचन	उत्तर-भारत	57700
पेशा वाले	294.	कलावन्त	पश्चिम	20000
	295.	दासी-देवाली	तिलंगाना-कर्नाटक	25300
	296.	बोगम	”	32900
गन्ध-तांबूल आदि	297.	अत्तारी	उत्तर मध्य भारत	5900
के पेशे वाले	296.	गन्धवणिक्	बंगाल	141100

	299.	कासौंधन	युक्तप्रान्त	99700
	300.	कासरवानी	”	79700
	301.	गांधी	गुजरात, दाक्षिणात्य	3700
	302.	कुंजड़ा	उत्तर भारत	285400
	303.	तंबोली	सर्वत्र (दक्षिण के सिवा)	209500
भूंजना पीसना	304.	भड़भूंजा	उत्तर भारत	359500
मिष्ठान्न वाले	305.	भठियारा	प. पंजाब	58200
	306.	कांदू	सर्वत्र (दक्षिण के सिवा)	667900
	307.	हलवाई	उत्तर, पूर्व भरत	290000
	308.	मयरा	बंगाल	149200
	309.	गोडिया-गूड़िया	बंगाल-उड़ीसा	150400
कसाई	310.	कसाब	उत्तर भारत	379500
	311.	खाटिक	उत्तर और पश्चिम	332300
बिसाती आदि	312.	बिसाती	पंजाब, युक्तप्रांत	3600
	313.	रमैय्या	पंजाब	5300
	314.	मनिहार	उत्तर भारत	102300
	315.	चूड़ीहार	उत्तर मध्य भारत	55500
	316.	कांचार	”	19100
	317.	लाखेड़ा	उत्तर भारत	60100
	318.	गाजुल	तिलंगाना	102000
	319.	पात्रा	उड़ीसा	61400
	320.	संखारी	बंगाल	14800
वस्त्र, पोशाक आदि	321.	दरजी	सर्वत्र	83100
के विशेष कौशल	322.	सिम्पी	दाक्षिणात्य	36800
जानने वाले	323.	छीपी	उत्तर भारत	269400
	324.	भौसार	पश्चिम	38200
	325.	रंगरेज	सर्वत्र (दक्षिण के सिवा)	137000
	326.	नीलारी	उत्तर भारत	483000
	327.	गलियारा	पश्चिम	1100
रुई धुनने वाले	328.	पिंजारी	”	50800
	329.	बेहना	उत्तर भारत	362500
	330.	धुनिया	”	272800
	331.	दूदेकुल	तिलंगाना	24500
मद्य-विक्रेता	332.	सूंडी	बंगाल	

	333.	साहा	बंगाल	724800
	334.	कलाल-कलवार	उत्तर-मध्य भारत	1000200
घरेलू भृत्य	335.	भिश्ती	”	107500
	336.	गोला	पश्चिम और उत्तर	30700
	337.	कूटा	उत्तर भारत	6400
	338.	चाकर	राजपूताना	163600
	339.	खवास	पश्चिम भारत	30600
	340.	शूद्र	बंगाल	285000
	341.	शागिर्द पेशा	उड़ीसा	47100
	342.	परिवारम्	तामिल	18900
माल ढ़ोने वाले	343.	बनजारा	उत्तर और मध्यम	496400
	344.	लबाना	सर्वत्र (पूर्वी भारत के सिवा)	349500
	345.	थोरी	पंजाब	41800
	346.	पेंढारी	महाराष्ट्र कर्नाटक	10100
भेड़ और ऊन के	347.	गड्डी	पंजाब	103800
काम वाले	346.	गड़रिया	उत्तर भारत	1272400
	349.	धंगर-हातकर	दाक्षिणात्य	1015800
	350.	कुडुवर	दक्षिण भारत	106800
	351.	इडइयन	तामिल	7027000
	352.	भरवाड	पश्चिम	102900
धरती का काम	३५३.	ओड-वड्डुर	सर्वत्र (पूर्व के सिवा)	903100
करने वाले	354.	बेलदार	उत्तर-मध्य भारत	214700
	355.	कोड़ा-खैरा	बंगाल-बिहार	166500
चाकू के काम वाले	356.	शिकलीगर	उत्तर और पश्चिम	21000
	357.	घिसाड़ी	दाक्षिणात्य	8400
	358.	खुमरा	उत्तर भरत	1100
	359.	टाकारी	दाक्षिणात्य	65000
बांस के काम वाले	360.	तूड़ी-तूदी	बंगाल	68000
	361.	बसोर-बंसफोरा	उत्तर और पश्चिम	96000
	362.	बुरूद-मेदार	महाराष्ट्र-कर्णाट	87600
	363.	धरकार	युक्तप्रान्त, राजपूताना	435000
चटाई, चंगेली वाले	364.	कंजर-कंजड़	उत्तर भारत	34000
	365.	कुड़वान-कोरच	तिलंगाना	234800
	366.	येरुकल	”	65500

	367.	कैकाड़ी	महाराष्ट्र	14200
रूप-ज़ीवी	368.	बहुरूपिया	पंजाब, उत्तर भरत	3900
	369.	भाँड़	"	10600
	370.	भवाईओ	पश्चिम	6000
	371.	गोंधली	दक्षिणात्य	27500
बाजा बजाने वाले	372.	डफाली	आगरा, बिहार	50200
	373.	नगारची	उत्तर भारत	20600
	374.	ढोली	पश्चिम	43700
	375.	बजनियां	"	14400
	376.	तुराहा	बंगाल	77300
मंदारी आदि	377.	नट	उत्तर भारत	162300
	378.	बाजीगर	"	27000
	379.	डोम्बर-कोल्हाटी	दाक्षिणात्य	39400
	380.	गोपाल	"	71000
चौर्य-जीवी	381.	बागरिया	मध्य भारत	30900
	382.	बेदिया	उत्तर भारत	57500
	383.	संसिया	पंजाब	34700
	384.	हबूरा	उत्तर भारत	43000
	385.	भामतिया-उचली	"	61000
शिकारी आदि	386.	भवरिया		
	387.	मोघिया	"	30300
	388.	अहेरिया	पंजाब, युक्त प्रान्त	35400
	389.	बहेलिया	"	53600
	390.	महतम	"	82900
	391.	सहरिया	मध्य भारत	136400
	392.	बाघरी	"	114000
	393.	पारधी	दाक्षिणात्य	32000
	394.	वेडन	तामिल	25500
	395.	वलय्यन्	"	383000
	396.	केद्दवन	"	74900
	397.	कुरिच्चन	मालावार	9600
मध्य कटिबंध	396.	कोल	मध्य प्रान्त	299000
की पहाड़ी जातियाँ	399.	हो	बंगाल	385100
	400.	मुंडा	बंगाल, बिहार	466700

	401.	भूमिज	बंगाल	370200
	402.	भुंइया	" मध्य.	789100
	403.	खरवार	बंगाल	139600
	404.	वेगा	मध्य प्रान्त	33900
	405.	चेरु	बंगाल	30200
	406.	खरिया	"	120700
	407.	सन्ताल	बंगाल, बिहार	1907900
	408.	माहिली	"	66800
	409.	बिरजिया	"	5700
	410.	जुआंग	उड़ीसा	11200
	411.	ओरांव	बिहार-बंगाल	614500
	412.	माले	"	48300
	413.	मल पहाड़ियां	"	35000
	414.	गोंड	मध्य प्रान्त	2286900
	415.	मझवार	गंगा की घाटी	52400
	416.	बोत्तदा-भात्रा	दक्षिण मध्य भारत	50100
	417.	हलबा	द.पू.म. भारत	90100
	418.	पथारी	मध्य प्रान्त	2900
	419.	प्रधान	"	22900
	420.	कोयी	"	115200
	421.	कंड	पूर्वोत्तर मद्रास	612500
	422.	कोंडू-दोरा	"	88700
	423.	पोरोजा	"	91900
	424.	गदबा	"	41300
	425.	जातपु	"	75700
	426.	सबर (शबर)	द. उड़ीसा	367400
पश्चिम कटिबंध	427.	कोरकू-कोर्वा	बरार-मध्य प्रान्त	181800
की पहाड़ी जातियाँ	428.	भील	पश्चिम कटिबंध	1198800
	429.	भिलाला	"	144400
	430.	धान्का	"	66100
	431.	तड्वी	"	10500
	432.	निहाल	पश्चिम	6900
	433.	गामता	"	49300
	434.	पटेलिया	"	91000

	435.	नाइकडा	पश्चिम	90200
	436.	नायक	”	25100
	437.	छोद्रा	”	58200
सह्याद्रि की जातियाँ	438.	कात्करी	सह्याद्रि	93000
	439.	वार्ली	”	152300
	440.	घाट ठाकुर	”	122300
नीलगिरि की जातियाँ	441.	कुरुमान	नीलगिरि	10600
	442.	ईसल	”	86100
	443.	तोड	”	800
	444.	कोटा	”	1300
	445.	कानिक्कन	”	4100
	446.	मलय्यन	”	11200
	447.	यानादि	”	103900
	448.	चेंचु	”	8300
आसाम की पहाड़ी	449.	बादो		
जातियाँ	450.	कचारी	”	242900
	451.	गारो	”	162200
	452.	लालंग	”	35500
	453.	राभा	”	37300
	454.	हाजंग	”	88200
	455.	टिपरा-भ्रंग	”	111300
	456.	चूतिया	”	85800
	457.	मीरी	”	46700
	458.	आबोर	”	320
	459.	डाफला	”	950
	460.	आक	”	28
	461.	खासी	”	111600
	462.	सेइटेंग	”	47900
	463.	मिकिर	”	87300
	464.	नागा (साधारण)	”	78900
	465.	अंगामी-तेंगिमा	”	27500
	466.	आओ	”	26800
	467.	सेमा-सिमा	”	4700
	468.	ल्होटा	”	19300

	469.	रेंगमा	नीलगिरि	5600
	470.	कूकी	"	67200
	471.	मैथेई	"	69400
	472.	लूसेई	"	63600
	473.	शान	"	1850
	474.	खामटी	"	2000
	475.	फकियाल	"	220
	476.	नोरा	"	140
	477.	तुरंग	"	400
	478.	अइतोन	"	80
	479.	आहोम	"	17800
	480.	सिंगफो	"	800
	481.	दाओनिया	"	1000
हिमालय की पहाड़ी जातियाँ	482.	खंबू	नेपाल	46500
	483.	याख	"	2400
	484.	लिंबू	"	24600
	485.	लेप्चा-रौंग	सिकिम	18000
	486.	मुरमी	नेपाल	33900
	487.	नेवार	"	11500
	488.	खस	"	15900
	489.	गूरंग	"	23900
	490.	मंगर	"	[illegible]00
	491.	सुनुवार	"	
	492.	गोर्खा (साधा.)	"	

———